日本の大学、崩壊か大再編か

財務の視点から見えてくる大学の実態と将来像

野田恒雄

明石書店

はじめに

大学は巨大な産業のように成長してきた

過去を少し振り返るだけで、日本の大学で〝凄い〟ことが起ってきたことに気づく。全国の大学在籍者数は昭和三〇年（一九五五年）に五〇万人を突破した後ほぼ一貫して増え続け、平成二七年（二〇一五年）には二八六万人を数えている。私立大学の多くは、創立時よりも学部や学科を増やし、学生が増え、校地を拡大し、校舎を建て増しし、キャンパスを整備してきた。一八歳人口が減っているはずなのに、学生数は減らず、この数年間だけでも校地や校舎を拡大・整備する大学が多くある。どうしてなのだろうか。

実は、日本全体で見ると大学進学率が著しく向上してきて、一八歳人口が少しくらい減っても、大学入学者の数はほとんど減らない状況が長く続いてきた。大学進学率が向上している間に、大学は入学定員を増やし、新設された大学も数多くあり、大学そのものも、大学生も、大学で働く教職員もほぼ一貫して数を増やし、大学は恵まれた環境下でまるで巨大な産業のように大きく成長してきた。この間、多くの私立大学は財務基盤を強化してきており、校地や校舎を拡大・整備するだけの資金を持っていたのだ。

一方、産業界を見ると、多くの企業が競合他社と国内外で激しく競争し、需要の急減に遇い、海外での工場建設や販売網の構築など厳しい苦労を幾度も経験してきた。需要の変動と厳しい競争は、企業で新製品開発や新規事業の起ち上げ、創意工夫などを生む原動力になり、企業を新たな分野へ躍進させるプラスの側面も併せ持っていた。

大学では、入学志願者がほぼ一貫して増加してきたため、大きな改革の必要はなかった。海外大学との間で入学者獲得競争が起こらなかったため、日本の大学は国内だけに注力しておけば良かった。ほとんどの大学は、産業界で経験したような厳しい事象も、新規事業や創意工夫を生む原動力も経験してこなかった。そのため、多くの大学は安逸な経営に慣れ、教職員の多くは前例踏襲主義で無難な大学運営を続けてきている。

しかし、ここにきて日本の大学は大きな曲がり角に差し掛かっている。増え続けてきた大学への入学志願者は減少していきそうな状況にある。今後、大学を巡る環境は激変しそうであるが、外部環境の悪化を経験してこなかった多くの大学は今後起こる事態にどう対応してよいか分からないであろう。

日本の大学は一般の人が思っている以上に〝凄い〟存在であり、大きな潜在能力を持っているが、このままでは、将来大規模有名大学だけが生き残り、中小規模私立大学、特に地方の大学は経営困難に陥り、歴史や伝統、特色ある教育までもやがて消え去るのではないかと心配になってくる。日本社会が多様な価値観を保持していくためにも、中小規模私立大学の建学の精神や教育の理念は残していく必要がある。

大学と企業とは経験してきたことがまったく違う

私は団塊の世代の一員で、地方の高校を卒業し厳しい受験勉強を経験したのち早稲田大学に入学した。当時は学生運動が盛んで、授業は休講が多く、ほとんど勉強をしないのに四年間で卒業した。卒業後は鉄鋼業で多角経営を標榜していた㈱神戸製鋼所に入社したが、入社した時期は日本の実質経済成長率が㊉九％近くになった「高度経済成長期」の最終局面であり、その直後に「オイルショック」が起こり経済は混乱した。昭和の終わりのころは「バブル経済」で地価や株価が異常に上昇し、バブルが弾けると「失われた二〇年」に陥り経済が長期停滞した。

社会が大きく変動したが、会社もまた著しく変動した。オイルショック直後は「モノ不足」で需要が急増し製品は高値で売れたが、その後の経済混乱で需要は大きく減り製品価格が下落した。日本の産業構造が変わり諸外国との競争が激しくなったこともあり、バブルが弾けると深刻な不況に見舞われ、阪神・淡路大震災の被災も重なり、社員は配置転換や給与カットに遭い、会社は生き残りのため必死でできることは何でもした。このような事態は鉄鋼業だけではなく、かつて日本経済を代表していた繊維でも造船でも半導体でも経験し、今は電器業界が似たような状況に陥っている。

私は㈱神戸製鋼所から関連の会社へ出向したが、約三〇年間の企業勤務をやめ、当時の理事長から請われて学校法人二松学舎へ転職した。学校法人ではまず大学の経理部長に就任し、その後、学校法人の評議員、理事を経て、企画・財務担当常任理事を務めた。学校法人では予算・決算にかかわっただけではなく、寄付金募集、学校法人出資の事業会社設立、資金運用、中長期経営計画の策定・管理運営、大学新校舎や高校体育館の建設などを手がけた。

大学には解決すべき課題が多い

私は大学に勤務しながら、私立大学の「業界団体」とでも言うべき日本私立大学協会の経理財務研究委員会委員を兼ねた。私立大学の「業界団体」には日本私立大学連盟と日本私立大学協会の二つがある。日本私立大学連盟には早稲田大学・慶応義塾大学・日本大学など大規模大学が多く加盟しており、日本私立大学協会には近畿大学などの大規模大学も加盟しているが、加盟大学の圧倒的多数は中小規模大学である。私の勤務していた大学は日本私立大学協会に加盟しており、私は同協会の委員をしていたので、加盟大学の財務担当者らとの交流があり、他学校法人の理事長や他大学の学長と話をする機会もあって、多くの大学の事情を見聞きすることができた。

また、同協会は毎年度加盟大学の経理や財務の部課長等を対象に四日間の日程で、会計基準や関係法令・予算・補助金・税務などをテーマにした研修会を実施していた。同研修会には毎年度数百名もの参加者がおり、私を含めた委員が研修会の司会進行や講師を務めた。私は、事前に勉強をして、学校法人関係法令や学校法人会計基準、中長期経営計画作成の解説や説明などをし、多くの参加者との意見交換もした。このため私学に関する規則や会計基準などを詳しく理解できたうえに、他学校法人を含めた私学の経営状況が皮膚感覚で伝わってきて、いろいろな大学の諸事情を知ることができた。

学校法人での経験や他大学から見聞したことを合わせて考えると、日本の多くの大学の経営や運営は、企業に比べ「甘い」と言わざるを得ない。甘くなったのにはそれなりの理由がある。大学は幸いにも企業のような激しい状況に遭遇してこなかったからである。第二次世界大戦終了後、日本の経済が成長し、国民の教育に対するニーズが高まり、今では高校進学率は一〇〇%近くにまで上昇、大学進学率は五〇%を超えている。大学への入学志願者は増え続け、大学は大きな努力をしないで入学者を確保でき、学生のニーズの変化や時代の変遷に鈍感でも存続できたため、どうしても経営は甘くなり、教員は教育方法を大きく見直さなくても何とかなってきた。

私立学校を設置し運営しているのは「学校法人」であるが、大学への入学者が増えている間に、大学を設置している学校法人は、土地や校舎などの資産を拡大させ、自己資金を増大させ、現預金や有価証券の保有額を増やしてきており、全国の大学設置学校法人を合算すると、超優良企業並みの強固な財務基盤を築いてきた。
大学進学は人口の移動を伴うことが多い。都市部、特に東京圏の大学は全国から多くの入学者を集め、都市部への人口集中の大きな要因になっている。毎年度、地方の高校卒業生が数多く東京圏の大学へ入学する一方で、東京圏の高校から地方の大学へ進学する人は極端に少ない状況が続いており、大学進学が人口の東京一極集中を加速させている。東京圏大学への入学者集中の結果、東京圏にある多くの私立大学は財務基盤を顕著に強化することができた。

一口に「私立大学」と言っても経営状況は一様ではない。大学進学者が増えている間においても、また東京圏の大学のなかでも財務格差は拡大しており、すでに財務状況が極端に悪くなっているところもある。今後、地方や中小規模大学を中心に経営に困難を来たす大学が出てくるのではないかと心配でならない。

多くの大学は財政的に余裕があっても、同時に運営上の無駄が多く、非効率な運営が気になるところだ。大学は持てる資産や資源を十分には活かしきっておらず、もっと有効に活用する余地があり、日本全体ではかなり勿体ないことをしている。

一方、最近「大学教育は社会で役に立たない」などと世間から批判されることがある。大学関係者は真摯な取り組みをしているが、努力不足の感がぬぐえない。大学はどうやって教育力を充実し研究力を引き上げ、社会の役に立てば良いのか。教育と研究以外になすべきことがあるのではないか。もう少し柔軟な発想で大学の役割を考え、社会的な使命を果たしていく必要がある。

また、日本の大学は「世界大学ランキング」で順位を落としている。教育は文化、経済、外交など国のあらゆる面に影響する。日本の力を維持・発展させていくには、教育の充実、なかでも大学の教育力を伸張していかなければならない。研究力も引き上げ毎年ノーベル賞を受賞する研究者を輩出していきたいものだ。

これから大学経営は厳しくなる

大学を巡る状況は、今後ますます大きく変化していきそうである。第二次世界大戦後の日本では「中流意識」を持つ中間層が拡大し上昇指向が生じ大学進学率を引き上げてきた。今、その中間層が細り貧困層が増えてきている。また、直近までの大学進学率向上は、女子の大学入学志願率の著しい上昇が寄与してきた。女子の大学進学者が増えたことが、わが国で女性の社会進出を促してきた側面もある。今、短期大学を含めた女子の大学入学志願率は男子とほとんど同じレベルにまで上昇し、男子の大学入学志願率は上昇が止まっている。このままでは今後女子の大学入学志願率の上昇が止まることは必至であり、これからは一八歳人口の減少がそのままストレートに大学入学者の減少へ直結していく。

私立大学の収入の大半は学生からの授業料等であるが、ここ数年は全国の私立大学合計の収入はあまり増えていない。一方、支出のほとんどは教職員への人件費と教育研究などに要する経費でともに増加傾向にある。その支出の大半は固定費的なもので、仮に学生数が減っても簡単に減らすことはできない。一八歳人口減少と大学進学率の伸び悩みは、これからかなりの数の大学経営を直撃しそうな状況になってきている。

日本全体のためを考えた大学改革が必要

現在、日本の私立大学は多くの課題を抱えている。個々の大学にとっては、一八歳人口減少下でどうやって入学者を集めるのか。在籍学生数が減ってもどうしたら経営が行き詰まらないようにできるのか。大学の持てる資産をどう活用するのか。経営資源をどこへどう投入していくべきなのか。それらの課題解決にとって重要な要素の一つは、今まであまり注力してこなかった経営面の強化である。理事が「名誉職」から「経営者」に変わり、理事会が経営の最高意思決定機関として正常に機能していく必要がある。教職員は従来の慣例にとらわれない意識を持たなければならない。

また、日本全体の大学を考えていくと、東京圏の大学への入学者集中は、人口の東京への一極集中を招いており、少子化を後押しし、地方創生を阻む要因になっている。地方への分散を図らなければならないが、決定的な対応策がない。

私立大学全体は財務基盤を強化してきたとは言うものの、国の補助金なしでは経営が成り立たないのが現実である。一方、国立大学は多額の国費を消費している。新聞報道等によると、国立大学では経費が削減され、収入の根幹をなす国からの運営費交付金は総じて厳しい対応を迫られているようである。今後、団塊の世代の超高齢化の進行に伴い年金・医療・福祉関連予算が多額になり、大学教育に投入される国費は削減される可能性が高く、少ない国費で教育・研究力を高める方策を検討していかなければならない。

少ない国費投入で日本全体の大学の教育力・研究力の引き上げを考えていくと、国立・公立・私立という枠組みを超えた大学再編の必要性が頭をよぎってくる。これからの大学は、大学関係者が今まで保持してきた「常識」にはとらわれない対応が求められる。

財務の視点から見ていくと真実の姿が分かってくる

私は一般企業に長く勤務したのち大学に転職し経営の一角に関与してきたので、学校だけを経験してきた多くの大学関係者とは違い、学外者と同じ感覚で客観的に学校の実態を見て、諸事情を知ることができた。本書では、日本の大学の〝凄さ〟に敬服しつつ、将来への危機感と希望を持って、多くの大学関係者が持つ常識にとらわれず、私が私立大学勤務で感じ、経験し、考えたことを中心に記述していく。大規模有名大学と中小規模大学とでは、経営の発想も、学校運営の仕方も、教職員の気質もずいぶんと違うものと思う。本書の記述は、私がよく知っている中小規模大学から日本の大学全体を見たものになるが、日本では数のうえでは中小規模大学が圧倒的に多く、中小規模大学から見ていくことで私立大学の持っている感覚や抱える問題の本質が分かってくる。

私は財務を担当していたが、財務の仕事は決算書の作成やお金の支払だけではない。決算書をはじめとする関連資料の数値を検証・分析して、数値を通して真実に迫り、経営面で活かしていくことが財務の重要な仕事である。財務の視点から大学を見ていくと、従来の教育論などからは見えなかった大学の真実の姿が見えてくる。財務の視点で大学の過去を振り返り、現状を考察し、さらに将来の姿を考えていきたい。ただし、言いたいことをそのまま記述すると、やたらに多くの数値が出てきて分かりにくくなるので、できるだけ目で見て分かるグラフや表で表現する。また、個別大学の個別事情や固有数値にはできるだけ触れないようにする。

本書は全体を六章に分け、大学法人の財務力については主に第2章で述べている。全国の大学法人を合計すると財務状況は極めて良好ではあるが、個々には問題ある大学法人が多い実態についても触れる。第3章では、大学進学を機に毎年東京圏へ大規模な人口移動が起こっている現実と、東京圏の大学法人が財務基盤を強化してきた事実を述べる。第4章では日本の大学が小粒化している実態を、第5章ではこれらを踏まえて今後日本の大学はどうしたら良いかを考えていくことにする。本書は私立大学の仕組みや財務についてある程度の知識を持って読んだほうが分かりやすいので、最終の第6章に、学校法人と私立大学との関係ならびに私立大学の財務の仕組みや特徴をまとめた。

本書から、一般の方には中小規模私立大学を中心とした大学の実態と課題を知っていただき、また大学関係者の方には課題解決方策を考えていただきたいと願っている。本書が日本の大学がより良い方向に向かう一助になれば幸いである。

平成二八年六月

野田恒雄

目　次

第2章　私立大学の財務状況　40

第6章　私立大学の財務の仕組み

第1章 私立大学の経営状況

一．日本の大学の経営環境

私立大学の経営実態はあまり知られていない

私は、つい先日まで、東京都心の比較的規模の小さな私立大学で企画・財務担当の常任理事を勤め、仕事の一環として各種会合や銀行主催の朝食会などに参加し、何度も企業経営者たちと話す機会があった。私と話をした企業経営者のなかには、「大学にとっての『需要』である一八歳人口が減っているので、私が勤務していたような中小規模の私立大学は経営がひっ迫し、青息吐息の状態にある」と思って接してきた人が何人かいた。

一年以上も前になるが、ある銀行主催の朝食会が都内のホテルで開催された。広い宴会場に何十もの丸テーブルが並び、各丸テーブルには銀行と取引のある主に中小企業の経営者たちが一〇人程度ずつ座り、朝食を取り、銀行幹部のあいさつの後、テレビでときどき顔を見かける著名人が講師として時事問題を解説した。銀行がこのような朝食会を開催したのは、銀行と取引先との関係を強化し、取引先が相互に連携するきっかけを作り、参加した企業経営者等には、講師の話から大きな視点で世の中の動きをとらえ経営に活かしてもらいたいという趣旨であった。

私が指定された席に向かうと、すでに同じ丸テーブルに坐る参加者が何人か到着していて、彼らと名刺交換をして短い会話をした。その人たちのなかに、渋い顔をして「今、大学は大変なんでしょう」と言い、私の名刺の肩書きを見て「財務担当ですかぁ。ご苦労されるでしょう」と話しかけてきた人がいた。

彼は大学経営に関心を持っていたようで、多分こう思っていたのであろう。「ときどきマスコミで学校を巡る報道に接するが、一八歳人口が減少し、大学の経営はひっ迫しているのではないか。入学者を確保するために、新たに土地を買い校舎を建設する大学があるが、ずいぶん無理をしているのだろう。多くの私立大学は借金を増やし、経営は苦しくなっているに違いない。この人の大学も銀行から借金をして首根っこを押さえられているので、この朝食会に出席しているのだろう」。

しかし、私が勤めていた東京都内の大学は毎年度定員を超える入学者を確保し、経営がひっ迫するどころか、極めて健全であった。まして銀行からの借金はなかった。他の多くの私立大学も同様の状況にあると思っていたので、企業経営者との話がかみ合わず違和感を覚えた。それとともに、大学は情報公開に力を入れているのに、一般の人に大学経営の実態が知られていないことが意外に思えた記憶がある。

銀行の朝食会で私が企業経営者と話をした際に覚えた違和感は何なのだろうか。関連するデータを調べていくと、私に話しかけてきた企業経営者の想像とは違う事実が見えてきた。実は日本の私立大学全体の財務状況は驚くほど良好なのだ。しかし、私立大学間で財務上の格差が開いている。特に都市部の大学と地方の大学との格差が大きくなっている。その理由を探っていくと、大学は社会のなかで特別な立場に置かれていることに気がつく。

本書では、経営面や財務面からアプローチをして日本の大学の実態に迫り、抱える課題を探ることにする。個別大学の個別課題にはできるだけ触れないことにし、大きな視点で解決策を検討していきたい。中小規模私立大学から私立大学全体を見て、短期大学を含めて話を進め、一般企業との比較も交え、さらに国立大学を含めた日本の大学全体を見ていくことにする。このため、大規模有名大学から見えるものとは違う景色を提示するかも知れない。しかし、日本には中小規模大学が数多く存在しており、中小規模大学から見ていくことで、日本の私立大学の全体の実像を把握することができる。

大学生はほぼ一貫して増えてきた

銀行の朝食会会場で話しかけてきた企業経営者から私が

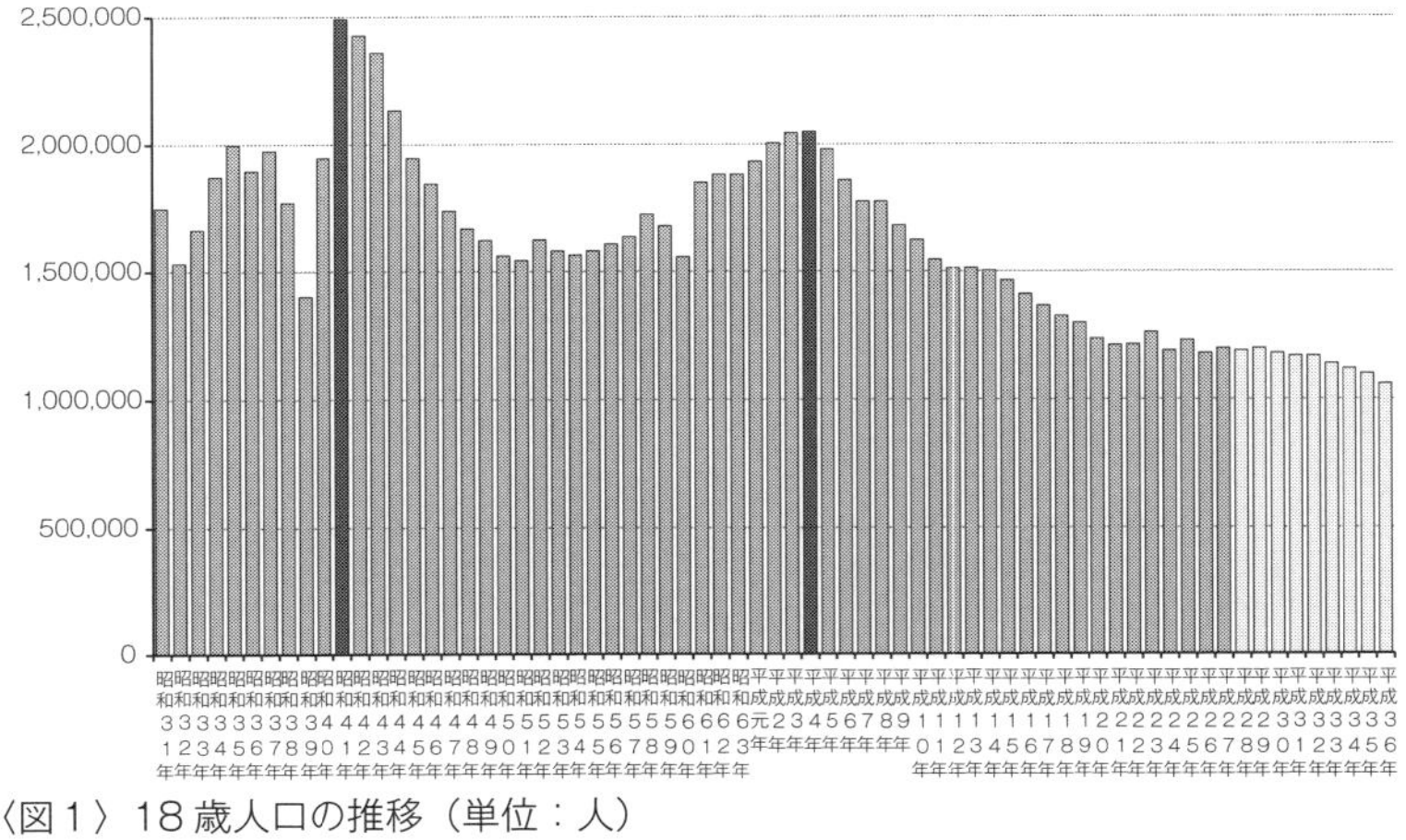

〈図1〉 18歳人口の推移（単位：人）

（注）平成27年までは実績、平成28年度以降は予測値。

（資料）実績は文部科学省「学校基本調査」（年次統計）、予測値は文部科学省資料から筆者が編集。

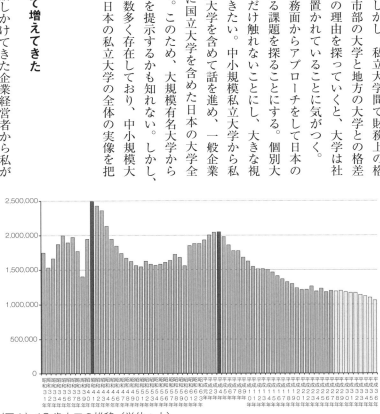

覚えた違和感は何だったのだろうか。まず、その検証から始めたい。

　朝食会会場で会った企業経営者は「一八歳人口が減っているのだから、大学の経営は苦しくなって当然」と思ったのだろう。確かに一八歳人口はこのところ減少傾向にある。前頁の〈図1〉は昭和三一年からの一八歳人口の推移を表しているが、一八歳人口は一直線に減少してきたのではなく、二度大きく増加した後減少に転じている。それには次のような要因がある。

　第二次世界大戦が終わり戦後の復興が始まって間もない昭和二〇年台前半に日本の出生者数は急増した。その中心は後に「団塊の世代」と呼ばれる人たちで、その人たちが一八歳に達した昭和四一年ごろから四四年ごろにかけて一八歳人口は大きな山を形成、昭和四一年には二四九万人になりピークをつけた。彼らは大学進学に際しては猛烈な受験勉強をし、社会に出てからは日本の経済成長の担い手になり、今後は高齢者の中心となる人口の大きな塊《かたまり》である。団塊の世代の子どもたちが成長し、一八歳人口の第二のピークを形成、

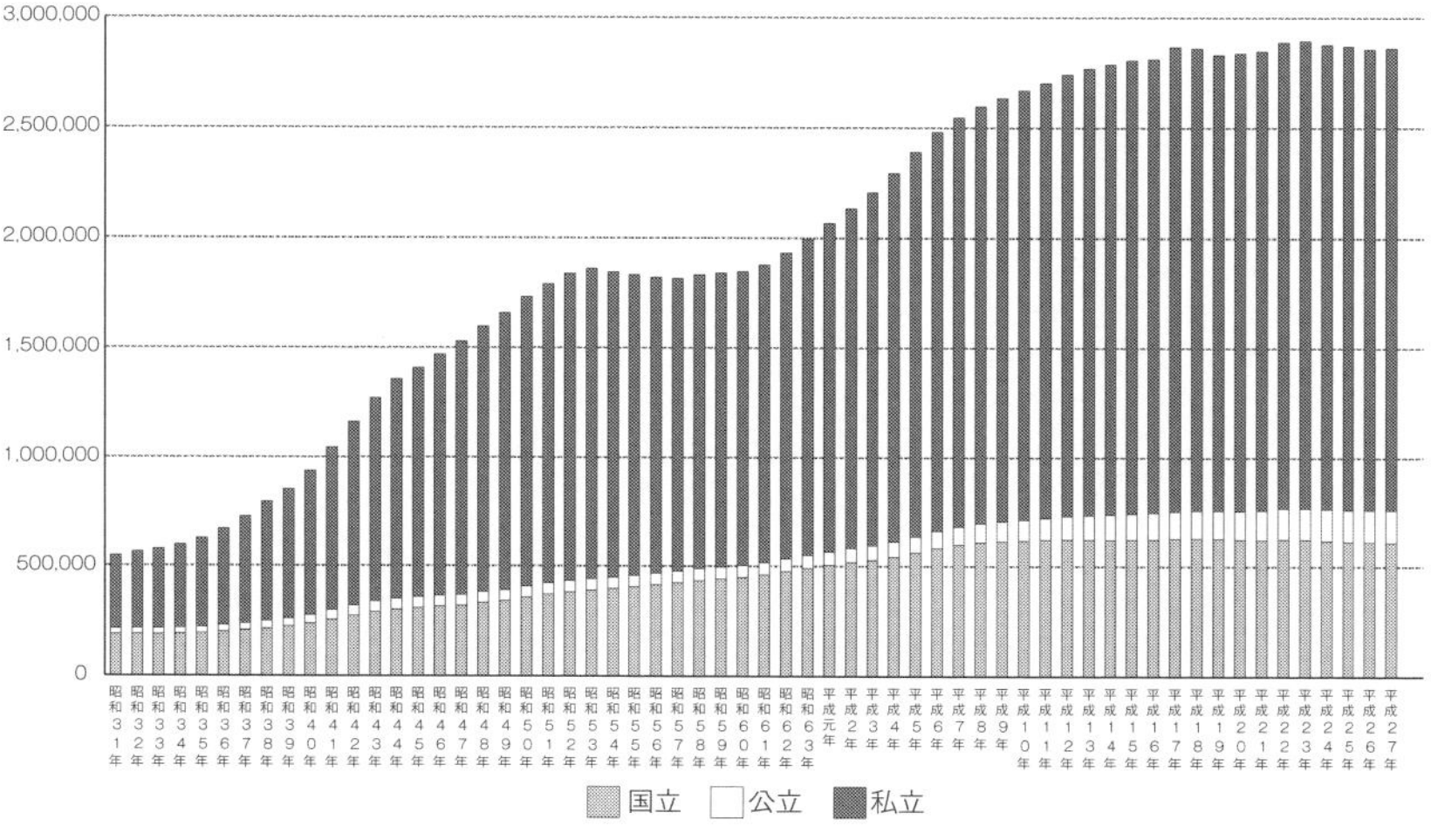

〈図2〉大学在籍者数推移　（単位：人）

（注）大学在籍者数は、大学院・学部・専攻科・別科・その他（科目等履修生・聴講生等）の合計。
（資料）文部科学省「学校基本調査」（年次統計）より筆者が編集。

平成四年には二〇五万人に達した。その後、一八歳人口はほぼ一方向で減少に転じ、平成二七年は一二〇万人になり、今後さらに一〇〇万人に向けて減少が続く見通しである。

一八歳人口が減ることとは大学にとっての「需要」である入学適齢者が減ることであり、大学経営にとって大きな痛手となり、冒頭の企業経営者の想像は当然のようにも思えてくる。

しかし、第二次世界大戦後の日本は豊かになったこともあり、大学進学率がほぼ一貫して向上してきた。このため、大学生の数はほぼ右肩上がりで増えてきた。二一頁の〈図2〉は昭和三一年から平成二七年までの大学在籍者数の推移を示し、学生数は昭和三一年には五五万人（うち私立は三三万人）であったが、今では三〇〇万人に迫るほどになり、過去六〇年間ほぼ右肩上がりで安定的に増えてきている。

このように一八歳人口が減っても大学在籍者の数は減っていない。大学にとって実際の「需要」は一八歳人口ではなく、大学生の数である。平成二七年時点の大学在籍者数は二八六万人、このうち大学院には二四万九千人、学部には二五五万六千人が在籍し、他の在籍者は専攻科・別科・科目等履修生等である。図には示していないが、大学の教職員も増加し続けており、教職員数（本務教員と本務職員の合計）は、昭和三一年の九万一千人（うち私立は二万五千人）が平成二七年には四一万六千人（うち私立は二四万五千人）になり、この間ほぼ一貫して増え続けてきている。

産業界にたとえると、大学は「安定的に大きくなってきた大学教育の『需要』を取り込み、規模を拡大し、『巨大産業』に成長した」と言えよう。

銀行主催の朝食会で会った企業経営者の想像とは違って、大学生の数が減っていないので大学の経営は苦しくなるわけがないように思えてくる。

大学院生は急増後やや頭打ち

大学在籍者のなかでも、大学院の在籍者数が十数年前から目立って増えてきている。〈図3〉は大学院在籍者数の推移であり、昭和三一年には一万一千人に過ぎなかったが、平成四年に一〇万人を超えたのち急増し平成二三年には二七万三千人に達し、やや頭打ちの状況にあるものの、平成二七年には二四万九千人を数え、特に国立大学で顕著に増加している。

大学院生が増えているのは社会がより専門的な教育や研究を必要としているからであり、社会の高度化が進むにつれ専門的な教育や研究はますます必要とされ、大学院生は増え続けるものと思える。

私立大学の経営は順調に推移してきた

このように大学在籍者の数が増えてきたため、私立大学を設置している学校法人の経営は順調に推移している。決算書の詳細は別な章で述べることにし、ここではその要点にだけ触れる。

私立大学や私立短期大学・私立高等学校・私立中学校・私立小学校などの私立学校は、「学校法人」が設置し運営している。学校法人の経営状況

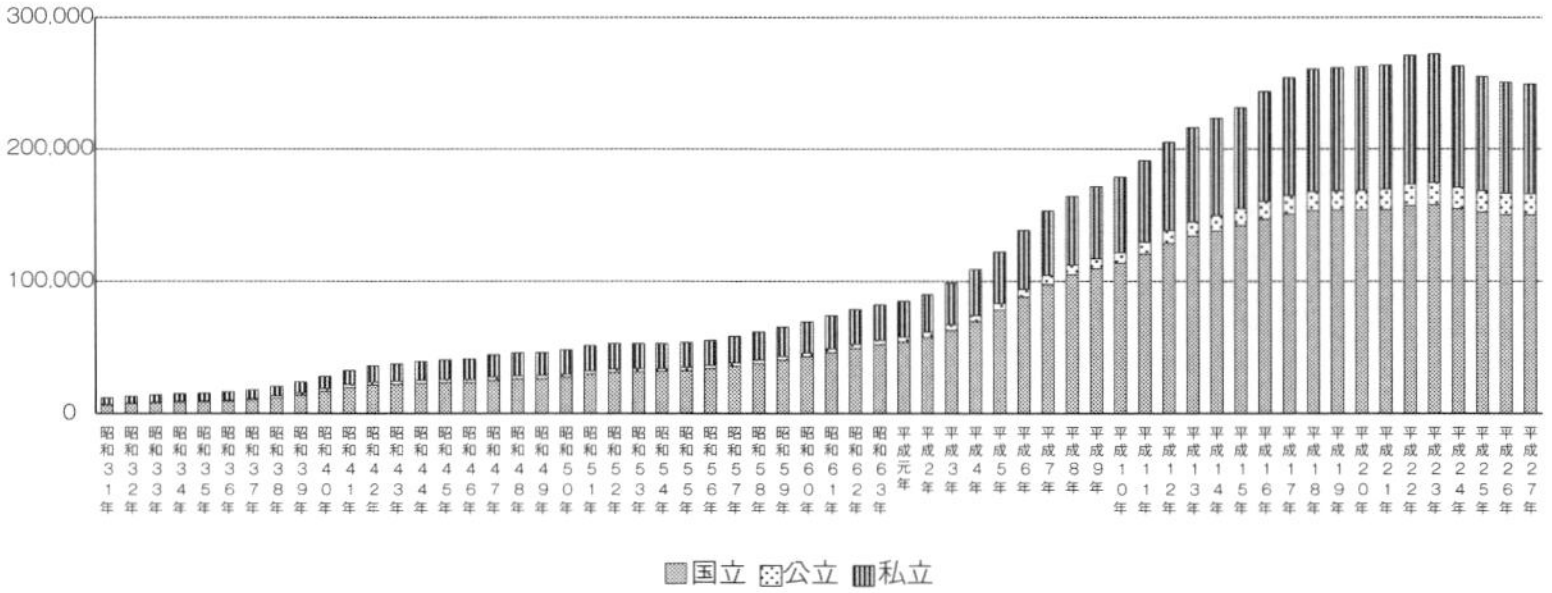

〈図3〉大学院在籍者数推移（単位：人）

（資料）文部科学省「学校基本調査」（年次統計）より筆者が編集。

は決算書に表示されるので、本書では、学校法人のなかで、大学を設置している「大学法人」の決算書を主に見ていくことにする。大学法人のなかには短期大学や高等学校・中学校・小学校などを設置し運営しているところも多く、その決算書には大学だけではなく短期大学や高等学校以下の学校の諸活動の結果も含まれている。経営は学校法人が担っているので、経営状況を知るには、大学や短期大学・高等学校などの諸活動の結果を含んだ「大学法人の決算書」を見るのが妥当である。なお、大学は設置していないが短期大学を設置している学校法人を「短期大学法人」と言い、本書では短期大学法人の決算内容についても触れる。

学校法人設立以来の諸活動の結果は、累積して「貸借対照表」に表示される。〈図4〉は、全国ほぼすべての大学法人の決算書を合計した資料から、「貸借対照表」の「資産の部」を抜き出し推移を示したものである。「資産の部」合計は、平成六年度末の一四兆八千億円が平成二六年度末には二五兆四千億円に、グラフの期間に、金額で⊕一〇・六兆円、率で⊕七一%各々増加している。資産は経営が順調でなければ増えない。この図からは、順調な経営

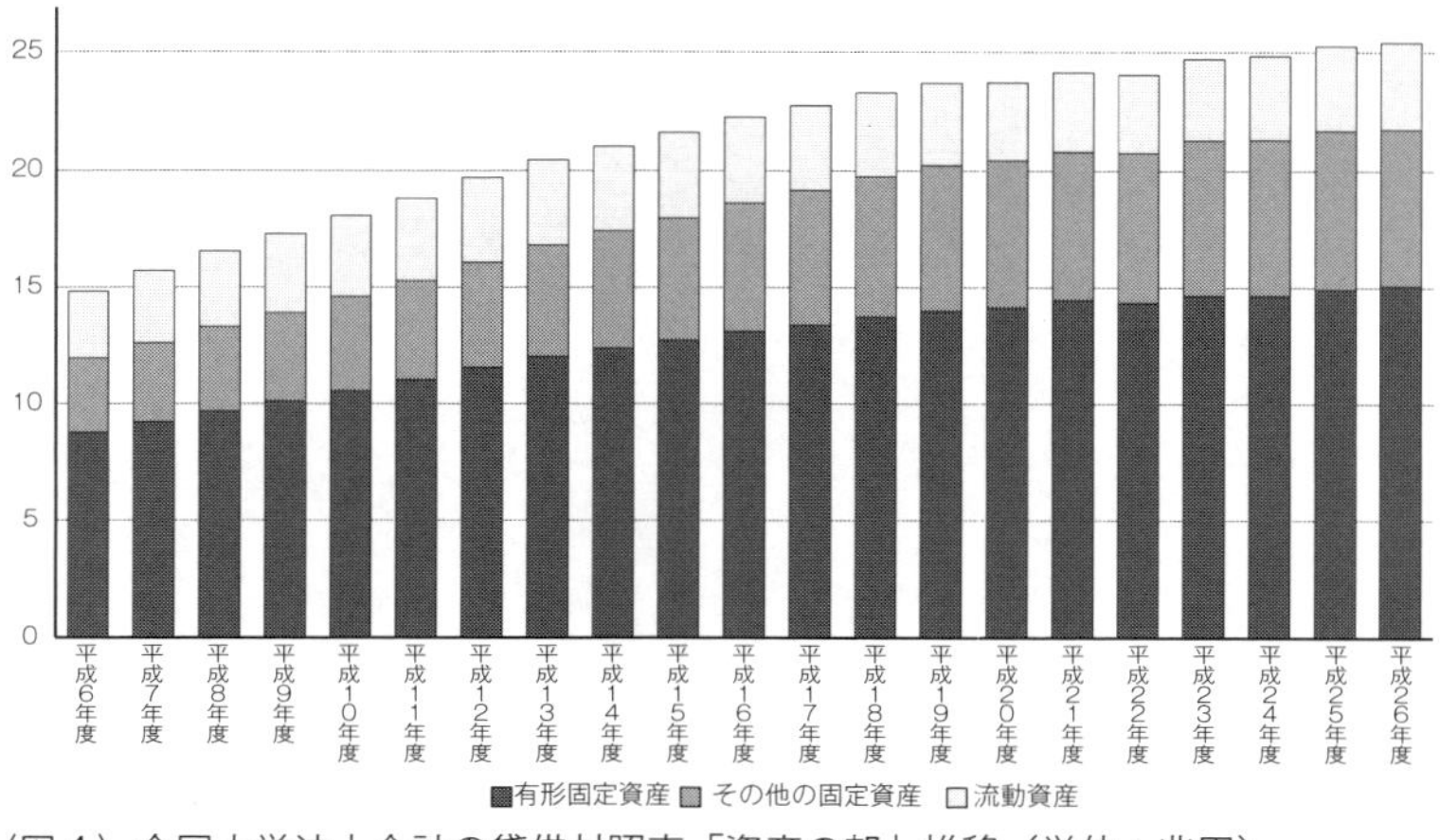

〈図4〉全国大学法人合計の貸借対照表「資産の部」推移（単位：兆円）

（資料）日本私立学校振興・共済事業団「平成7～27年度版　今日の私学財政　大学・短期大学編」（Ⅲ集計結果）から筆者が編集。

の結果、着実に資産を積み上げてきた大学法人の姿が浮かび上がってくる。資産のなかでも、特に土地・建物や有価証券を含む固定資産（有形固定資産＋その他の固定資産）の増加が著しい。

大学の数は大幅に増加してきた

だが、「大学法人は順調な経営を続けている」との結論を出すには少し早過ぎる。

前述のように平成六年度から平成二六年度にかけて全国大学法人合計の貸借対照表「資産の部」の金額が増加したからと言って、大学法人の経営が順調であったとは言い切れない。なぜなら、この間、大学の数が増えて、大学法人（私立大学を設置している学校法人）の数も増えてきた。数が増えれば、全国の大学法人を合計した貸借対照表に計上される資産の額が増えて当然である。

では、大学の数はどう増えてきたのであろうか。〈図５〉は全国の大学数の推移である。大学在籍者数の増加と同じように、大学そのものもほぼ右肩上がりで数を増やしてき

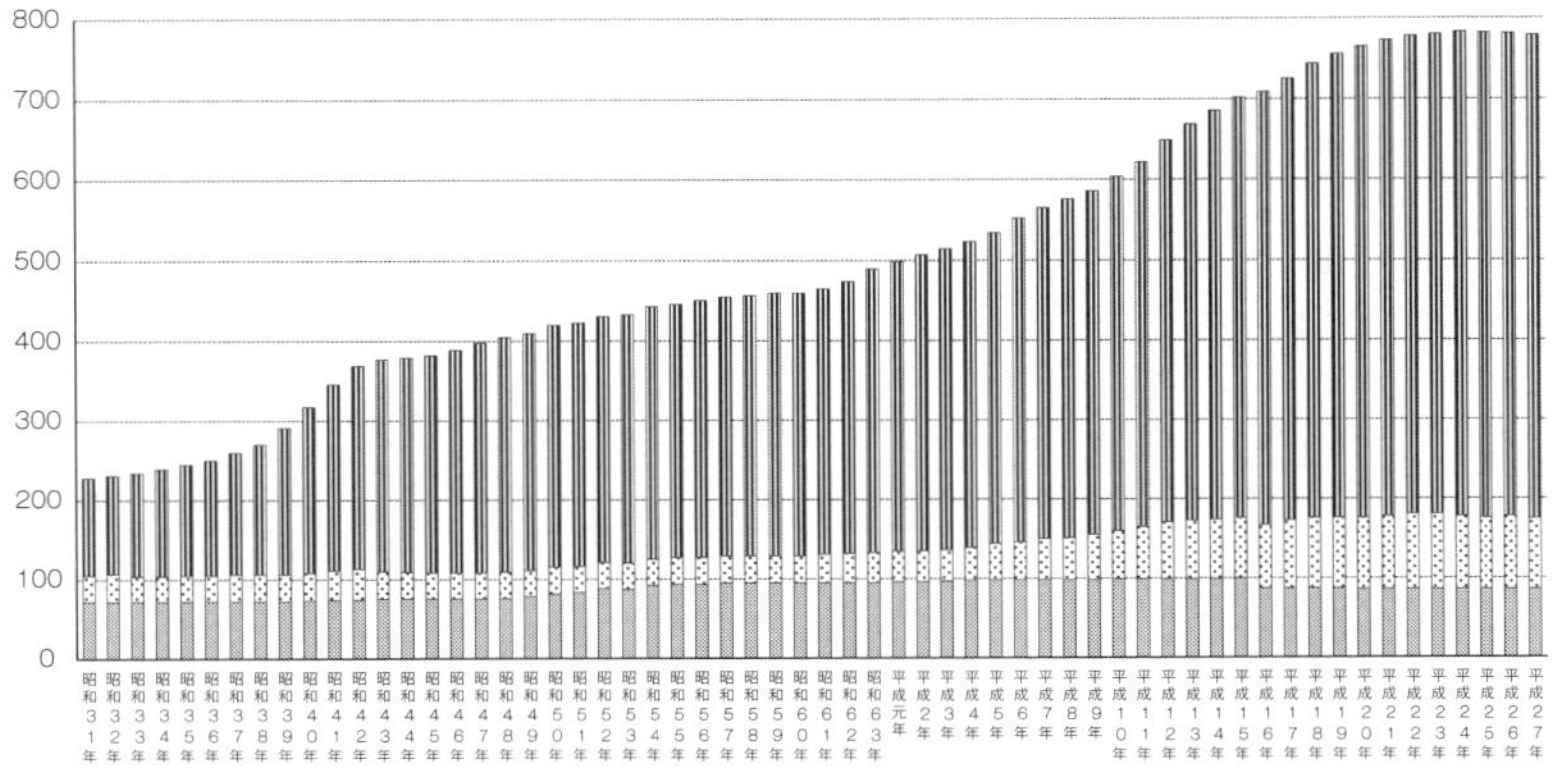

〈図５〉大学数推移（単位：校）

（資料）文部科学省「学校基本調査」（年次統計）より筆者が編集。

た。特に私立大学が著しく数を増やしてきている。〈図5〉に示すグラフの始点である昭和三一年には全国に二二八大学しかなかったが、平成二七年の時点では全国には七七九の大学があり、何とこの期間で大学の数は㊉五五一大学、㊉三・四倍以上に増え、平成二七年には国立は八六、公立は八九、私立は六〇四の大学が存在している。

大学法人も数を増やしてきた

大学の数の増加に伴い、大学法人の数も増えてきた。本書では全国の大学法人合計の決算数値を示すことになるが、全国の一〇〇%の大学法人を網羅しているのではなく、わずかだが集計対象に含まれていない大学法人がある。平成六年度以降の大学法人の数と、本書で使用する決算数値の集計対象大学法人の数は下の〈図6〉のように推移している。棒グラフの色の濃い部分が各年度の集計対象大学法人、色の薄い部分が集計対象に含まれていない大学法人であるが、ご覧のと

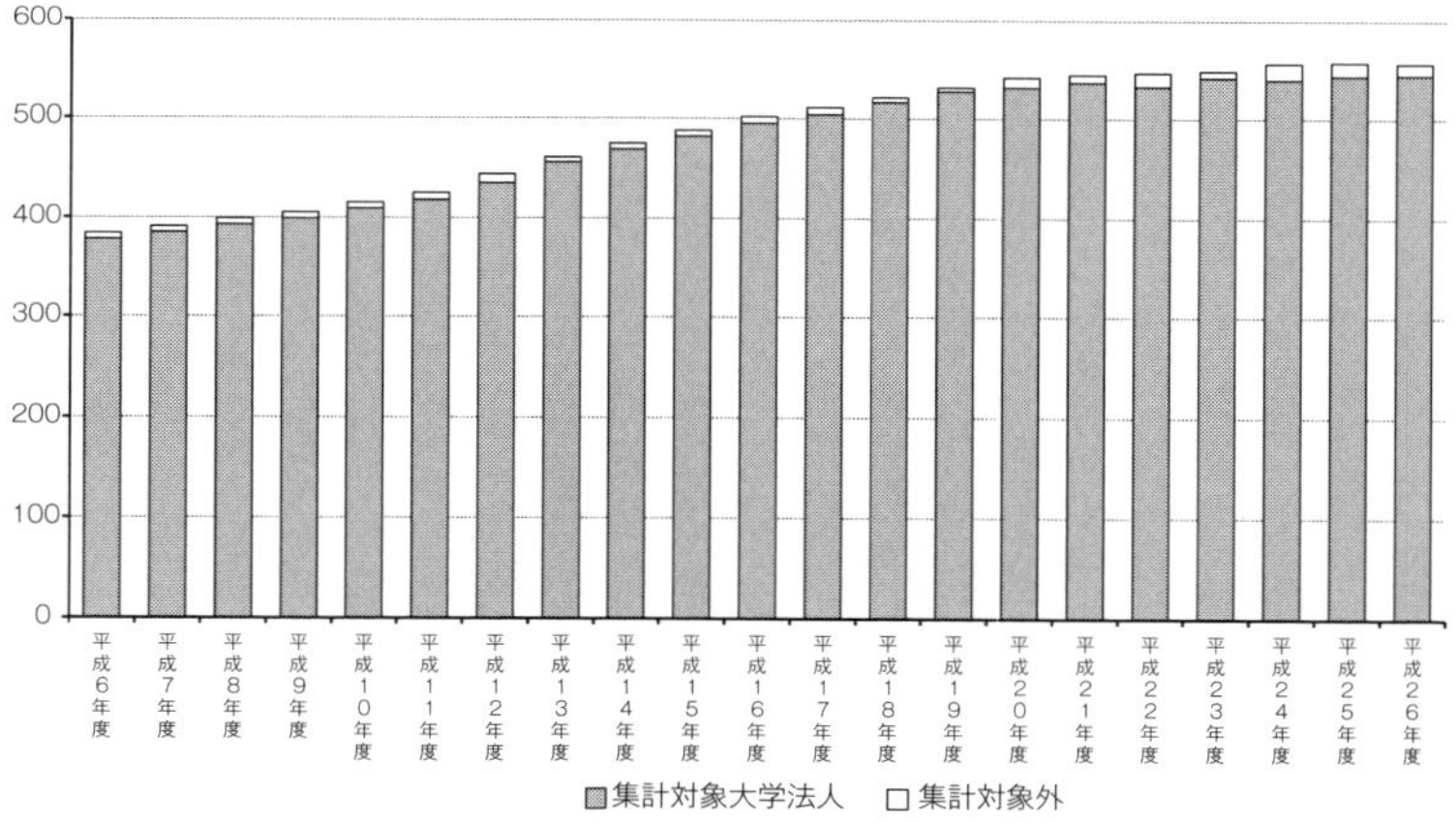

〈図6〉全国大学法人と決算書集計対象大学法人の数（単位：法人）

（資料）日本私立学校振興・共済事業団「平成7～27年度版　今日の私学財政　大学・短期大学編」（Ⅰ調査の概要）から筆者が編集。

おり一〇〇％近くが集計対象となっている。前の〈図５〉のグラフとよく比較してみると、私立大学の数が大学法人の数より多い。一つの大学法人が複数の大学を設置している例があるからである。

大学法人の数が増えたのだから、全国の大学法人を合計した貸借対照表の資産の額が増加しても当然と言えそうだが、そう断定する前に、短期大学生の数や短期大学の数などの推移を検証してみたい。

短大生は急減、短大の数も減少している

大学では在籍者数が増え大学そのものも数を増やしてきた一方で、短期大学は様相が違っており、在籍者も学校そのものも数を大きく減らしている。

二〇数年前までは、短期大学は大学と同じように学校数も在籍学生数も増加してきたが、すでにピークアウトしている。学校数は平成八年に、在籍者数は平成五年に、それぞれ最大になり、その後減少を続けている。特に在籍学生数の減少は激しい。平成二七年では学校数は三四六（最大であった平成八年比△二五二校減少）、在籍学生数は一三万三千人（最大であった平成五年比△四〇万人減少）で、前に記した大学院在籍者数（二四万九千人）の半分近くにまで落ち込んでいる。

短大法人を含めると財務状況がよく分かる

大学が数を増やしてきた主要因は大学の新設であるが、短期大学から四年制の大学へ転換したものも多く、大学新設の裏では短期大学が数を減らしてきている。短期大学から大学への転換に伴い、大学法人が数を増や

し、短期大学法人が数を減らしてきた。大学の経営が順調に推移してきたか否かを見るには、大学法人合計の決算書を検証するだけではなく、短期大学法人合計の決算書を合わせて見ていったほうが妥当と思われる。そうすることによって、集計対象となる学校法人の数の変動が少なくなり、短期大学から大学への転換による影響を除くことができる。もちろん、大学法人と同様に、短期大学法人のなかには高等学校や中学校、小学校などの私立学校を設置しているところがあり、短期大学法人の決算書には高等学校以下の学校の諸活動の結果も含まれているが、経営状況を見るにはこの短期大学法人の決算書を見ていくことが妥当である。

私立大学は資産を大きく増やしてきた

さて、三〇頁以降に示す二つの図は、全国の大学法人と短期大学法人合計の平成六年度から平成二六年度までの貸借対照表の推移をグラフにしたものだが、三〇頁の〈図8〉は貸借対照表の借方（左側）「資産の部」の内訳であり、資産の部合計額は平成六年度末から平成二六年度末までの

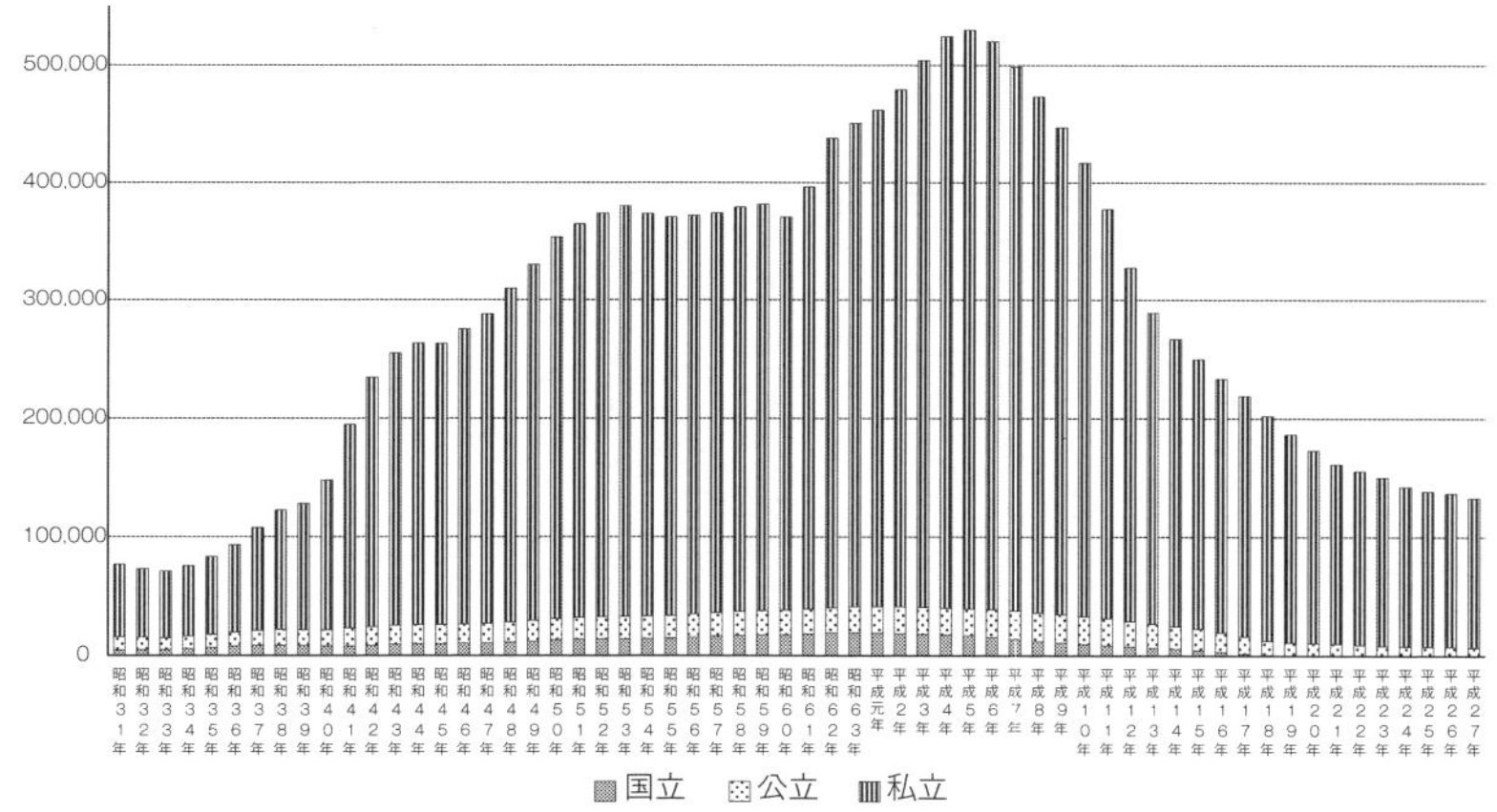

〈図 7-1〉短期大学在籍者数推移（単位：人）

（資料）文部科学省「学校基本調査」（年次統計）より筆者が編集。

二一年間で、一七兆円から二六兆円へ㊉九兆円増、㊉一・五倍に増えている。

〈図8〉のグラフは、〈図4〉に示した全国大学法人合計の「資産の部」と同じような形状をしている。つまり、全国合計の大学法人では資産を増やし、短期大学法人では資産を減らしてきているが、大学法人と短期大学法人とを合わせてみると、大学法人だけを合計したものと同じように、大きく資産を増やしてきている。大学法人合計額があまりにも大きく、短期大学法人の動向が軽微な影響しか及ぼしていないことになる。

私立大学は自己資金を蓄積してきた

三一頁の〈図9〉は全国の大学法人＋短期大学法人合計の貸借対照表の貸方（右側）を示している。一見しただけで負債が非常に少ないことが分かる。

企業会計では貸借対照表の貸方（右側）を「負債の部」・「純資産の部」と言うが、学校法人の平成二六年度決算までの貸借対照表では「負債の部」・「基本金《きほんきん》の部」・「消費収

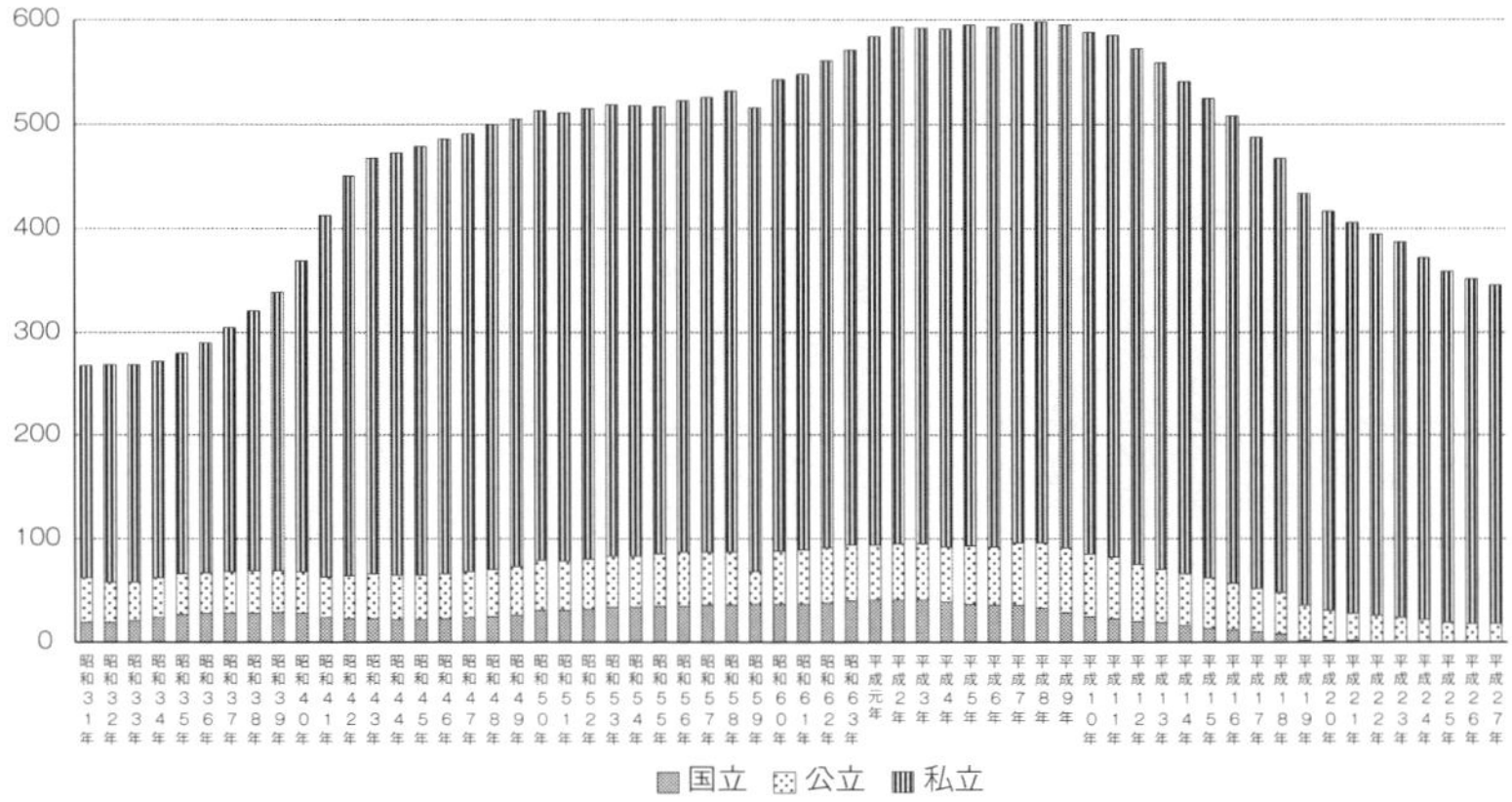

〈図7-2〉短期大学の数推移（単位：校）

（資料）文部科学省「学校基本調査」（年次統計）より筆者が編集。

支差額の部」と言っている。基本金の部も消費収支差額の部も、ともに学校にとって返済義務のない収入（帰属収入）が資金の源泉であって、学校法人の財務分析資料などでは、「基本金の部」と「消費収支差額の部」を合せて「自己資金」と表示することが多いので、本書では「自己資金」と表現していく。

なお、詳細は別な章で述べるが、学校法人の会計基準が改正され、平成二七年度以降の決算書では「基本金の部」と「消費収支差額の部」とを合わせて「純資産の部」と表示される。

〈図9〉では、平成六年度末から二六年度末にかけて自己資金が一三兆円から二二兆円へ、額で⊕九兆円・率で⊕六八％も大きく増加しており、「自己資金構成比率（総資産に占める自己資金の割合）」は七八％から八六％に上昇している。

その一方、負債（固定負債と流動負債）は同期間で、三兆七千億円程度から三兆七千億円強に変化しているだけで、ほとんど変わっていない。

業種や規模の大小によって異なるが、企業では一般

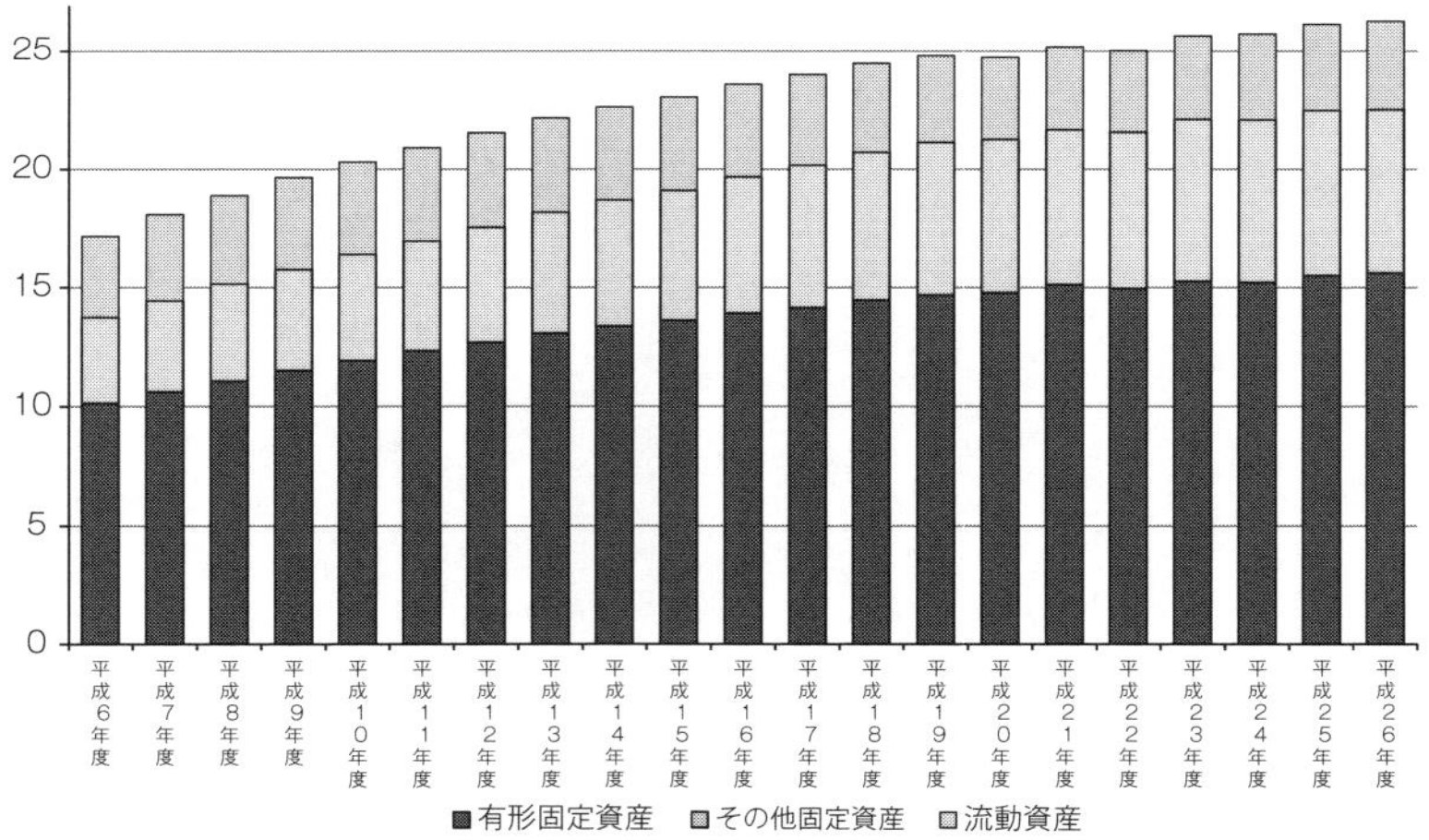

〈図8〉全国大学法人·短期大学法人合計の貸借対照表「資産の部」推移（単位:兆円）

（資料）日本私立学校振興・共済事業団「平成7～27年度版　今日の私学財政　大学・短期大学編」（Ⅲ集計結果）から筆者が編集。

的に「自己資本比率（総資産に占める自己資本の割合）」が四〇～五〇％で優良企業と言われているようである。学校法人と企業とでは活動の目的が違い、会計基準が異なるので単純な比較はできないが、大学法人と短期大学法人とを合計した自己資金構成比率八六％は一般の企業とは比較にならないほど高い比率であり、財務状況は「超優良」であると言えよう。

このように、全国大学法人＋短期大学法人合計の過去二一年間の貸借対照表を振り返ってみると、資産を増やし自己資金を増やす一方で、負債はほとんど変わっていない。一八歳人口が減少しているのに、どうしてなのか不思議に思うだろうが、その理由は次章以下で探っていくことにしたい。

私立大学は簡単には倒産しない

「一八歳人口の減少」イコール「私学の経営ひっ迫、倒産」というほど世の中は単純なものではない。一〇年以上も前に私学経営に関する雑誌や講演会な

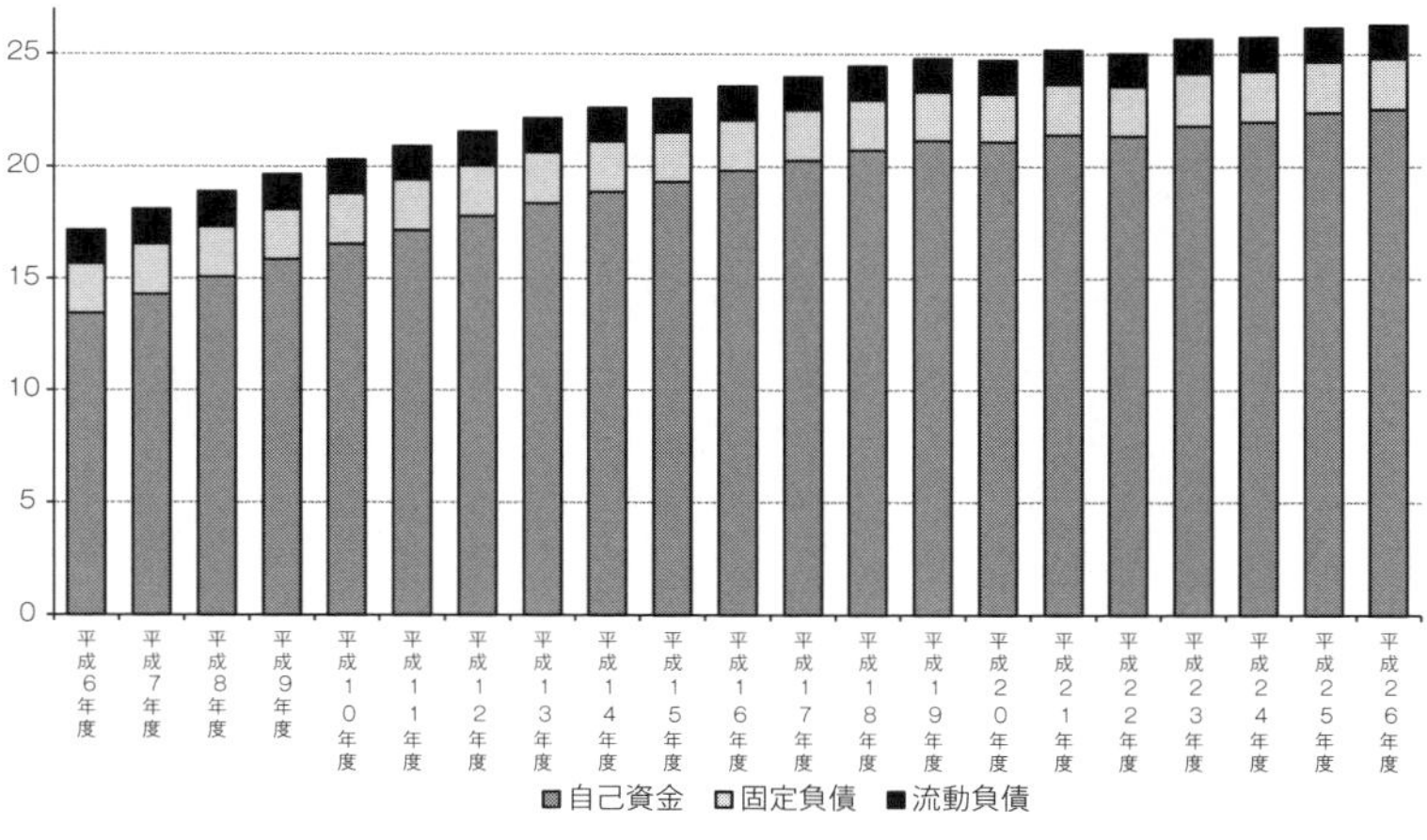

〈図９〉全国大学法人・短期大学法人合計の「負債の部」・「自己資金の部」推移（単位：兆円）

（資料）日本私立学校振興・共済事業団「平成７～27年度版　今日の私学財政　大学・短期大学編」（Ⅲ集計結果）から筆者が編集。

どで、有識者から「私学を取り巻く環境は厳しさを増しており、私学の倒産が現実に起こり得る」との趣旨の話がなされていた。しかし、一〇年以上経ってどうなっているのだろうか。私立大学全体をとらえて見ると経営は安泰であって、実際に経営が傾いた私学は例外的な存在に過ぎない。学校が経営危機に陥る直接的な要因は定員割れではない。今までは一八歳人口が減少しても大学進学率が向上し、入学者数はあまり減らなかった。進学率が向上している間に、多くの私立大学では自己資金を蓄え、強固な財務体質を築いてきた。定員が未充足になっても、仮に数年間「赤字」が続いても、簡単につぶれることがないだけの資金を確保してきている。

企業では、経営者をはじめとして財務や経営企画等を担当している人にとっては常識的なことであるが、需要が減っただけでは企業は破綻しない。赤字になってもすぐに倒産することはない。資金が回らなくなってはじめて存続の危機に陥る。大学も同じである。手元に資金があれば教職員への給料が払え必要な物品が購入でき、倒産することはない。財務的な視点を軽視していては、大学の経営についての正しい状況判断ができない。大学は教育・研究を行う機関であるが、大学の経営を支えているのは財務力であり、大学経営を見るには財務状況の検証が必要になってくる。

企業でも学校でも有効な経営判断をするには、今起きている事象（フロー）と、長年蓄積してきたもの（ストック）とをしっかりと峻別して、両者を合わせて考え、正しい状況判断をすることが肝要だ。全国大学法人＋短期大学法人合計では十分なストックがあるのだ。

二．大学間の経営格差・財務格差

大学経営へのマイナスイメージが作られている

このように、大学生の数はほぼ右肩上がりで増加しており、大学法人には十分な額の資産が蓄積されているので、大学を巡る状況や大学の経営は年々良くなって当然である。しかし、冒頭にあげた企業経営者の言動のように、一般社会では大学の経営や財務に対するマイナスイメージが作られているが、どうしてなのだろうか。理由を考える前に、大学経営へのマイナスイメージとは何なのかを考えてみたい。

地方の大学では入学者確保に苦労している

多くの地方高校出身者が、毎年度、都市部、特に東京圏の大学に大挙入学してくる。一方、東京圏の高校出身者のほんどは東京圏内の大学に進学してしまい、地方の大学へ進学する人は極端に少ない状況が続いている。入学者獲得力が違うので、結果的に東京圏の大学とそれ以外の地域の大学との間で財務上の格差が拡大しており、東京圏の大学では資金を厚く集積し財務基盤を顕著に強化してきている。

東京圏の大学への入学者集中は別な問題も生んでいる。現在、地方への人口定着や地方創生、出生率向上が話題になることがある。若者を中心とした都市部への人口集中は、地方に「職場」が少ないことだけで起こっているのではなく、地方には高校を卒業した後の「学ぶ場」が少ないことも大きな要因になっている。大学や短期大学などの「高等教育」の力が弱いので、都市部、特に東京圏の大学へ進学してしまう。地方出身者が都市部の大学で学び、都会の生活を知ってしまうと、家業を継ぐなどの理由がある人を除き、地方へ戻りたくないと思うのは人間の自然な感情である。地方からは優秀な若者が毎年どんどん流出してしまい、地域再生や地方での職の創生の中核を担う「頭脳」や「手足」となる人が少なくなり、その結果地方の衰退を招いているのではないかとさえ思えてくる。地方創生を考える際には、都市部と地方の教育をどうするのかといった視点も重要な課題になってくる。

　これを大学の経営面から見ると、一般的に地方の大学では入学者確保に苦労し、財務面で厳しい状況に置かれている大学法人があるのではないかと推測される。

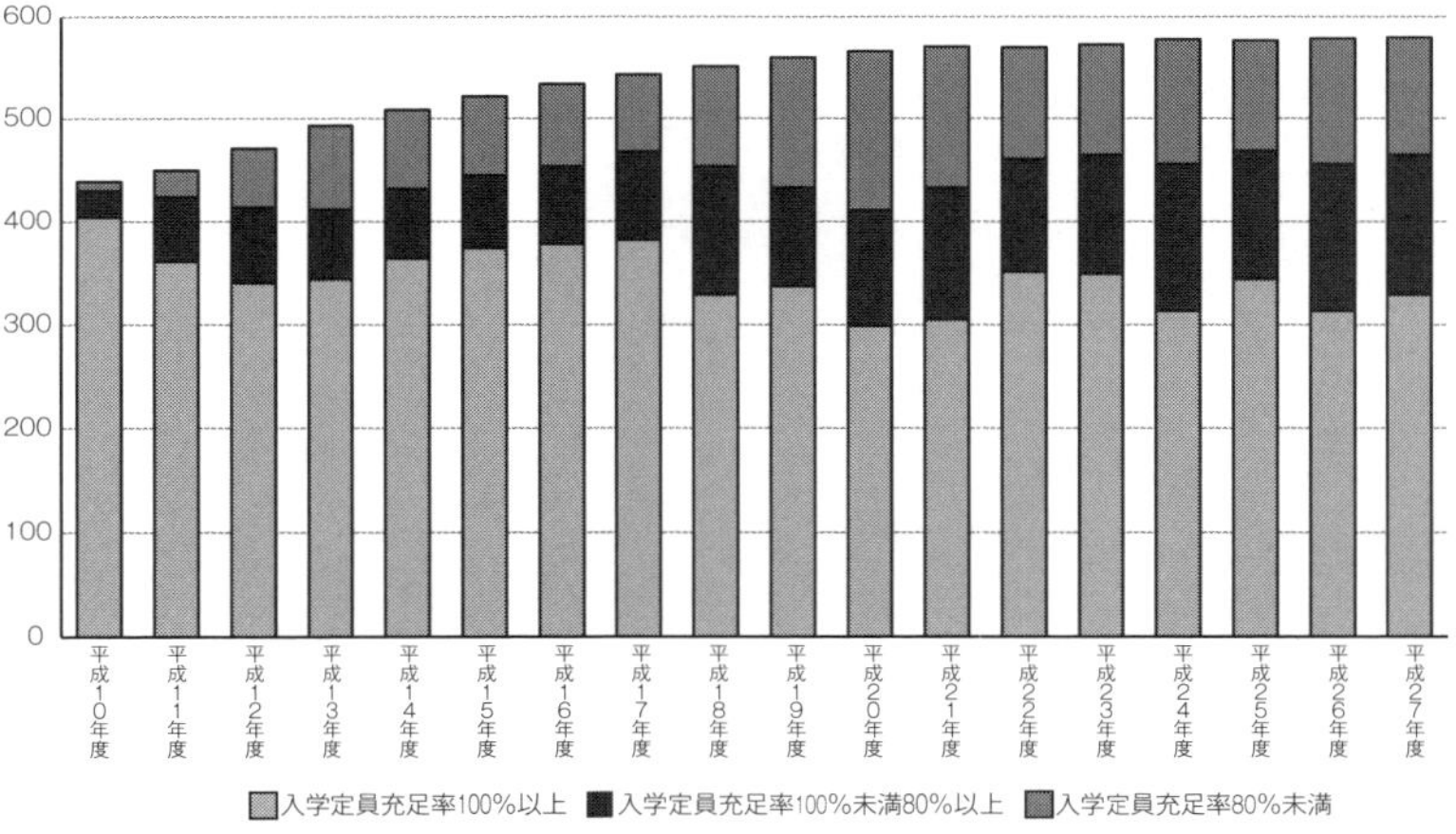

〈図 10〉私立大学の入学定員充足状況（単位：校）

（資料）日本私立学校振興・共済事業団私学経営情報センター「平成 27 年度　私立大学・短期大学等入学志願動向」（I 大学の概況）から筆者が編集。

定員割れ大学が増えている

定員割れの大学が増加傾向にある。全国の私立大学のなかで定員割れの大学は、平成一〇年度には三五大学・私立大学全体の約八%であったが、平成二六年度には二六五大学・同約四五%に増加、平成二七年度には若干改善したもの二五〇大学・同約四三%もある。しかも、定員を大幅に割り込む大学が増加する傾向にある。いったん定員が割れると回復が難しいと言われており、厳しい局面に立たされている大学は多い。

しかし、同時に定員を充足している大学が多く存在している。平成二七年度では半数を超える大学が定員以上の入学者を確保しており、一八歳人口の減少や大学の数の増加などの要因を、すべての大学に一律同じように当てはめたのでは説明できない要因が働いている。

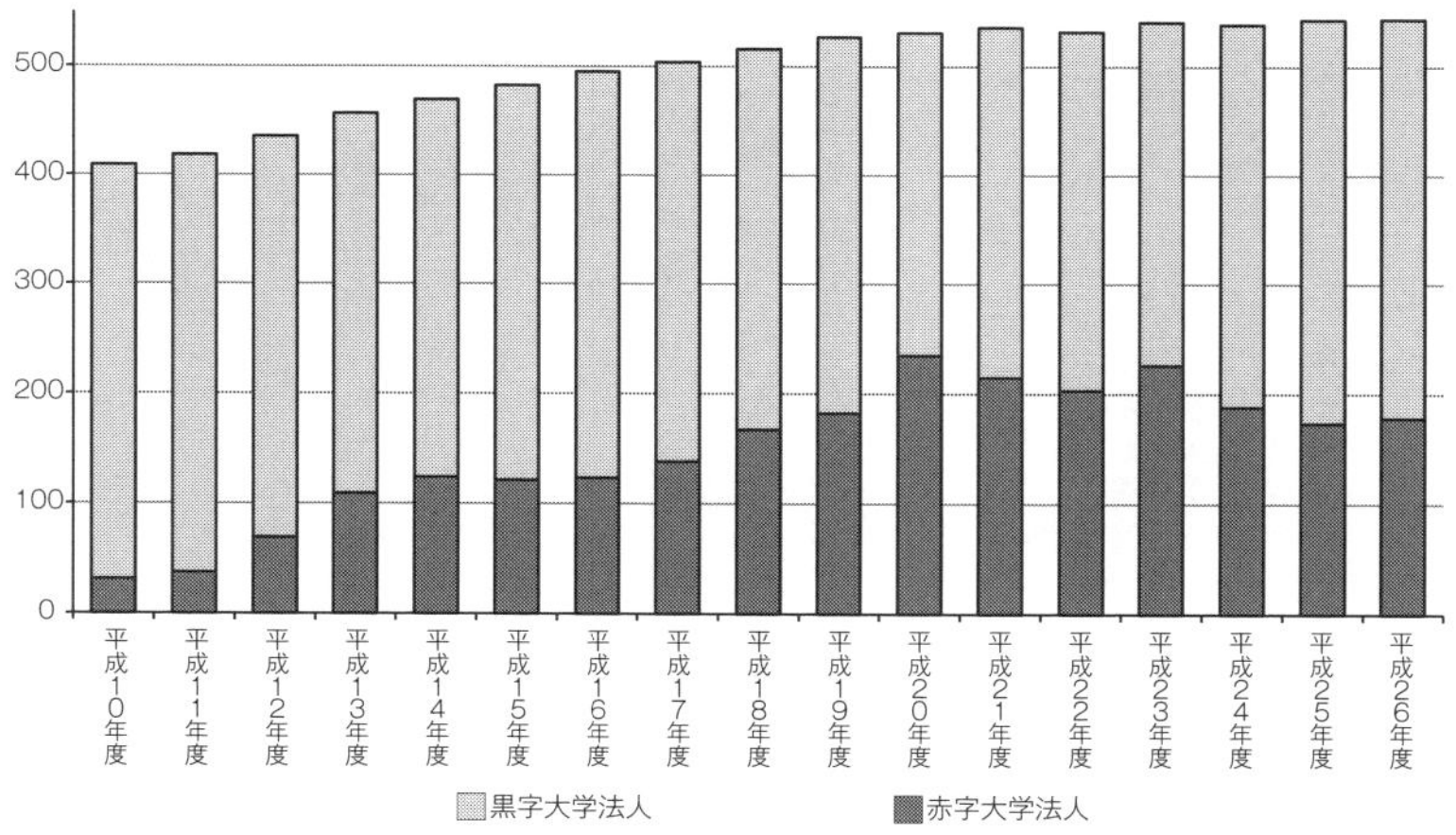

〈図 11〉黒字大学法人と赤字大学法人の数（単位：法人）

（注）黒字＝帰属収支差額比率が０％以上の大学法人。赤字＝帰属収支差額比率が0%未満の大学法人。

（資料）日本私立学校振興・共済事業団「平成 27 年度版　今日の私学財政　大学・短期大学版」（Ⅱ集計・分析結果の概要）から筆者が編集。

大学法人全体の収支が悪化、赤字の大学が増加

前述のように、全国の大学法人と短期大学法人を合計した財務状況は極めて良好である。しかし、私立大学・短期大学のデータをもう少し詳しく見ていくと、全国の大学法人・短期大学法人全体として年々支出が増加し、収入の増加幅を上回っており、収支状況は以前ほどには良くないことが分かる。

また、「赤字」の大学法人が増加傾向にある。後でも説明するが、赤字とは「帰属収入」で「消費支出」をまかなえないことであり、赤字の大学法人は平成一三年度に一〇〇法人・全体の二〇％を超え、平成二〇年度には二三五法人・全体の四四・三％になった。その後若干改善し、この数年は一八〇法人弱、全体の三〇数％程度の大学法人が赤字になっている。財務状況の悪い大学法人はなかなか浮上できないようであり、毎年度こんなに多くの大学法人が赤字になると、今後私立大学の経営危機が社会問題になる可能性すらある。

このような状況から、私立大学の経営に対するイメージが作られている。全国の大学法人と短期大学法人を合計した決算状況は良く、資産を厚く蓄積してきているのに、「定員割れの大学が多く、赤字の大学法人が多い」というイメージである。

しかし、これらは単なるイメージではなく事実である。都市部の大学、特に東京圏の大学へ入学者が集中しているが、東京圏のなかにおいても定員を超えて入学者を確保している大学がある一方、入学者確保に苦しむ大学がある。大学によって入学者獲得力が違いその結果大学法人間で財務格差が拡大している。

どうしてこうなったのだろうか。そこには東京圏の大学が全国から入学者を集めている実態もあるが、それだけでは説明できない何かがある。これらについて次章以下でもっと詳しく考え、今後の対応策も検討するこ

とにしたい。

大学関係者は財務への関心が薄い

大学関係者は、この数十年間、学内外の研修会や講習会などで文部科学省の作成した一八歳人口推移グラフを何度も見せられている。また、文部科学省の外郭団体とも言える日本私立学校振興・共済事業団がまとめた定員割れ私立大学の数、赤字の大学法人や短期大学法人の数を見ており、頭のなかにある種のイメージができあがっている。このイメージによって「早稲田大学や慶応義塾大学などの大規模有名私立大学は別格なので安泰であろうが、規模の小さな私立大学の経営は厳しくなる」と思っている人が多い。

また、大学関係者のなかには「一八歳人口が減り、定員割れ大学や赤字大学が増えてきているので、今後経営危機に陥る大学が多数出る」と警鐘を鳴らす人がいる。しかし、警鐘を鳴らす人でも、どういう訳か財務について言及することは少ない。その大きな理由は、今までは大学の財務状況が良かったため、財務状況を気にしなくても経営できたので、財務へあまり関心が向かなかったからである。

驚くべきことに、大学関係者には「一八歳人口がこれだけ減り、大学の経営環境は厳しくなってきているが、それでも自分の所属する大学の経営は現在までのところ傾いていない、人員整理は起こしていない。従って自分の大学はこれからも何とかなる」とタカをくくっている人が実に多い。また業況の悪い大学もあるが、「最後は国が何とか面倒を見てくれる」と思っている人が多いのではないだろうか。しかし、それらの認識は甘い。これから学校を巡る環境は急激に変化しそうである。都市部を中心とした大学関係者のなかには安泰に慣れ過去の成功体験を引きずっている人がいる。地方の小規模大学関係者のなかには入学者確保とコスト抑制に疲れ、将来への展望を失いかけている人がいる。ともに、頭の転換ができるかどうか、環境の変化をうまく乗り越えられるかどうか心配でならない。

三．大学が今やるべきこと

大学の質を低下させない

私立大学や短期大学を設置し運営している学校法人全体では、自己資金を増やし、健全経営を続けているが、個別の学校法人では厳しい経営を強いられているところがある。また国立大学は年々経費を減らされている。このままでは今の教育研究レベルを維持できないところが出てくる懸念がある。

教育は国の礎であり、大学は最高教育機関である。大学の教育研究レベルを上げていかないと国力の低下につながり、国民生活の劣化にも直結しかねない。たとえ一八歳人口が減少しても、個別の大学の経営は厳しくとも、教育研究のレベルを維持し、さらに向上を図っていかなければならず、大学関係者はそのための知恵を出していく必要がある。そのためには、環境の変化を直視し、大学を取り巻く構造の見直しが不可欠になってくる。

ひどくなる前に手を打っておきたい

大学法人全体の財務状況が良いことを大学関係者は何となく感じ取ってはいても、正確に知っている人は少数に過ぎない。大学は情報公開に積極的に取り組んでいるが、財務面や本書で説明する事項については、真実の姿がなかなか世の中に伝わっていかない。

大学は教育と研究を行う機関で、教育研究の一層のレベルアップが求められる。教育研究のレベルをさらに上げていくには、大学に多額の国費を投入する必要がある。しかし、今後の国家財政を考えると、超高齢化の進展に伴い年金や医療・介護費の増は避けられず、公共工事費や防衛費なども簡単に削ることはできないので、教育研究に回す予算を増やすことは難しいことが容易に想像できる。一八歳人口がさらに減少し、多くの大学で経営に余裕がなくなることは目に見えているのに、国から大学への運営費交付金や補助金の増額は難しく、むしろ国費投入が抑制されることを考えておかなければならない。少ない国費投入で大学経営を安定させつつ、教育研究の一層のレベルアップを図る方策を考えなければならない。

では、どうしたら良いのだろうか。大学関係者は、今から、一八歳人口が減り、国の教育研究関連予算の減額もあり得るなかで、教育研究レベルの向上を図る方策を検討していくことである。幸いにも今なら多くの私立大学は財務上余裕があり、蓄積してきた資金を有効に活用することができる。今の段階から、長期的視点でこの国全体の教育のあるべき姿を考え、知恵を絞り仕組みを作り、少しずつ実行していくことである。早いうちからこういった取り組みをすることによって、将来強いられるかもしれない大きな痛みを回避あるいは和らげる可能性が高くなってくる。また、大学関係者以外の人たちにも大学の実態と将来に向けた取り組みを知ってもらい、国民全体の理解を得る努力をすることである。

第2章 私立大学の財務状況

一．大学法人・短大法人の数と収支構造

大学法人と短大法人の決算書合計で財務状況の推移がよく分かる

ある会社の経営状況を知りたい場合、何年分かの決算書を並べて経年比較することがある。そうすると、財務状況の変化がよく分かり、そのときどきの社会情勢の変化が経営にどう影響したかまで読み取れることがある。大学も同じである。大学法人全体の財務状況がどう推移してきて、今どうなっているのかを知りたいところだ。

そこで、大学法人全体の財政状況が長い期間でどう変化してきたかを見てみたい。しかし、お気づきのとおり、この一〇年や二〇年の間でも大学法人の数が増え、それに伴い大学法人全体の収入や資産の合計額が増加しており、長い期間で比較しても集計の対象となる学校法人の数が違うので意味をなさない。大学法人の数は、

例えば平成六年度には三八四法人、平成二六年度は五五六法人になり、この二一年間に㊉一七二法人、㊉四割以上も大幅に増加している。しかし、「できない」と言って思考停止に陥っていては無責任であるので、何らかの方法を検討することにしたい。

調べてみると、大学法人の数の増加に反比例するかのように、短期大学法人が平成六年度の二五二法人から平成二六年度には一一二法人へ、この二一年間で△一四〇法人も減り半分以下になっている。大学法人と短期大学法人とを合わせると、平成六年度の六三六法人が平成二六年度は六六八法人になり、この二一年間の増加数は㊉三二法人、率で㊉五％の増であって、比較しても混乱を生じることのない小幅な増加にとどまっている。この間には短期大学が大学へ転換した例や、新規参入により大学法人の数を増やした例も、合併によって大学法人の数を減らした例もあり、同一の学校法人の経年比較ではないが、全国の大学法人と短期大学法人とを合計した数値を見ていくと、大きな目で長い期間の変化が読み取ることができる（大学法人の数、短期大学法人の数は、日本私立学校振興・共済事業団の「今日の私学財政」による）。

そこで、入手可能なデータから全国の「大学法人＋短期大学法人」の二〇年程度にわたる財務状況を見ていく。入手できるデータは大学法人・短期大学法人のすべてではないが、ほぼ一〇〇％近くを網羅している。以下この章に示す財務関係データは、特に断りのない限り、全国の一〇〇％近くの大学法人と短期大学法人とを合計したものである。大学法人や短期大学法人のなかには高等学校・中学校・小学校などを設置しているところもある。経営責任は学校法人が担っているので、経営状態を見るには大学法人や短期大学法人が設置している高等学校以下の学校を含めた学校法人単位で見ていくのが妥当であり、これから示す数値は高等学校以下の学校の教育研究活動の結果を含んだ学校法人全体を表したものである。

まず、全国の大学法人数・短期大学法人数と財務関係データの集計対象となった大学法人数・短期大学法人数の推移を見てみる。〈図12〉の棒グラフの下側が大学法人・上側が短期大学法人であり、各年度の左側・色の濃い部分が集計対象の大学法人・短期大学法人を示し、各年度の右側・色の薄い部分が全国の大学法人・短期大学法人の数を示している。

ご覧のように、ほぼ一〇〇%近くの大学法人・短期大学法人が集計対象となっているので、以下の説明ではこれを「全国合計」として扱うことにする。

また〈図12〉のグラフからは、平成六年度から平成二六年度までの二一年間で大学法人数は確かに増加しているが、大学法人と短期大学法人とを合わせてみるとあまり数が変わっていないことも見て取れる。

私学の決算書は学校法人会計基準に従って作成される

この章では大学法人・短期大学法人の決算書の概

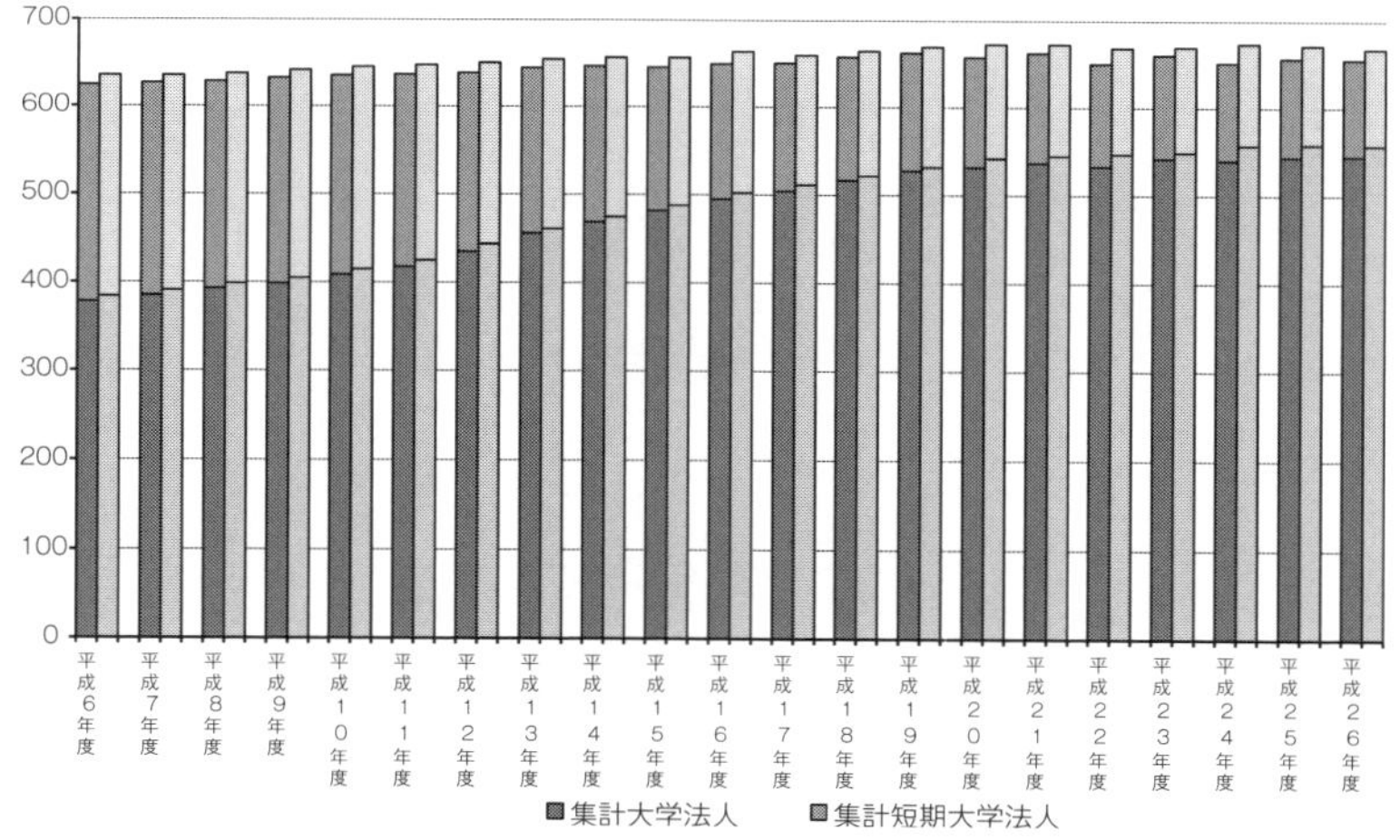

〈図 12〉大学法人数と短期大学法人数（各年度の左側が集計対象法人、右側が全国の法人）（単位：法人）

（資料）日本私立学校振興・共済事業団「平成 7 ～ 27 年度版　今日の私学財政　大学・短期大学編」（Ⅰ調査の概要）から筆者が編集。

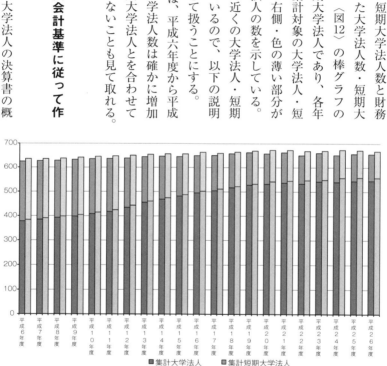

要を説明するが、学校法人の決算書は文部科学省の定めた「学校法人会計基準」に従って作成されている。学校法人が作成する財務計算書類は「資金収支計算書」と「消費収支計算書」の二つの収支計算書と「貸借対照表」およびこれらに付属する内訳表・明細表である。学校法人会計基準の詳細や私学の決算の特徴などは、第6章「私立大学の財務の仕組み」で詳しく解説するが、この章の説明がよく分からない場合には、第6章から先に読むことをお勧めする。

この章では主に、「消費収支計算書」から年度ごとの経営状況を知り、「貸借対照表」から学校法人設立以来蓄積されてきた資産や負債などをつかむことにする。消費収支計算書は企業の損益計算書に似ており、学校法人の経営状況を知るには最適の計算書である。貸借対照表は、細かい点で違いはあるが、企業のそれと同じイメージである。

なお、学校法人会計基準は平成二七年度決算から改正され、決算書の一部の名称が変わり、使用する用語が一部変わる。本書は平成二七年度決算数値が公表される前に執筆しているので、数値は平成二六年度決算までのものであり、計算書の名称や使用する用語は原則として改正前のものとする。

ただ、混乱が起きないよう、必要に応じ、計算書の名称や用語の後に〔　〕を付して平成二七年度決算から用いる改正後の名称や用語を記載することにする。

医歯系と非医歯系とでは収入構造が大きく違う

次に、消費収支計算書〔事業活動収支計算書〕から、大学法人・短期大学法人の収支構造をつかんでおこう。

実は、一口に「大学法人」と言っても「医歯系法人」と「医歯系を除く法人」とでは収支構造が大きく違うのだ。医歯系法人とは医学部や歯学部を擁する大学法人で、大学に付属する病院を持ち、収入のなかでは病院収入が大きなウェイトを占め、支出も病院関係の支出が大きい。しかも日本全体の医療費増加に伴い病院収入は年々増加してきている。医歯系法人を除くと、多くの法人が似たような収支構造をしており、収入では学生生徒等からの納付金が大きく、支出では人件費が大きな割合を占めている。

次の〈図13〉の各グラフは、平成二六年度決算における全国大学法人・短期大学法人の帰属収入の大科目別割合を示している。〈図13−1〉で示す全国合計では、帰属収入は六兆二千八百億円あり、帰属収入のなかでは授業料や入学金などの学生生徒等納付金が最も多く、収入全体の五二％を占め、次いで事業収入が二七％を占めている。このなかには全国で三七ある医歯系大学法人の帰属収入二兆三千六百億円が含まれている。医歯系大学法人は事業収入のなかに病院収入があり、金額が大きく全国合計への影響が大きくなっている。

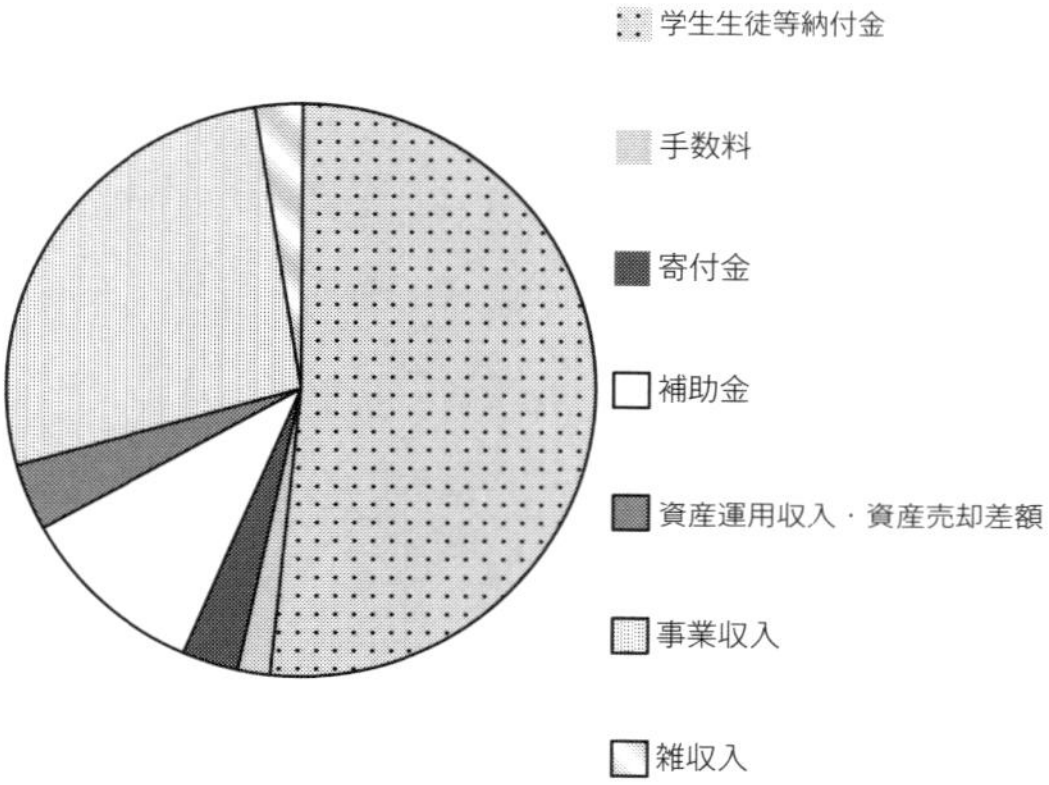

〈図 13-1〉全大学法人・短期大学法人の収入構造（平成 26 年度）

（資料）日本私立学校・振興共済事業団「平成 27 年度版　今日の私学財政　大学・短期大学編」（Ⅳ集計結果）より筆者が編集。

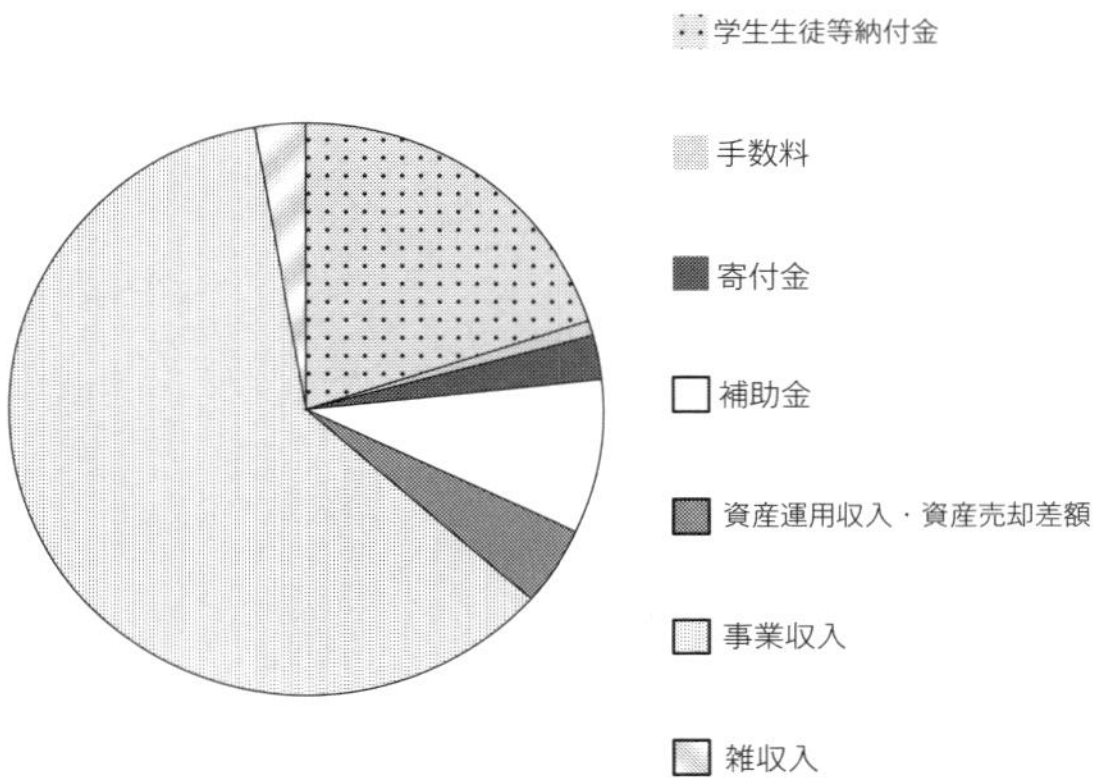

〈図 13-2〉医歯系大学法人の収入構造（平成 26 年度）

（資料）日本私立学校・振興共済事業団「平成 27 年度版　今日の私学財政　大学・短期大学編」（Ⅳ集計結果）より筆者が編集。

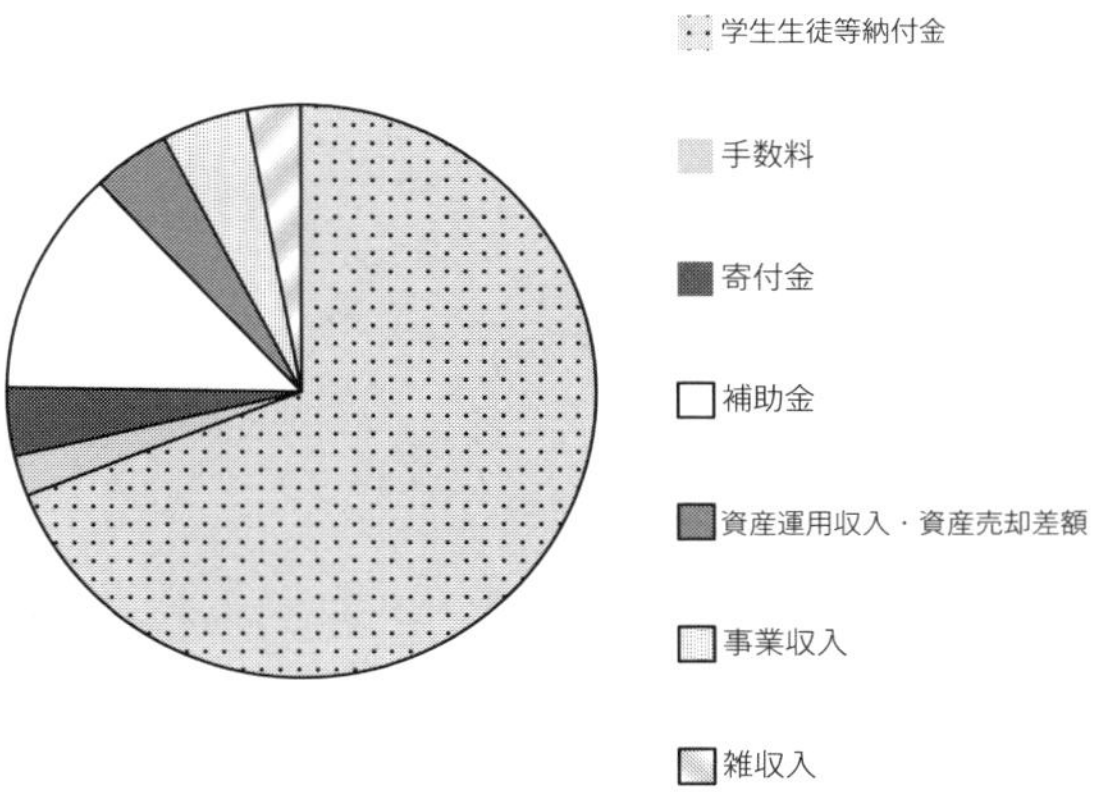

〈図 13-3〉医歯系大学法人を除く大学法人・短期大学法人の収入構造（平成 26 年度）

（資料）日本私立学校・振興共済事業団「平成 27 年度版　今日の私学財政　大学・短期大学編」（Ⅳ集計結果）より筆者が編集。

〈図13-3〉は医歯系大学法人を除いており、帰属収入は三兆九千二百億円で、このうち学生生徒等納付金が六九%、受験料などの手数料が二%で、この二つを合わせた学生生徒等からの収入が全体の七一%を占めている。このほか寄付金が四%、補助金一三%。資産運用収入・売却差額四%、事業収入五%、雑収入三%となっている。

医歯系を除くと、ほとんどの大学法人が似たような収入構造であり、学生生徒等納付金（七〇～八〇%程度）と補助金（一〇数%）で収入のほとんどを占めている。

このように学校法人では学生生徒等納付金の比率が高いので、仮に学生・生徒の数が減ると収入減に直結してしまう。また、補助金に依存した収入構造になっており、仮に補助金がなくなると学校法人の経営が成り立たないほどの大打撃を受けることになる。

なお、消費収支〔事業活動収支〕計算上は、この帰属収入から基本金組入額を差し引いたもの

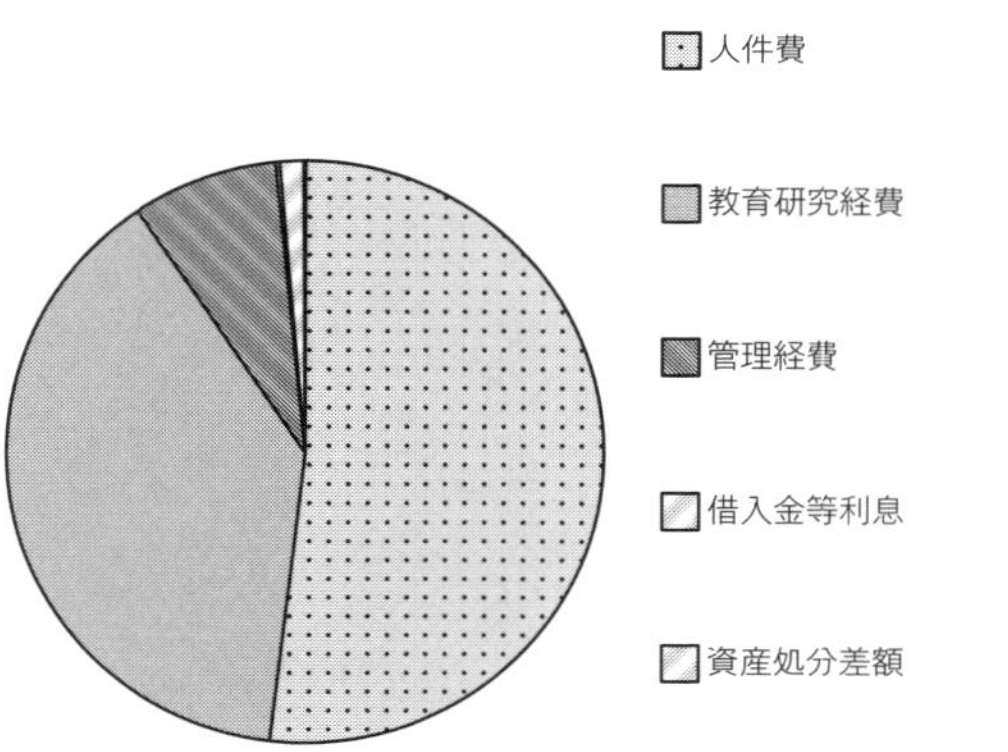

〈図 14-1〉全大学法人・短期大学法人の支出構造（平成 26 年度）

（資料）日本私立学校・振興共済事業団「平成 27 年度版　今日の私学財政　大学・短期大学編」（Ⅳ集計結果）より筆者が編集。

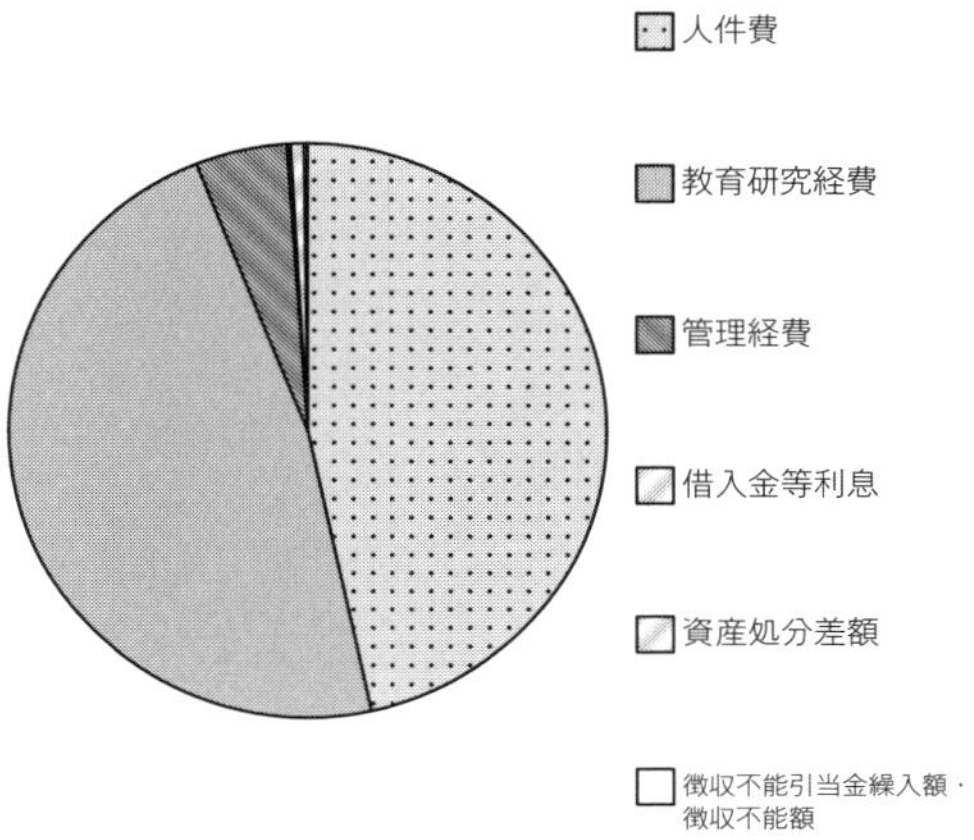

〈図 14-2〉 医歯系大学法人の支出構造（平成 26 年度）

（資料）日本私立学校･振興共済事業団「平成 27 年度版　今日の私学財政　大学･短期大学編」（Ⅳ集計結果）より筆者が編集。

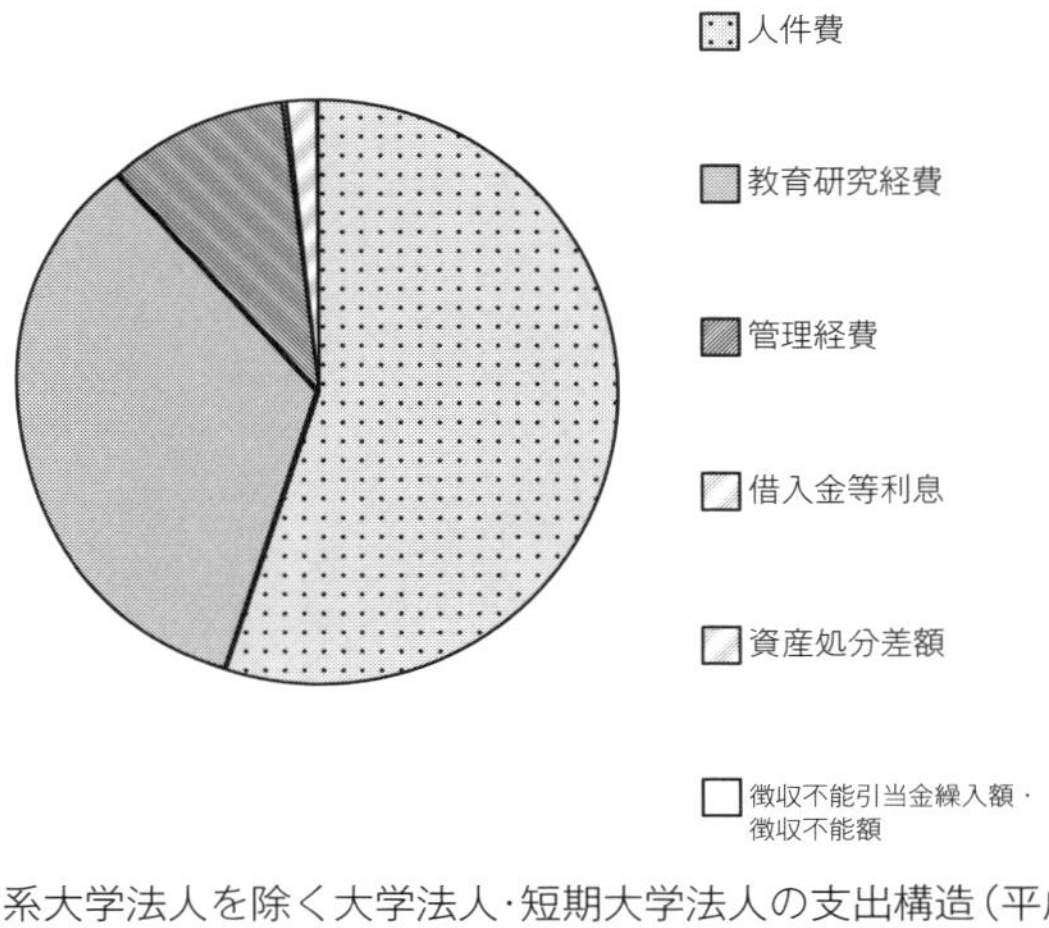

〈図 14-3〉医歯系大学法人を除く大学法人･短期大学法人の支出構造（平成 26 年度）

（資料）日本私立学校･振興共済事業団「平成 27 年度版　今日の私学財政　大学･短期大学編」（Ⅳ集計結果）より筆者が編集。

が消費収入であり、次に述べる消費支出に充てるべき収入となる。平成二六年度の基本金組入額は全国合計で七千四百億円、うち医歯系大学法人が二千一百億円、医歯系大学法人を除く大学法人・短期大学法人が五千三百億円と、かなり大きな金額であった。

医歯系・非医歯系とも人件費が支出の大きな割合を占めている

四六頁の〈図14-1〉に示す平成二六年度の全国大学法人・短期大学法人合計の消費支出は五兆八千七百億円であり、支出の割合を見ると、教職員等への人件費が五二%、教育研究経費・管理経費の経費が四七%を占めている。

医歯系大学法人を除くと〈図14-3〉のように、人件費が五五%、教育研究経費と管理経費とを合わせた経費は四三%になる。このほかは、借入金等利息〇・三%、資産処分差額二%、徴収不能引当金繰入額および徴収不能額〇・一%である。医歯系を除く大学法人の多くは似たような支出構造であって、人件費が五〇~六〇%、経費が四〇%程度で、人件費と経費が消費支出のほとんどを占めている。

支出の多くは企業の経営分析などで使う「固定費」的なもので、仮に学生生徒等の在籍者数が減ったからと言って簡単に削減できるものは少ない。

このように、医歯系を除く大学法人・短期大学法人では、収入の七〇~八〇%程度が学生生徒等からの収入、支出の大半が固定費的な人件費と経費であり、学生・生徒の確保が経営上いかに重要であるかが読み取れる。

二．私立大学の収支の状況（消費収支計算書の分析）

過去から収支構造に大きな変化はない

全国の大学法人と短期大学法人合計の消費収支計算書〔事業活動収支計算書〕を見ると、平成二六年度の帰属収入は六兆二千八百億円、消費収入は五兆五千四百億円、消費支出は五兆八千七百億円で、帰属収支差額〔基本金組入前当年度収支差額〕は⊕四千億円のプラス、消費収支差額〔当年度収支差額〕は△三千三百億円のマイナスであった。

次頁〈図15〉の表では消費収支計算書の平成六年度と平成二六年度とを対比しており、大科目ごとに表示、基本金組入額はマイナス（△）で表記してある。

両年度を比較すると収支構造に極端な変化はない。別な言い方をすると、安定した収支構造で推移している。帰属収入では学生生徒等納付金が増え、事業収入が大きく増加、帰属収入全体は二六％増えている。一方消費支出では、支出の中心である人件費・教育研究経費・管理経費がともに増えて、他の大科目には際立った増減はなく、消費支出全体は四〇％増えている。この二一年間の変化からは、収入よりも支出のほうが大きく増加し、収支状況が悪化していることが分かる。

収入はあまり増えてきていない

平成六年度から平成二六年度まで二一年間の、全国の大学法人と短期大学法人を合計した消費収支計算書〔事業活動収支計算書〕の収入の内訳推移を見ると、事業収入が大きく増加しているが、それ以外の科目に極端な変化はない。

次頁の〈図16〉は平成六年度から平成二六年度までの全国大学法人と短期大学法人合計の、消費収支計算書の「収入の部」内訳の推移をグラフ化したものであ

	平成６年度 Ⓐ			平成２６年度Ⓑ			差 異 Ⓑ－Ⓐ		
	大学法人	短大法人	計	大学法人	短大法人	計	大学法人	短大法人	計
法人数	378	247	625	544	112	656	166	△ 135	31
（消費収入の部）									
学生生徒等納付金	2,438	372	2,810	3,137	101	3,238	699	△ 271	428
手数料	159	14	173	109	2	112	△ 50	△ 11	△ 61
寄付金	127	12	139	188	6	193	61	△ 6	55
補助金	463	107	570	610	43	654	148	△ 64	84
資産運用収入	140	21	162	145	3	149	5	△ 18	△ 13
資産売却差額	40	5	44	86	3	88	46	△ 2	44
事業収入	981	10	991	1,674	5	1,680	693	△ 5	688
雑収入	74	12	86	158	6	163	83	△ 6	77
帰属収入計 ①	4,422	552	4,974	6,108	169	6,277	1,686	△ 383	1,302
基本金組入額合計②（※A）	△ 693	△ 107	△ 799	△ 717	△ 19	△ 735	△ 24	88	64
消費収入の部合計 ③＝①－②	3,730	446	4,175	5,391	150	5,542	1,662	△ 295	1,366
（消費支出の部）									
人件費	2,165	287	2,452	2,949	97	3,047	784	△ 190	594
教育研究経費	1,242	90	1,333	2,225	43	2,269	983	△ 47	936
管理経費	255	40	294	447	17	463	192	△ 23	169
借入金等利息	58	9	67	13	0	14	△ 45	△ 8	△ 53
資産処分差額	30	4	34	71	4	74	40	△ 0	40
徴収不能 ※B）	4	0	4	8	0	8	4	0	4
消費支出の部合計 ④	3,753	430	4,184	5,713	162	5,874	1,959	△ 268	1,691
当年度消費収支差額 ③－④	△ 24	15	△ 8	△ 322	△ 11	△ 333	△ 298	△ 27	△ 324
当年度帰属収支差額 ①－④	669	122	791	395	7	402	△ 274	△ 115	△ 388

〈図 15〉全国大学法人・短期大学法人合計消費収支計算書対比（単位：十億円）

（注）科目は大科目のみを表示。数字は各項目ごとに四捨五入しているので合計が合わないものがある。

（※A）「基本金組入額合計 ②」欄の数値は、組み入れ額をマイナスで表示。

（※B）「徴収不能」は「徴収不能引当金繰入額」および「徴収不能額」。

（資料）日本私立学校振興・共済事業団「平成 7 年度版・平成 27 年度版 今日の私学財政 大学・短期大学編」。

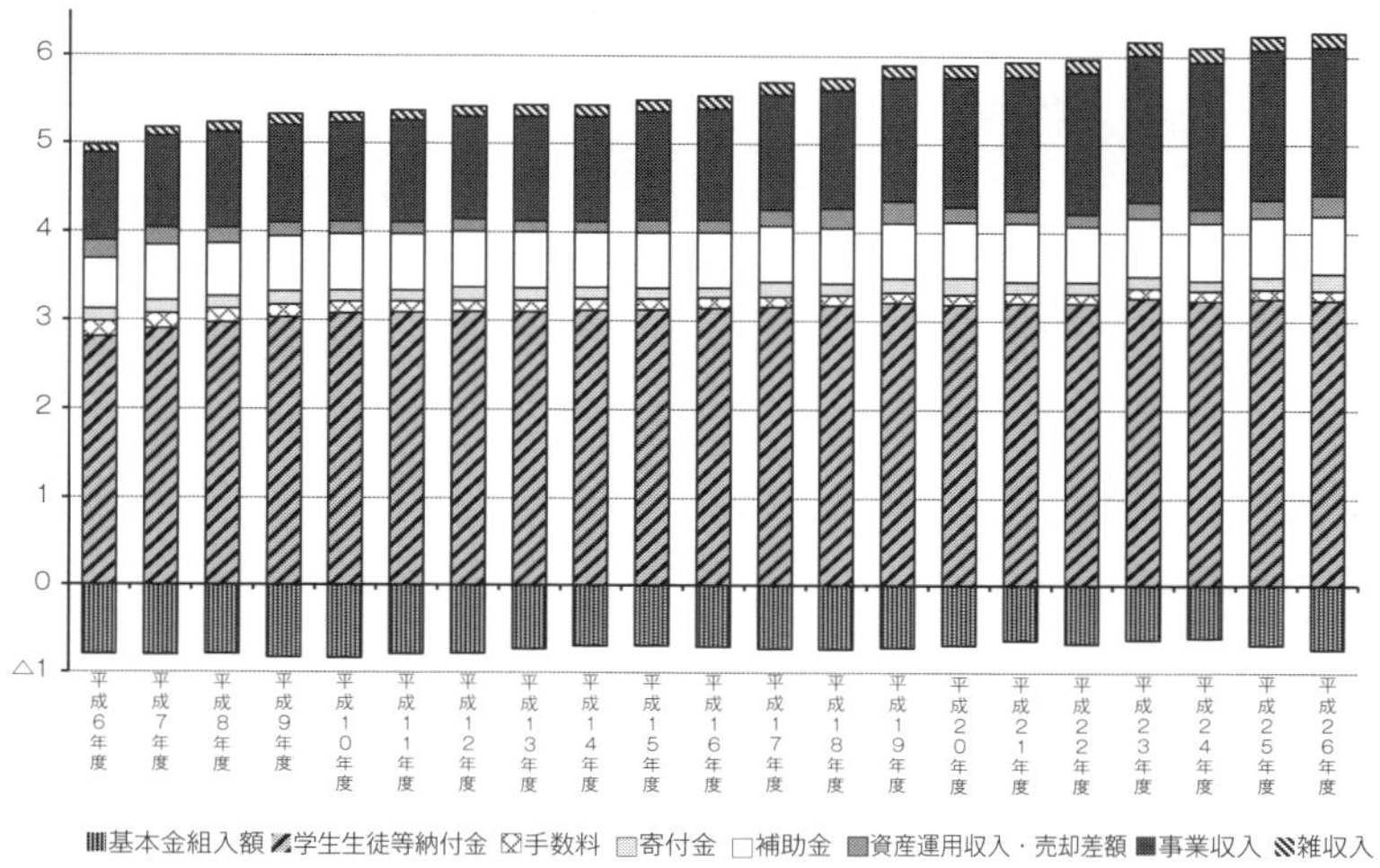

〈図 16〉全国大学法人・短期大学法人合計　消費収入内訳推移　（単位：兆円）

（資料）日本私立大学振興・共済事業団「平成７～27年度版　今日の私学財政　大学・短期大学編」（Ⅳ集計結果）から筆者が編集。

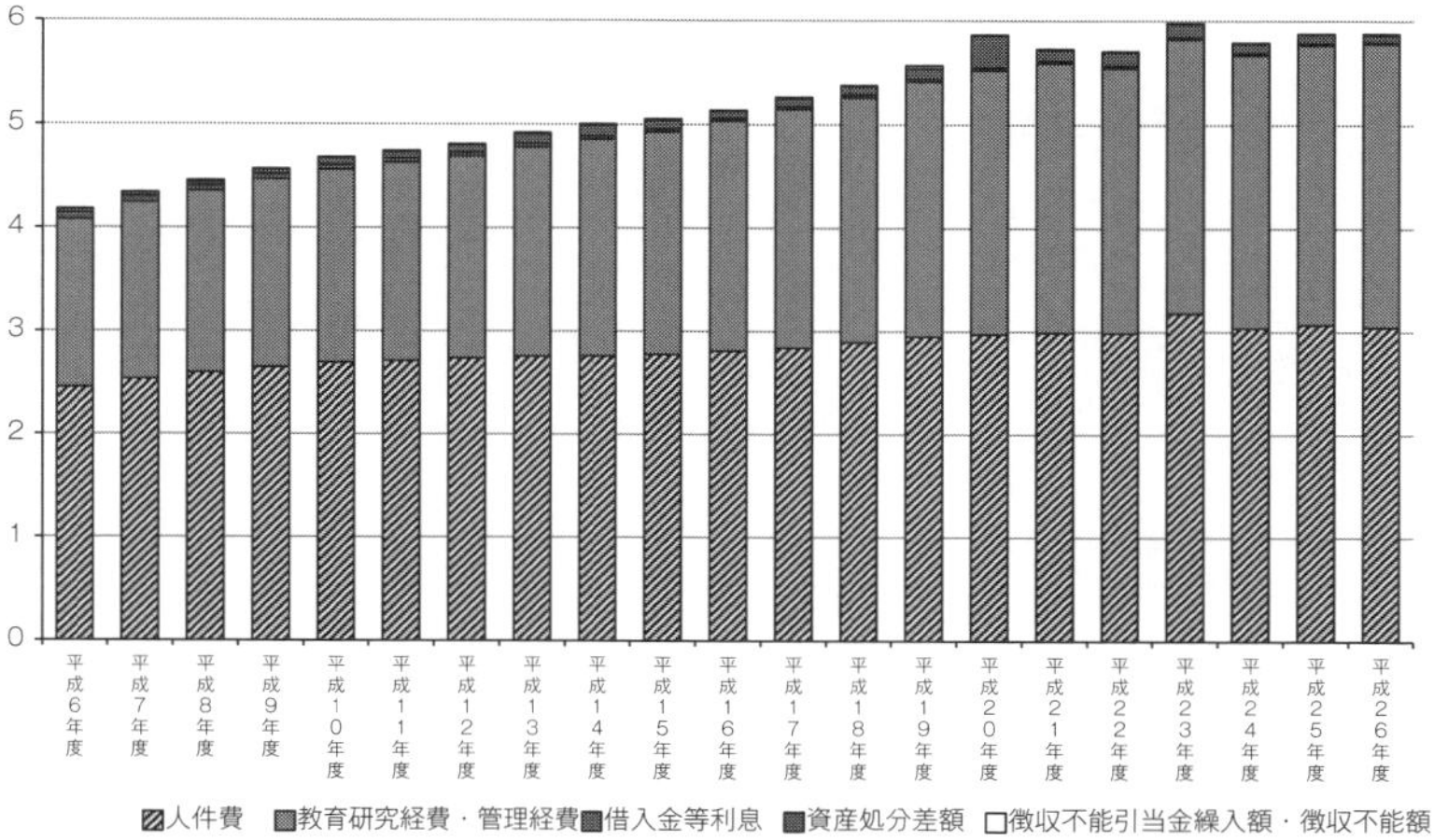

〈図 17〉全国大学法人・短期大学法人合計　消費支出推移　　（単位：兆円）

（資料）日本私立大学振興・共済事業団「平成７～27年度版　今日の私学財政　大学・短期大学編」（Ⅳ集計結果）から筆者が編集。

る。基本金組入額は横軸下にマイナスで表示している。

まず「学生・生徒等からの収入」である入学金や授業料等の学生生徒等納付金と受験料や証明書発行等の手数料とを合わせたものは、平成六年度の二兆九千八百億円が平成二六年度には三兆三千五百億円へ、二一年間で⊕一二%増加している。増加してはいるが、年率換算では⊕一%に満たないわずかな増加に過ぎない。

次に「外部からの収入」のうちの寄付金と補助金とを合わせると七千一百億円から八千四百億円へ二一年間で⊕二〇%増加しているが、これも年率換算で⊕一%に満たないわずかな増加である。なお、寄付金のなかには、学校法人の合併に伴い解散した法人から存続法人へ譲渡された校地・校舎などの「現物寄付」が含まれている。外部からの収入のなかでは事業収入が大きく伸びている。全国の大学法人と短期大学法人を合計すると平成六年度の九千九百億円から平成二六年度には一兆六千八百億円と、二一年間で⊕六九%も大きく増加しているが、このなかには医学部を持つ大学等の病院収入が含まれている。医歯系大学法人の事業収入は、ほとんどが病院収入だが、国民の医療費増に対応するかのように、この二一年間で九千三百億円から一兆四千九百億円に⊕六一%増加しており、これが全国の大学法人と短期大学法人を合計した事業収入増に大きく影響している。ちなみに医歯系大学法人を除く全国大学法人・短期大学法人合計の事業収入は、平成六年度の六百億円から平成二六年度には一千九百億円に増加しているものの、学校法人の経営を支えるほどには大きくなっていない。

また、「資産を活用した収入」である資産運用収入と資産売却差額とを合わせると、平成六年度も平成二六年度もともに二千億円程度でほぼ横ばいである。

学生生徒からの納付金に大きく頼らないよう、多くの大学法人・短期大学法人では「収入の多様化」に向けた取り組みを進めてきているが、病院収入の増を除くと、多様化とは程遠い収入構造のまま推移しているのが現実である。

支出は着実に増えている

学校法人の支出の大部分は「人件費」と「経費」である。なかでも人件費は支出の大半を占めている。五一頁の〈図17〉に示すように全国大学法人・短期大学法人合計の人件費は、平成六年度から平成二六年度までの二一年間で、二兆四千五百億円から三兆五百億円へ、⊕五千九百億円・⊕二四％増加している。人件費に次いで大きな支出は教育研究経費と管理経費とを合わせた経費であるが、同期間で、一兆六千三百億円から二兆七千三百億円へ、⊕一兆一千億円・⊕六八％増加している。収入は事業収入を除くとあまり大きく増えていないなかで、支出は人件費も経費も確実に増加してきている。

ちなみに支出は、医歯系大学法人でも、それ以外の大学法人でも増加している。医歯系大学法人の人件費は、平成六年度の八千億円から平成二六年度には一兆四百億円へ、⊕二千四百億円・⊕三一％増加し、経費は同期間で七千五百億円から一兆一千七百億円に⊕五六％増加している。

医歯系大学法人を除く全国大学法人・短期大学法人合計では、人件費は平成六年度の一兆六千六百億円強が平成二六年度には二兆一百億円に、二一年間で⊕三千五百億円・⊕二一％増加しており、経費は同期間で八千八百億円から一兆五千六百億円へ、同期間で⊕六千九百億円・⊕七八％も増加している。

なお、平成二〇年度からの数年間資産処分差額が増加している。多くの学校法人では、余裕資金を運用しその収益を学校の経営に充当するため資金運用を行っているが、リーマンショック後の円高・債券安局面で、保有していた有価証券等のうちリスクの大きな債券等を売却し損を出し、また含み損のある債券等の「評価損」を計上し簿価（貸借対照表上の価額）を引き下げた影響によるものと考えられる。債券等の評価損計上による消費収支計算への影響については後で改めて述べることにする。

このように、収入は事業収入以外が伸びないなかで、支出は確実に増加しており、収支は少しずつ悪化の傾向にある。

収支は悪化しつつある

学校法人会計では収入と支出との差額を「収支差額」と言い、一般企業の「損益」と同じような概念で用いる。ただ、消費収支計算書〔事業活動収支計算書〕の「消費収支差額」〔当年度収支差額〕は年度によって振幅幅が大きくなりやすい。設備投資の多い年度には「基本金組入額」が増加し、消費収支差額が悪くなりやすく、設備投資の少ない年度には消費収支差額が良くなる傾向にある。

財務分析をする場合には消費収支差額〔当年度収支差額〕とともに帰属収支差額〔基本金組入前当年度収支差額〕の二つの収支差額を使い分けると分かりやすい。消費収支差額は、学校法人にとって返済義務のない収入である帰属収入から基本金組入額を控除した消費収入と、消費支出との差額である。一方、帰属収支差額は帰属収入と消費支出との差額であり、収入から基本金組入額を控除していない。

学校の経営状況を特集した経済誌などでは帰属収支差額〔基本金組入前当年度収支差額〕を重視し、企業の経常利益と同じ扱いをすることがある。収支状況から学校法人の経営判断をする際には、消費収支差額〔当年度収支差額〕よりも帰属収支差額〔基本金組入前当年度収支差額〕を重視するのが妥当であると言える。

では、収支差額はどのように推移してきたのだろうか。

平成六年度から平成二六年度までの全国大学法人・短期大学法人合計の帰属収支差額〔基本金組入前当年度

収支差額〕と消費収支差額〔当年度収支差額〕の推移を示すと〈図18〉のようになり、帰属収支差額は毎年度プラス（帰属収入＞消費支出）ではあるが、趨勢としてプラス幅は減少している。しかし、減少傾向と言ってもプラスであるので、大学法人・短期大学法人全体では健全経営を続け、自己資金は増加している。一方、消費収支差額は平成八年度以降、毎年度マイナス（消費収入＜消費支出）で、マイナス幅が拡大傾向にある。いずれの収支差額からも、収支状況は年々少しずつ悪化している傾向が分かる。

特に平成二〇年度は帰属収支差額のプラスの値が極端に小さくなり、消費収支差額のマイナス幅が大きくなっているが、これはリーマンショック後の円高・債券安局面における有価証券の売却損や評価損計上による影響が大きかったためと思われる。

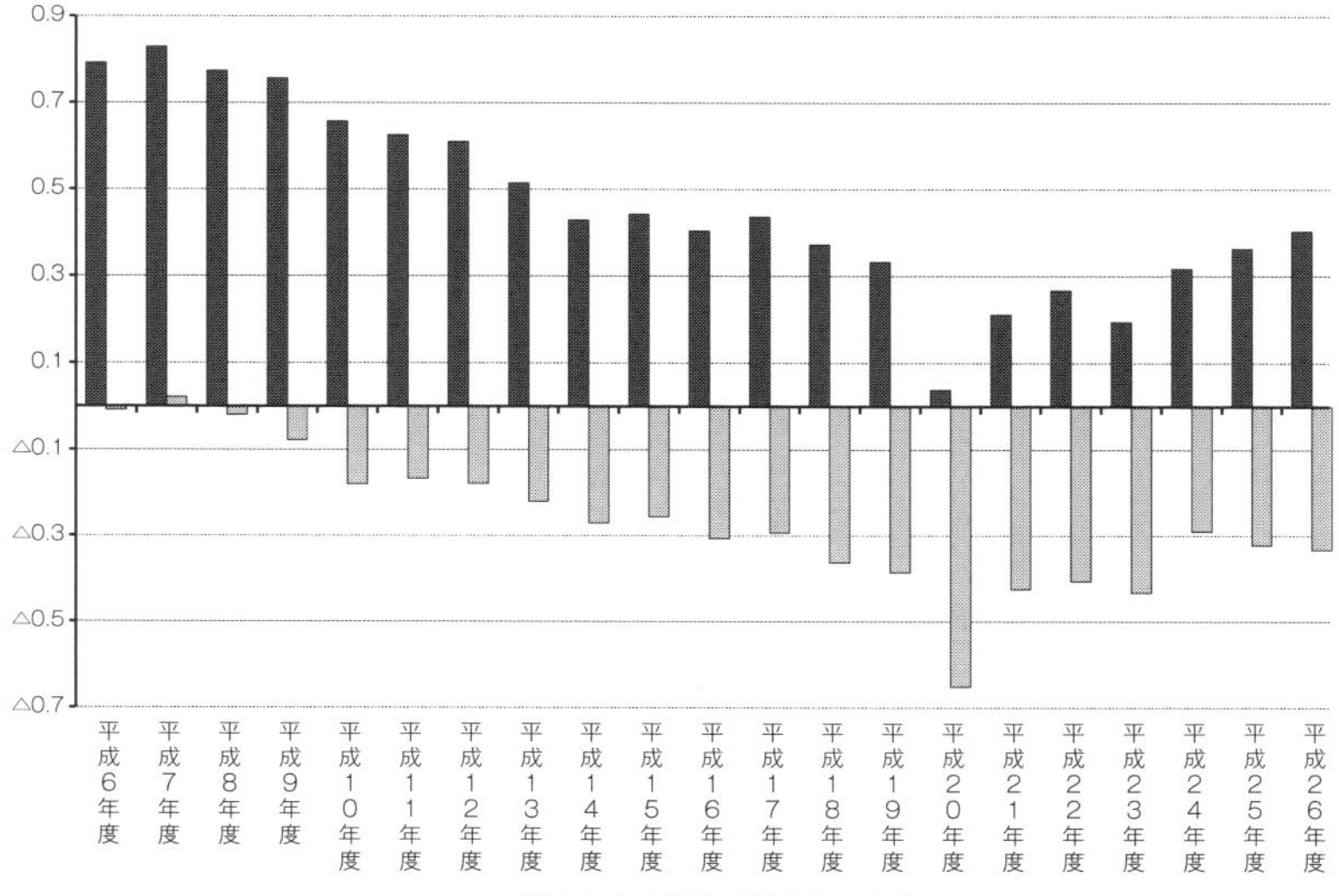

〈図 18〉全国大学法人・短期大学法人合計　消費支出差額・帰属収支差額推移（単位：兆円）

（資料）日本私立大学振興・共済事業団「平成７～27年度版　今日の私学財政　大学・短期大学編」（Ⅳ集計結果）から筆者が編集。

補助金がないと私立大学の経営は成り立たない

別章で詳しく述べるが、私学が国の「経常費補助金」を受けるまでには長い時間がかかり、私学関係者の大変な努力があった。学校法人が受け取る補助金の大部分は文部科学省からの経常費補助金であり、補助金は現在の私学にとって大きな財源で、補助金なしでは経営が成り立たないほどだ。前掲の〈図15〉「全国大学法人・短期大学法人合計消費収支計算書対比」を見て分かるように補助金は帰属収入の約一〇%を占める大きな金額である。例えば平成二六年度では、全国大学法人・短期大学法人合計で六千五百億円の補助金を受け取り、帰属収支差額が四千万円の黒字になっている。

補助金が学校法人の経営にとっていかに重要な収入であるかを確認するために、平成二六年度の消費収支計算書を並び変えてみる。〈図19〉の左は学校法人会計基準改正前の平成二六年度決算までの消費収支計算書の形式で、帰属収入のなかに学生生徒等納付金（入学金や授業料）や寄付金などと並んで補助金が入っている。学校法人会計基準は経常費補助金を適切に配布するために作られたもので、帰属収入のなかに補助金が入っていて当然である。しかし、これでは学校法人経営にとっての補助金の重要性が伝わってこない。〈図19〉の矢印の右の形式は、帰属収入から補助金を除き、補助金なしベー

◆現状の形式　（単位：億円）

帰属収入	62,768
消費支出	58,743
帰属収支差額	4,025 （黒字）

（注）数値は各項目ごとに四捨五入している。

◆補助金を別記　（単位：億円）

補助金を除く 帰属収入	56,230
消費支出	58,743
補助金を除く 帰属収支差額	△ 2,513 （赤字）
補助金	6,538
帰属収支差額	4,025

〈図 19〉全国大学法人・短期大学法人合計消費収支計算書要約（平成 26 年度）

スでの帰属収支をいったん算出し、最後に補助金を加えたものである。

これを見ると、全国大学法人と短期大学法人合計では平成二六年度は△二千五百億円の赤字であったものの、補助金六千五百億円が補填され赤字が解消された結果、四千億円の黒字になったことが分かる。

補助金は私学の教育研究の質を維持し、経営を安定させる重みのある収入である。仮に補助金が減少し帰属収支差額のマイナス（つまり「赤字」）が何年も続くと、学校法人は人件費・経費の支出を抑え設備投資を抑制せざるを得ず、教育研究活動に影響が出てきて、自己資金が減少し経営基盤が徐々に弱体化していく。「赤字」を避けるためにも補助金の確保は大変重要である。

三　資産・負債・自己資金の状況（貸借対照表の分析）

私立大学は資産と自己資金を増やしてきた

教育研究活動をはじめとした学校の諸活動の結果は貸借対照表に数値として表示されるので、全国の大学法人と短期大学法人合計の貸借対照表の推移を見てみると、直近の二〇年ほどで資産を大きく増やし、負債はあまり変わらず、自己資金を大幅に増やしてきたことが分かる。

〈図20〉は平成六年度末と平成二六年度末の全国大学法人と短期大学法人合計の貸借対照表を要約して表記したものである。当然ながら平成二六年度末の数値には、平成六年度末以降に大学を新設した大学法人の資産や負債・自己資金も含まれている。一見して分かるように、過去二一年間で、資産は㊉九兆一千四百億円増加し、負債はほぼ変わらず、自己資金は⊕九兆一千億円増加している。資産の増加のなかで目立つのは土地、建物・構築物の金額が大きく増えていることである。

五九頁の〈図21〉は、平成六年度から平成二六年度まで二一年間の、全国大学法人・短期大学法人合計の貸借対照表「資産の部」を大きな括りで表している。資産の部全体が増加しているが、特に有形固定資産とその他の固定資産を合わせた「固定資産」が大きく増加してきている。

土地と建物を大きく増やしてきた

大学法人・短期大学法人は、資産のなかでも特に「土地」と「建物」・「構築物」の額を大きく増やしてきている。つまり校地を広げ、校舎の新設・増築・改築などの投資をしてきたのである。

	平成６年度末 Ⓐ			平成２６年度末Ⓑ			増 減 Ⓑ－Ⓐ		
	大学法人	短大法人	計	大学法人	短大法人	計	大学法人	短大法人	計
法人数	378	247	625	544	112	656	166	△ 135	31
固定資産	11,951	1,799	13,749	21,755	741	22,496	9,805	△ 1,058	8,747
有形固定資産	8,784	1,335	10,119	15,065	535	15,601	6,281	△ 799	5,482
土地	2,282	406	2,688	4,590	185	4,775	2,307	△ 221	2,087
建物・構築物	4,957	780	5,737	8,147	306	8,454	3,190	△ 473	2,717
その他	1,544	149	1,694	2,328	44	2,372	784	△ 105	678
その他の固定資産	3,166	464	3,630	6,690	206	6,896	3,524	△ 258	3,265
流動資産	2,868	531	3,399	3,651	140	3,791	783	△ 391	392
資産の部合計	14,819	2,330	17,148	25,407	881	26,287	10,588	△ 1,449	9,139
固定負債	1,980	237	2,218	2,207	50	2,257	227	△ 188	39
長期借入金・学校債	1,021	173	1,194	850	27	877	△ 171	△ 146	△ 316
その他	959	65	1,024	1,357	23	1,380	398	△ 42	356
流動負債	1,293	192	1,485	1,432	49	1,481	139	△ 143	△ 4
短期借入金・学校債	212	27	239	146	7	154	△ 66	△ 20	△ 85
その他	1,081	165	1,246	1,286	41	1,369	205	△ 124	123
負債の部合計	3,273	430	3,703	3,639	98	3,738	366	△ 331	35
基本金	11,866	1,650	13,516	25,991	916	26,907	14,125	△ 734	13,391
消費収支差額	△ 320	250	△ 70	△ 4,223	△ 134	△ 4,357	△ 3,903	△ 384	△ 4,287
基本金及び消費収支差額の部合計	11,546	1,900	13,446	21,767	782	22,549	10,222	△ 1,118	9,104
負債・基本金・消費収支差額の部合計	14,819	2,330	17,148	25,407	881	26,287	10,588	△ 1,449	9,139

（注）科目別内訳は主要科目のみを表示。数字は各項目毎に四捨五入しているので合計が合わないものがある。

〈図 20〉全国大学法人・短期大学法人の貸借対照表対比（単位：十億円）

（資料）日本私立学校振興・共済事業団「今日の私学財政　大学・短期大学編」（平成７年度・27 年度版）「Ⅳ集計結果」から筆者が編集。

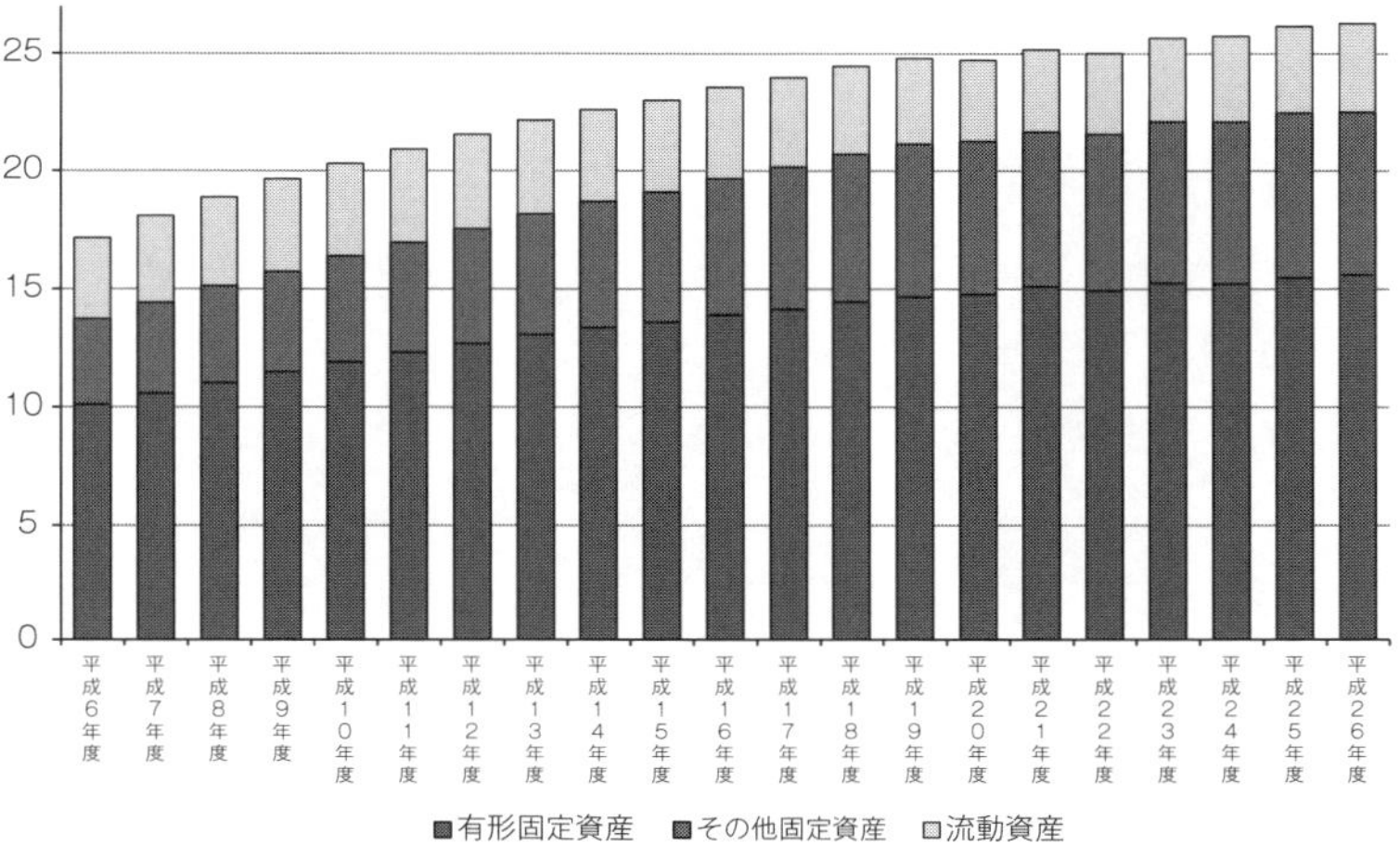

〈図 21〉全国大学法人･短期大学法人合計貸借対照表「資産の部」の推移（単位:兆円）

（資料）日本私立大学振興・共済事業団「平成７～27 年度版　今日の私学財政　大学・短期大学編」（Ⅳ集計結果）から筆者が編集。

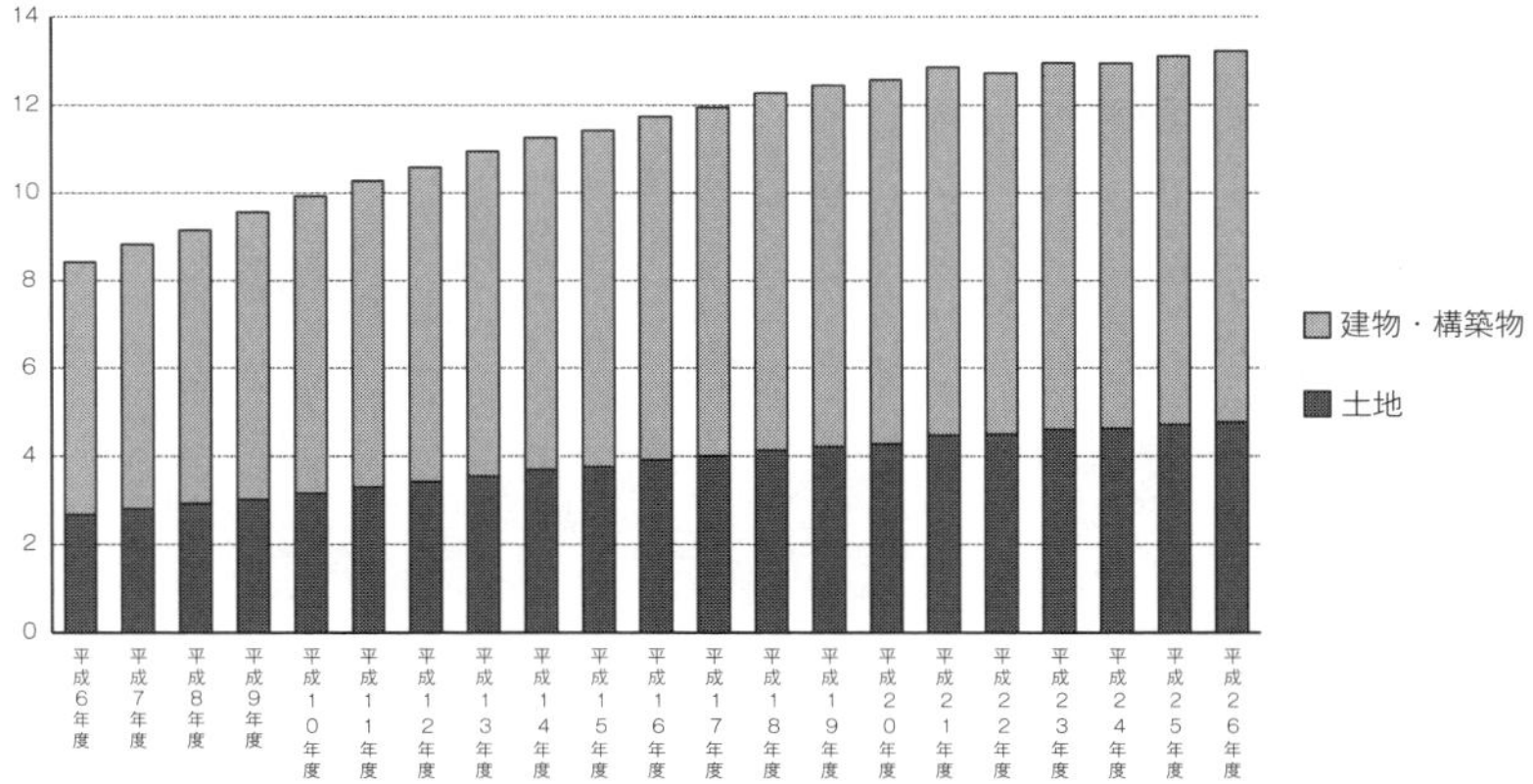

〈図 22〉全国大学法人･短期大学法人合計の土地･建物構築物の金額推移（単位:兆円）

（資料）日本私立大学振興・共済事業団「平成７～27 年度版　今日の私学財政　大学・短期大学編」（Ⅳ集計結果）から筆者が編集。

学校法人会計では土地は取得価額で評価し、時価では評価しないので、地価の上昇や下落は貸借対照表には反映されない。そのため、都市部のある大学では、古い時期に確保した土地の簿価が驚くほど低く、多額の含み益を持っている。逆に、バブルの頃に土地を取得し校地を拡張した地方の大学のなかに多額の含み損を抱えているところがあると聞いている。いずれにしても貸借対照表上の土地の金額が増えていることは、新たに土地を確保し、土地面積が増えていることを意味している。

建物・構築物は減価償却対象資産で減価償却を行い、時の経過に伴って貸借対照表上の金額を切り下げていき、古くなって取り壊すなどの「廃却」をすると評価額はゼロになる。建物・構築物の金額が増えていることは減価償却額を超える額の投資を続けていることを意味している。

これまでは、大学進学率の上昇を背景に大学の新設や学部・学科の増設等があり、都市部の大学では郊外に新キャンパスを作り、また学生募集のため校舎の新改築などを行った結果、このように校地・校舎の価額を大きく増加させてきた。さすがにここ数年は増加のペースが鈍っているものの、「土地＋建物・構築物」の価額は平成六年度末の八兆四千三百億円から平成二六年度末には一三兆二千三百億円へ、過去二一年間で⊕一・五倍以上に増加させてきた。

ちなみに国立大学では、全国八六国立大学法人と四共同研究機関の平成二六年度の貸借対照表には土地が五兆円、建物・構築物が三兆円、合わせて八兆円が計上されている。単純に国立大学法人と大学法人・短期大学法人（私立）とを合計すると、二〇兆円を超える額の土地・建物・構築物を保有していることになる（国立大学法人等の土地価額等は、文部科学省「国立大学法人等の平成二六事業年度決算について」（一主要な財務諸表の概要）を参照した）。

全国私立大学・短大の土地面積合計は山手線内側の二・九倍

では、全国の大学や短期大学はどの程度の面積の土地を保有しているのだろうか。

まず私立だが、六〇四大学と三二八短期大学とを合わせ、平成二七年度時点で校舎敷地や屋外運動場敷地、付属病院敷地、付属研究所敷地などの「学校土地」が一億八二五七万㎡（一八二・五七㎢）ある（放送大学学園立を含む）。これ以外に、職員宿舎敷地を持つところがある。なお、この土地面積は大学と短期大学だけであり、大学法人・短期大学法人が設置している高等学校・中学校・小学校等の学校土地は含んでいない。

私立大学と私立短期大学を合計した学校土地面積は、東京・山手線の内側（六三㎢）の約二・九倍に相当する。単純に計算すると一学校当たり一九万六千㎡（五万九千坪）の広さである。平成六年度から平成二七年度までの、私立の大学と短期大学を合わせた学校土地面積の推移は六三頁に示すとおりで、大学では面積を大きく増やし、短期大学では逆に面積を減らしている。この間、大学と短期大学を合わせて、東京・新宿区（一八・二三㎢）よりやや広い一八七九万㎡（一八・七九㎢）の面積を増やしている。

一方、八六ある国立大学の学校土地は、平成二七年時点で、一三億三一七三万㎡（一三三一㎢）と広大である。ただ、このなかには北海道・富良野にある東京大学北海道演習林（二二七㎢）などの付属研究施設敷地一二億七七四〇万㎡（一二七七㎢）を含んでいる。単純に計算すると一国立大学当たり学校土地面積は一五四九万㎡（四六八万四千坪）になる。

国立・公立・私立を合計すると、大学と短期大学合計の学校土地は、付属研究施設敷地を含め、平成二七年時点で一五億五三二八万㎡（一五五三・二八㎢）あり、東京二三区（六二一㎢）の約二・五倍、神奈川県（二四一六

㎢）の約六五％に相当する面積を占めている。つまり、日本の大学・短期大学の教育研究活動は東京二三区の二・五倍に相当する面積の土地を使って行っていることになる（山手線の内側、東京・新宿区、東京二三区、神奈川県、東京大学北海道演習林の面積は Wikipedia による）。

また、全国の私立大学と短期大学を合わせた建物面積は、平成二七年五月時点で四七一三万㎡（四七・一三㎢）ある（放送大学学園立を含む）。大学で面積を増やし、短期大学では面積を減らしてきている。

私立大学は負債を増やさずに資産と自己資金を増やしてきた

このように全国の大学法人・短期大学法人は、土地を購入し校舎を新設・増改築してきたが、その資金はどのように調達したのであろうか。借金を増やし、現預金を減らし、保有していた有価証券を売却して、必要な資金を工面してきたのであろうか。

実はそうではない。六四頁の〈図25〉は、全国大学法人・短期大学法人を合計した貸借対照表の「負債の部」・「基本金の部」・「消費収支差額の部」の推移を示している。各年度の合計金額は、前に示した貸借対照表の資産の部合計と同額である。負債は「流動負債」と「固定負債」に分けて表示してある。基本金と消費収支差額を合せたものがいわゆる「自己資金」である。消費収支差額の部はグラフに示した平成六年度以降ずっとマイナスなので、グラフでは横軸の下に表示してある。

このグラフから資産が何で調達されたのかが分かる。平成六年度から二六年度までの二一年間で「自己資金」を大きく増やし、負債はほとんど変わっていない。つまり、全国の大学法人・短期大学法人合計では、借入金などの負債を増やさないで、自己資金を大きく増加させ、そのうえで資産を増加することができてきたのである。

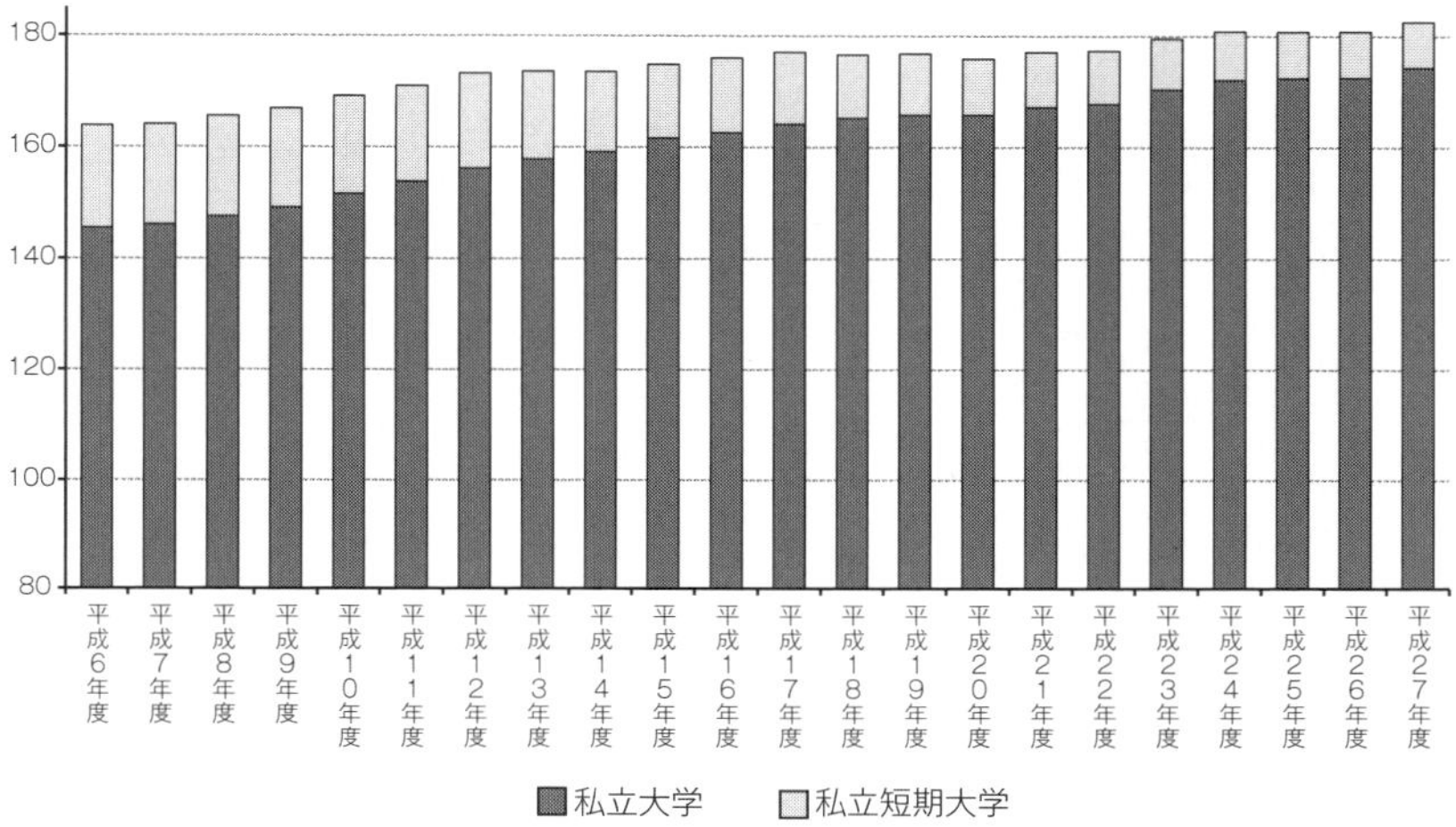

〈図 23〉全国私立大学と私立短期大学の学校土地面積（単位：千㎡）

（資料）文部科学省「学校基本調査」（平成６～27年度　高等教育機関《報告書掲載集計》「学校施設調査」から筆者が編集。

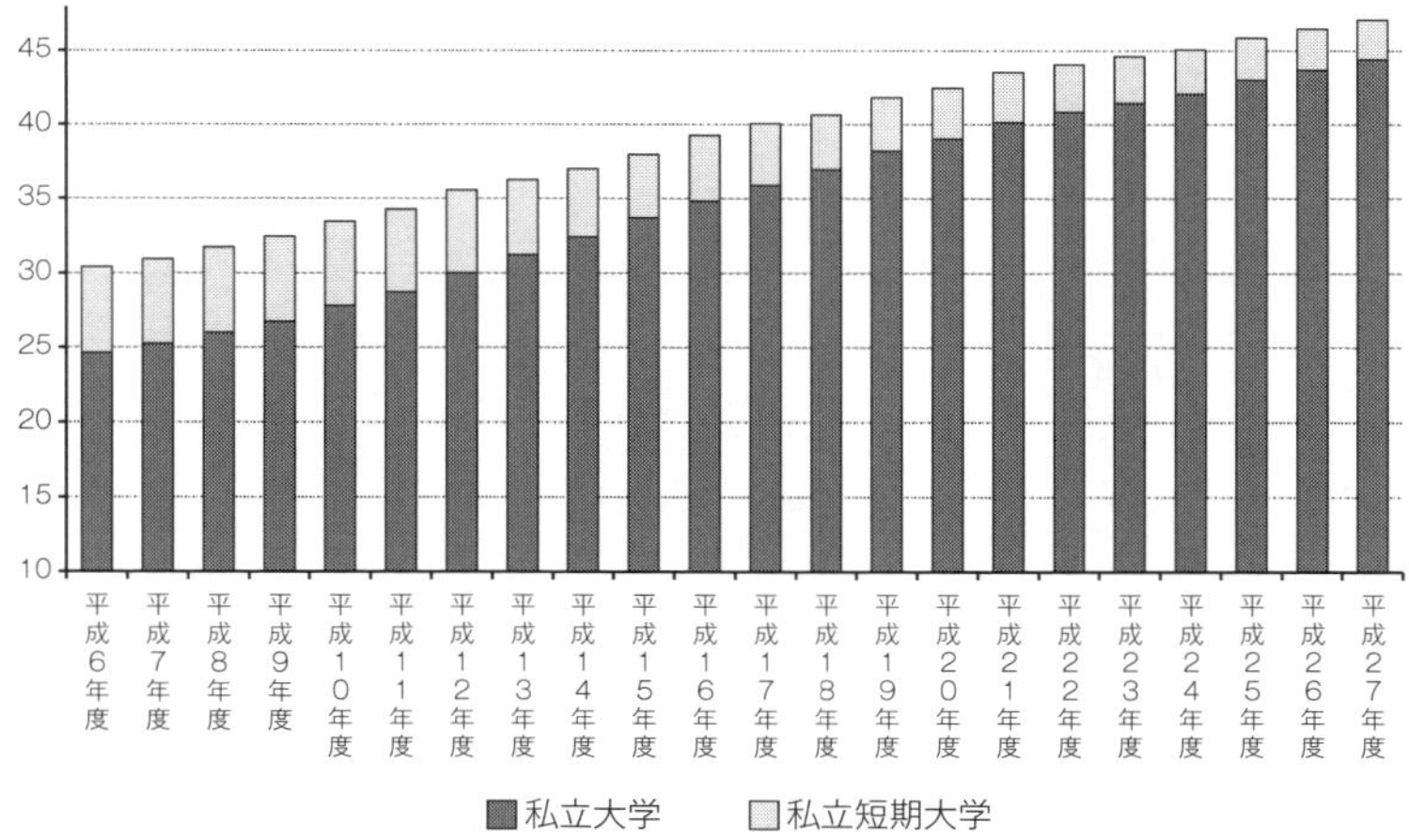

〈図 24〉全国私立大学と私立短期大学の学校建物面積（単位：千㎡）

（資料）文部科学省「学校基本調査」（平成６～27年度　高等教育機関《報告書掲載集計》「学校施設調査」から筆者が編集。

貸借対照表の中身を見ていくと、現預金や有価証券の額は増え、借入金や学校債の額は減ってきている。全国の大学法人・短期大学法人合計では、土地を購入し、校舎等の増改築をしてきたので、かなりの資金負担があったはずなのに、預金・有価証券を増やし、借入金・学校債を減らしてきている。

では、現預金や有価証券はどれだけ増えてきたのか。学校法人の保有している現預金や有価証券は貸借対照表上の「現金預金」や「有価証券」と表記されているものだけではなく、特定の目的に使うために保有している「特定資産」（あるいは「特定預金」）も中身はほとんどが預金や有価証券だ。それらの特定資産を加えないと、現預金や有価証券の実際の保有額は分からない。

それを知るために、貸借対照表上の現金預金・有価証券に特定資産を加えた値を「実質現預金・有価証券」として、その推移を〈図26〉に表示した。

かつて私はある証券会社の作成した資料を見せてもらったことがある。その資料は多数の学校法人の

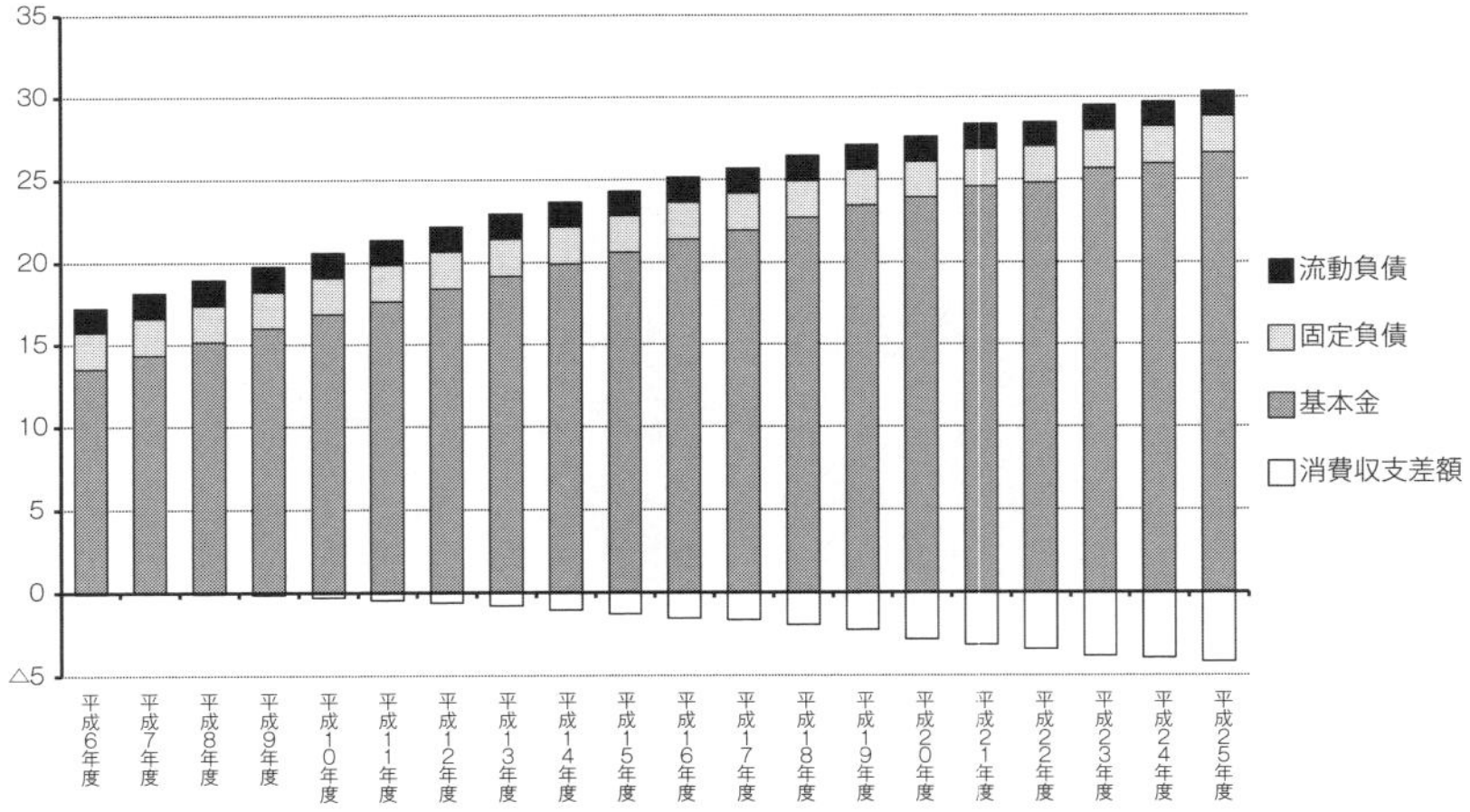

〈図25〉全国大学法人・短期大学法人合計貸借対照表
「負債の部」・「基本金の部」・「消費収支の部」の推移（単位：兆円）
（資料）日本私立学校振興・共済事業団「平成7～27年度　今日の私学財政　大学・短期大学編」（Ⅳ集計結果）から筆者が編集。

決算書を分析し、運用可能資金の額、運用利回り等を算出し、学校法人間で比較した資料であったが、その資料では特定資産の九〇%を現預金・有価証券とみなして集計していた。しかし、学校法人が特定資産を金塊などの現物で保有する例は少ないと思うので、〈図26〉では特定資産の一〇〇%が現預金または有価証券であるとして集計している。

改めて〈図26〉を見ると「実質現預金・有価証券」の額はほぼ右肩上がりで増加し、平成六年度末に六兆三千七百億円であったものが平成二六年度末には九兆七千七百億円へ、この間㊉三兆三千九百億円・㊉五三%増加している。学校法人会計では、有価証券の時価が簿価を大きく下回ると時価への評価換えをすることがあるが、時価が簿価を上回っても時価への評価換えをしないので、債券価格上昇や株価上昇によって有価証券の額が増えることはない。貸借対照表上の有価証券の額が増えたのは実質上の保有額を増やしてきたからである。平成二〇年度から二一年度にかけてグラフの棒の高さが低下あるいは

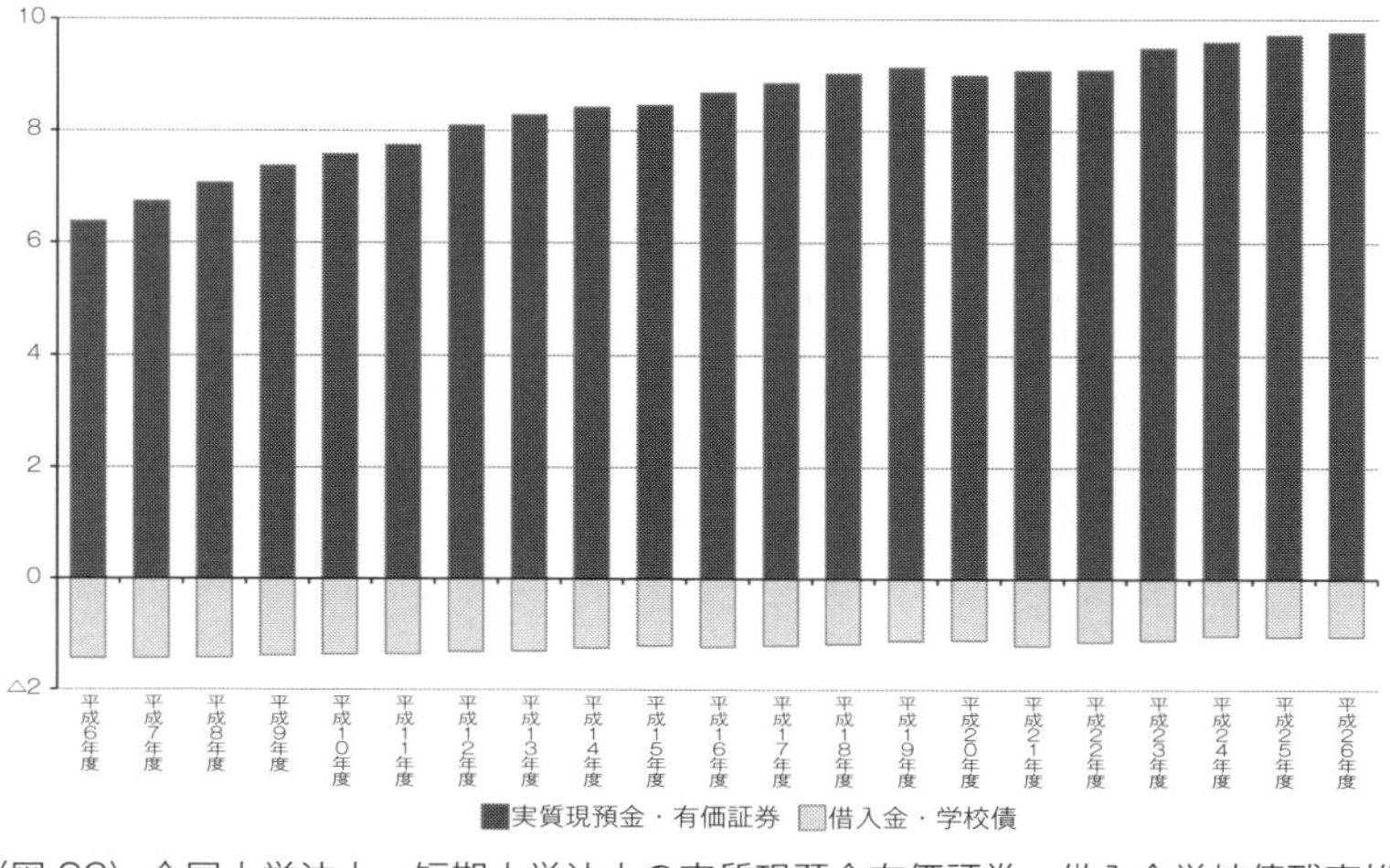

〈図 26〉全国大学法人・短期大学法人の実質現預金有価証券・借入金学校債残高推移（単位：兆円）

（資料）日本私立学校振興・共済事業団「平成 7 ～ 27 年度　今日の私学財政　大学・短期大学編」（Ⅳ集計結果）から筆者が編集。

余り上昇していないが、これは平成二〇年度に起きたリーマンショックの影響であり、多くの大学法人が保有有価証券の評価換えをして簿価を引き下げた影響が大きかったものと思われる。別な見方をすると、リーマンショックの影響はこの程度で済んだと言える。

一方で、借入金・学校債といった負債は額を減らしてきている。〈図26〉の横軸下にマイナスで示したものは、全国大学法人・短期大学法人合計の借入金・学校債の推移であり、平成六年度末に一兆四千三百億円あったものが平成二六年度末には一兆三百億円になり、この間で△四千億円・△二八％減少している。

このように全国合計で見ると、大学法人・短期大学法人は多額の設備投資をしながら、現預金や有価証券を増やし借金を減らしてきている。学校法人によっては、当面使いみちのない現預金や有価証券を多額に保有しているところがあるものと推測される。

四．最近の出来事と経営への影響（消費収支計算書と貸借対照表双方の分析）

リーマンショックによる有価証券時価評価の影響を推測する

平成二〇年度に米国発の「リーマンショック」が起こり、日本の為替・株式・債券などの金融市場にも甚大な影響を及ぼし、円高・株安・債券安になり回復するのに数年を要した。多くの大学法人にもリーマンショックは多大な影響があったので、「仕組債」と呼ばれる金融商品の運用経緯を中心にリーマンショック前後の動向を振り返ってみたい。

多くの大学法人はすぐに使う目的のない余裕資金を保有していたので、「収入の多様化」を図り、授業料に過度に依存した収入構造を少しでも改めようと、余裕資金を定期預金や債券などで運用していた。しかし、リーマンショックが起こる数年前から市場の金利は低下し、定期預金や国債・社債などの債券だけを運用していては従来ほどの収益が確保できなくなっていた。そこで、少なからぬ大学法人が高い利回りの期待できる「仕組債」と呼ばれる金融商品を購入し、収益の確保を図っていた。仕組債で運用していた大学法人の多くは、安全性に配慮し、格付が高くデフォルト（倒産）確率の極めて低い国際機関などの発行する仕組債を選んで購入していた。

多くの学校法人が仕組債を購入しているときに、学校法人に「有価証券の時価会計」を導入することになり、日本公認会計士協会がその指針を公表した。有価証券の評価について以前は統一された考え方がなかったようだが、日本公認会計士協会の「時価が取得価額に比べ五〇％程度以上下落した場合には、合理的な反証のない限り時価が回復する見込みがあるとは認められない」（日本公認会計士協会「学校法人会計問答集（Q＆A）第一三号」）との指針によって、時価評価をするようになった。「時価」とは「公正な評価額」のことで、株式のような公開された市場のない債券等については「合理的に算出された価格」を言い、ほとんどの学校法人では合理的な価格を算定できなかった。そこで証券会社から通知された期末時点の価格をそのまま「時価」とみなしたが、それは「自発的な独立第三者の当事者」つまり「プロの投資家」が買うであろう価格であった。通常、プロの投資家は、購入価格に利ザヤを上乗せして他の顧客に転売するので、「時価」は低くなってしまう。

リーマンショックが起こると、為替は急激に円高になり、金利は低下、株価は低迷した。仕組債はもともと投資家（この場合は学校法人）が償還まで持ち続けることが前提の債券で、償還前に売ろうとすると買い手との相対で価格が決まる。リーマンショック後数年間は金融市場で「リスク回避」の傾向が極端に高まり、仕組債の買い手がほとんどいなくなってしまい、証券会社から通知される「時価」はとんでもないレベルにまで低下、いくつかの仕組債は簿価の五〇％以下に下がってしまい、「取得価額まで回復する見込みがない」ものと判断せざるを得なくなった。

その結果、消費収支計算書の「消費支出の部」の「資産処分差額」のなかに小科目「有価証券評価差額」を新たに設け、評価損を計上し、評価損に相当する額だけ貸借対照表の有価証券の金額を減じることになった。いったん簿価を引き下げた債券は、仮に時価が回復しても「評価益」を計上し簿価を引き上げることはなく、償還時に簿価と時価との差額を益として計上することになる。

評価損の計上は平成二〇年度以降数年間続き、この間、計上した評価損の分だけ消費収支差額・帰属収支差額が落ち込み、貸借対照表の「有価証券」の額は減少した。

規模の大きな大学法人でも仕組債などで資金運用をしていたので、全国大学法人・短期大学法人合計の決算数値にも影響が出ている。〈図27〉では、全国大学法人・短期大学法人合計の平成一八年度から平成二二年度までの「資産処分差額」の額と、有価証券・特定資産の前年度末から当該年度末までの残高の増減額を示している。実線は消費収支計算書の「資産処分差額」の額で、破線は貸借対照表の「有価証券＋特定資産」の当該年度末と前年度末との残高の増減額を示す。目盛は左軸と右軸とに分かれているが、間隔は左軸も右軸も同じである。二つの線はほぼ重なっており、評価損の計上と有価証券の残高増減が深い関係にあったことを示している。

前に述べたように全国大学法人・短期大学法人合計の平成二〇年度決算では、帰属収支差額が大きく落ち込み、消費収支差額はマイナス幅を拡大したが、これは資産処分差額が増えたことが大きく影響している。また、平成二〇年度末の実質現預金・有価証券の額が、前年度末比減少し、その後数年間の増加幅が小さかったのも、その影響であると推測される。

ただ、注意したいのは入手可能なデータは大科目の「資産処分差額」しかない点だ。資産処分差額には、例えば要らなくなった図書の廃棄や、償却期間満了前で減価償却が済んでいない固定資産の廃却、有価証券の売却損なども入っているが、小科目には掲載されているそれら各々の金額が分からない。仮にこれらの小科目の金額が年度によって大きく変動していないのなら、有価証券の評価損がほぼストレートに貸借対照表の有価証券の残高増減に影響したことになる。

また、〈図27〉からは次のことも読み取れる。平成一八・一九年度末には貸借対照表の「有価証券＋特定資産」の残高が前年度末比大きく増加した。グラフには示していないが、同時に現金預金の額が減少している。これらから推測すると、多くの学校法人で、平成一八・一九年度に預金から有価証券に多額の資金をシフトさせ、有価証券の残高が大きく増加した後の平成二〇年度にリーマンショックが起こった。悪いタイミングでショックに遭ったものと想像する。

これによって、いくつかの学校法人では、その後の

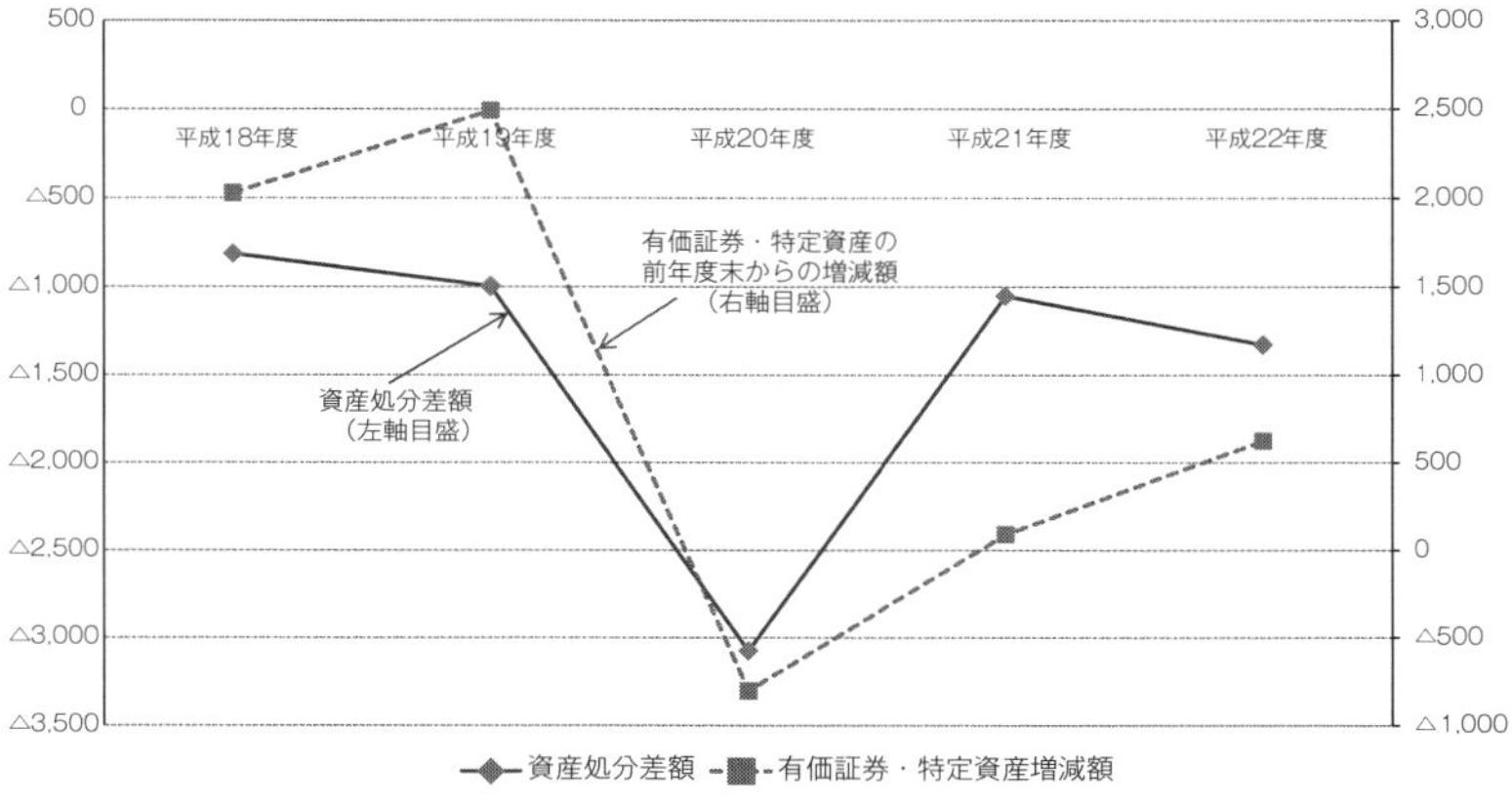

〈図 27〉全国大学法人・短期大学法人合計の資産処分差額と実質有価証券増減の推移（単位：億円）

（資料）日本私立学校振興・共済事業団「平成 19 ～ 23 年度版　今日の私学財政　大学・短期大学編」（Ⅳ集計結果）から筆者が編集。

数年間、消費収支計算書の消費支出のなかに「有価証券評価差額」を計上し、「仕組債」と呼ばれる債券を中心に多額の評価損を計上することになった。

ところが、実際に学校法人が保有していた仕組債のほとんどは、格付が高く、債券発行元のデフォルト(倒産)確率が極めて低く、償還時に購入した価額そのままで償還される可能性が高かった。つまり投資した資金が毀損されるおそれはほとんどなかったのだ。しかも、学校法人が「仕組債」を購入した目的は、多くの場合利回りが高いからであり、償還時まで保有する積もりでいた。

今になって私は、日本公認会計士協会の指針は偏っていたと思っている。「時価」はプロの投資家が実際に買うであろう価格以外に選択肢がなかったのかも知れないが、「回復する可能性」に債券発行元の信用力(格付)と、債券を保有している学校法人が償還時まで持ち続ける意思があるか否かを織り込むべきであった。リーマンショック後、投資家の多くはリスク回避の動きに出て仕組債の買い手がほとんどいなくなり、証券会社から通知された時価は信じられないほど低下したが、学校法人は通知された価格をそのまま時価とせざるを得なかった。このころ、一部のマスコミは学校法人の評価損の大きさを「事件」のように取り上げていた。ある大学法人では慌てて資金運用担当者を異動させ、新しい担当者が評価損のある債券を無理に売却し、多額の売却損(実損)を計上したとの噂を聞いたことがある。あと数年待つことができたのなら、事態は変わっていたかも知れない。

学校法人が計上した評価損はその後どうなったのであるろうか。評価損は計算上簿価を減じるだけで、実際に損失を被るものではない。仕組債をそのまま保有し続け購入価額で償還すれば、償還時に、償還額と簿価価額との差額が償還益になり、消費収支計算書「消費収入の部」の「資産売却差額」のなかの「有価証券売却差額」に計上する。平成二四・二五年度ころになると評価替えをした仕組債の償還が始まった。案の定、いくつかの学校法人では購入した価額で償還され、簿価を引き下げていたため、今度は消費収支計算書の帰属収入の部に償還益を計上することになった。この結果、学校法人の資金運用損益は年度によって振幅の大きなものになった。

何のことはない、平成二〇年度からの数年間で評価損（有価証券評価差額）を計上し、平成二四・二五年度ごろから償還差益（有価証券売却差額）という形で益を計上、通算すると何も変わっていないことになる。この間いくつかの学校法人では大騒ぎをしたようで、評価損のある債券を無理矢理売却した学校法人や、余裕資金に乏しく無理にでも売らざるを得なかった学校法人が実際の損失を被った。有価証券などでの資金運用は「ある程度余裕資金があるなかで、正しい金融認識・商品知識を持ち、長期的視点に立ってやらないと学校法人の資産を毀損しかねない」との貴重な教訓を得たことになる。

リーマンショックによる傷が癒えかかった平成二五年度末と二六年度末の全国大学法人・短期大学法人合計の貸借対照表を見ると、「有価証券＋特定資産」の残高が平成二六年度の一年間で△七三一億円減少し、逆に現金預金の残高が㊉一千一八七億円増加しており、多くの大学法人・短期大学法人が有価証券から預金に資金を大きくシフトさせたのではないかと推測される。リスクのある金融商品での運用に懲りたのか、運用益を稼げる債券がなかったのかは定かではないが、資金運用の動きが低下したことは確かである。

大学新設・短大撤退等による全国合計への影響は軽微

前述のように平成六年度から平成二六年度にかけて全国大学法人と短期大学法人とを合計した資産の額が大きく増加してきたのは、主に既存の大学や短期大学における諸活動の結果であるが、それだけではなく大学を新設し新たに加わった大学法人の資産が上積みされた影響もある。逆に、短期大学法人は大学法人への転換・撤退等により数を減らしてきており、短期大学法人合計の資産の額は減少している。

私が入手したデータからは、新規参入した大学法人や撤退等をした短期大学法人の全国大学法人＋短期大学法人への影響額を正しく把握することができないが、推測すると影響額は軽微である。

本来、消費収支計算書〔事業活動収支計算書〕と貸借対照表とは連動しており、消費収支計算書の数値と貸借対照表の前年度末からの増減額とで合致する部分があるが、入手したデータは合致していない。その合致していない部分のほとんどが新規参入や撤退等による影響と推測される。

自己資金（貸借対照表の「基本金の部」と「消費収支差額の部」の合計）の増減について述べると、平成六年度末から平成二六年度末までの間で、全国大学法人＋短期大学法人では九兆円増加したが、平成七年度以降の大学法人への新規参入による増と短期大学法人での撤退等による減を合わせた影響額は軽微であり、全国大学法人と短期大学法人とを合計した資産額の増加は、主に既存の大学法人や短期大学法人の諸活動の結果起こったものと推測される。

五．学校間の財務格差

収支状況の良い大学法人と悪い大学法人とがある

今まで本書では主に「全国の大学法人と短期大学法人を合計した財務状況は良好」と説明してきたが、全国合計では良好であっても個別には状況が違っているはずで、個々の大学法人の財務状況がどうなっているのか気になるところである。

そこで、下の〈図28〉に平成一二年度から二六年度までの全国大学法人の「帰属収支差額比率の分布」を示したので、個々の大学法人の収支状況の分布を確認してみよう。ここでは短期大学法人は省略してある。グラフは比率の分布をゾーンに分けて示している。大学法人の数で集計しているので、大規模大学法人も小規模大学法人も同じ一法人としてカウントしている。

「帰属収支差額比率」とは帰属収支差額の帰属収入に占める割合であり、帰属収入から消費支出を差し引いた「帰属収支差額」を「帰属収入」で割って求め、パーセンテージで表してある。プラスの場合がいわゆる「黒字」で、プラスの値が大きいほど経営状況は良い。マイナスの場合はいわゆる「赤字」で、その年度の帰属収入で消費支出をまかなうことができない状況にある。棒グラフの下のほうが帰属収支差額比率マイナス（赤字）の大学法人であり、平成二〇年度まで赤字大学法人が増加

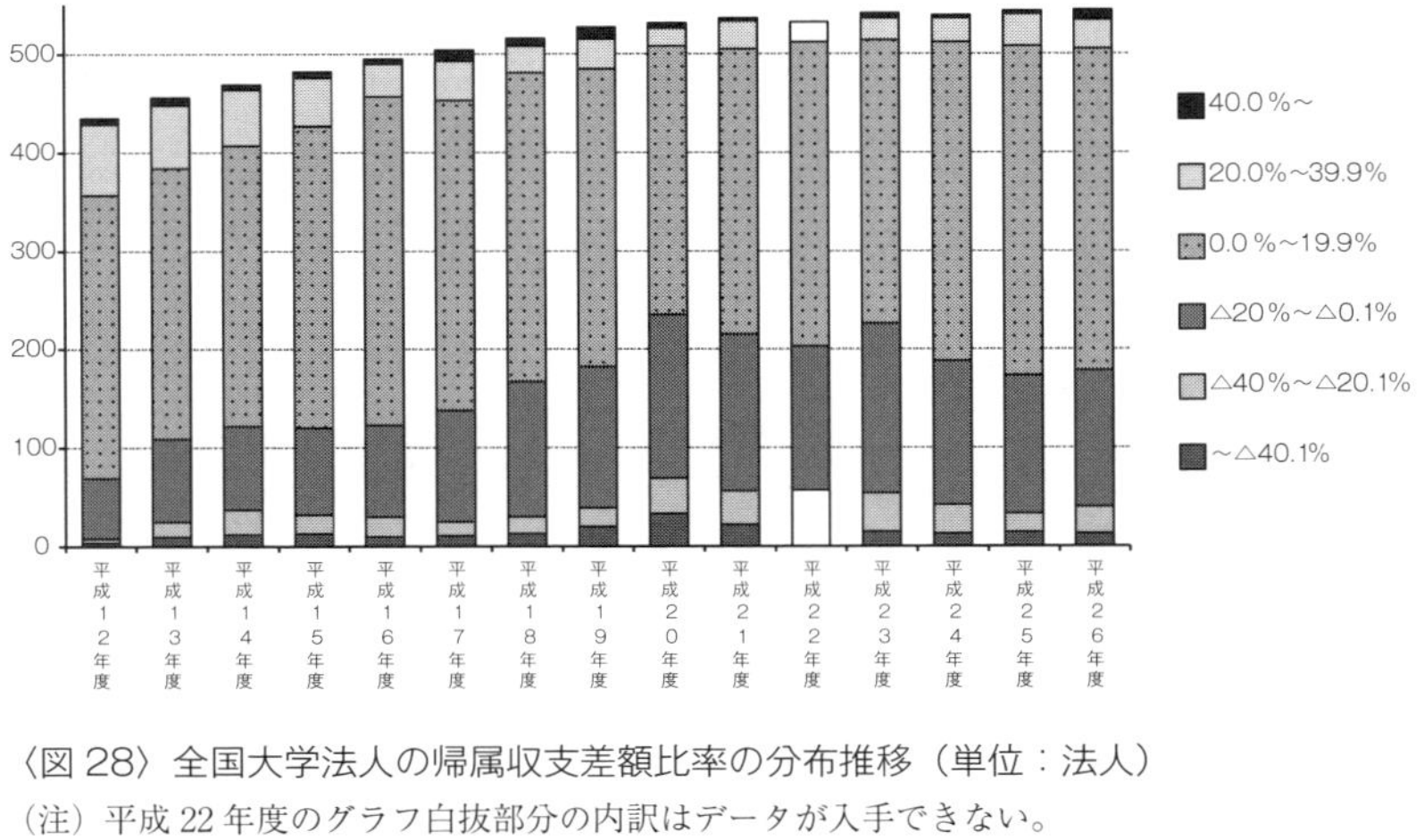

〈図 28〉全国大学法人の帰属収支差額比率の分布推移（単位：法人）

（注）平成 22 年度のグラフ白抜部分の内訳はデータが入手できない。

（資料）日本私立学校振興・共済事業団「平成 13 ～ 27 年度版　今日の私学財政　大学・短期大学編」（Ⅲ利用の手引き　主要財務比率等の解説と度数分布）から筆者が編集。

しピークを付けたのち若干持ち直しているが、それでも平成二六年度には全体の約三分の一にあたる一七八大学法人がマイナス、つまり「赤字」に陥っている。

グラフを見て分かるとおり、帰属収支差額比率がプラス四〇%を超える大学法人がある反面、マイナス四〇%を下回る大学法人もあって、収支状況の良い法人と悪い法人との差が大きい。平成二六年度においては、二つの大学法人がプラス八〇%を超えている一方で、一〇の大学法人がマイナス五〇%以下で、帰属収支差額比率が極端に良いところと悪いところがある。このことは、経営にかなり余裕のある大学法人がある反面、ひっ迫している大学法人があることを示唆している。

財政上の余裕度に大きな開き

上記は単年度の収支状況であるが、財政上の余裕度は単年度の収支だけでは分からず、学校法人設立以来営々と積み上げてきた資金の多寡によって決まる。

大学法人の財政上の余裕度を知るため、貸借対照表関連財務指標から「内部留保資産比率」を見てみたい。次頁の〈図29〉は全国大学法人の平成一五年度から二六年度までの内部留保資産比率の分布をゾーン別に示している。これも大学法人の数で集計し、短期大学法人は省略、大規模大学法人も小規模大学法人も同じ一法人としてカウントしている。

内部留保資産比率とは、貸借対照表の運用資産（その他の固定資産+流動資産）から総負債を引いた金額を総資産で割ったもので、パーセンテージで示している。

学校法人は土地や建物・構築物、教育研究用機器備品などの固定資産を自己資金で調達すべきであって、内部留保資産比率がプラスになるのが本来の姿である。この財務指標は学校法人が有形固定資産を調達したあとの自己資金が総負債と比べてどの程度あるかを見るために使う。この比率がプラスの場合は、運用資産（その他の固定資産＋流動資産）が総負債を上回り、結果として有形固定資産は自己資金で調達されている。マイナスの場合は、総負債が運用資産を上回っており、有形固定資産の一部を負債で調達しており、財政上の余裕度が少ない。

平成二六年度末では九二％の大学法人がプラスで全体としては健全であるが、プラス五〇％以上が四五法人ある反面、マイナスが八七法人あって、そのうち三六法人がマイナス一〇％を下回る状況にある。大学法人間で財政上の余裕度に大きな開きがあることが分かる。

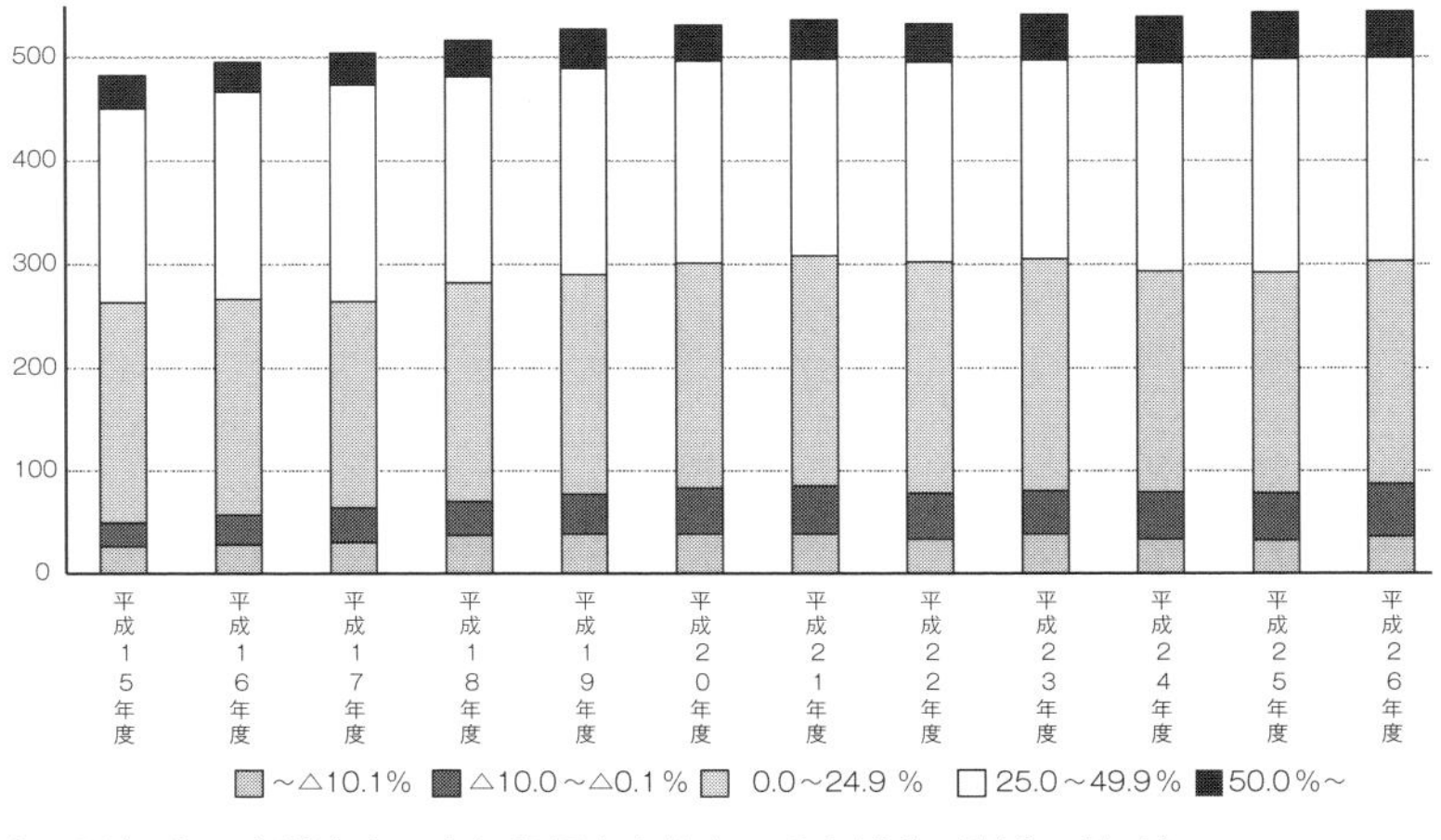

〈図 29〉全国大学法人の内部留保資産比率の分布推移（単位：法人）

（資料）日本私立学校振興・共済事業団「平成 16 ～ 27 年度版　今日の私学財政　大学・短期大学編」（Ⅲ利用の手引き　主要財務比率等の解説と度数分布）から筆者が編集。

大学法人間で財務状況好悪の二極化が進行している

今まで述べてきたように大学法人・短期大学法人全体の財務状況は概ね良好に推移してきているが、前に示した二つの財務指標から、学校法人間で財政状況の良い法人と悪い法人との二極化が進行しつつあることがうかがえる。

前に述べたように全国大学法人・短期大学法人合計の帰属収支差額の合計額は毎年度プラスであるのに、平成二六年度には約三分の一の大学法人で帰属収支差額がマイナス（赤字）になっている。全体の合計金額ではプラス、数では三分の一がマイナスであることから、数少ない大規模大学法人には財務上余裕のあるところがあり、数の多い中小規模大学法人には財務状況の厳しいところがあるものと推測される。

また、内部留保資産比率の分布推移のグラフでは、プラス五〇％以上の大学法人が増え、マイナス一〇％を下回る大学法人も増え、上と下が同時に増える傾向にあり、財政上余裕のある大学法人と厳しい大学法人との二極分化が進んでいることを示唆している。前のグラフだけでは断定できないが、内部留保資産比率の極端に悪い大学法人が悪い財務状況からなかなか浮揚できないでいるものと推測される。

小規模な私立大学が多い

では、大学法人の規模はどうなっているのであろうか。次頁の〈図30〉のグラフは、本書で何度も記述している「全国大学法人＋短期大学法人合計」の財務状況で集計対象となった大学法人を、学生生徒等の数で規模別に分けている。短期大学法人は省略してある。大学法人のなかには、大学のほかに短期大学や高等学校・中学校などを設置しているところもあり、それらの大学法人では短期大学以下の学校の学生生徒等も含んでいる。

グラフで示す期間に大学法人の数が増えているが、学生生徒等一万人以上の大規模な大学法人はほぼ七〇前後でほとんど増減がなく推移している。その反面、学生生徒等数三千人未満の大学法人が数を増やし、平成二六年度では二七五法人、大学法人全体の五一％を占めている。このなかには学生生徒等五〇〇人未満が三〇法人ある。つまり、大きな規模の大学法人は限られた数しかなく、比較的小さな規模の大学法人が多数存在している。

前述の全国大学法人合計の帰属収支差額はプラス（黒字）なのに、約三分の一の数の大学法人でマイナス（赤字）ということや、大学法人間で財政上の余裕度が二極分化しているのは、大規模大学法人は限られた数しかなく中小規模大学法人が多いことが大きく影響しているものと推測される。

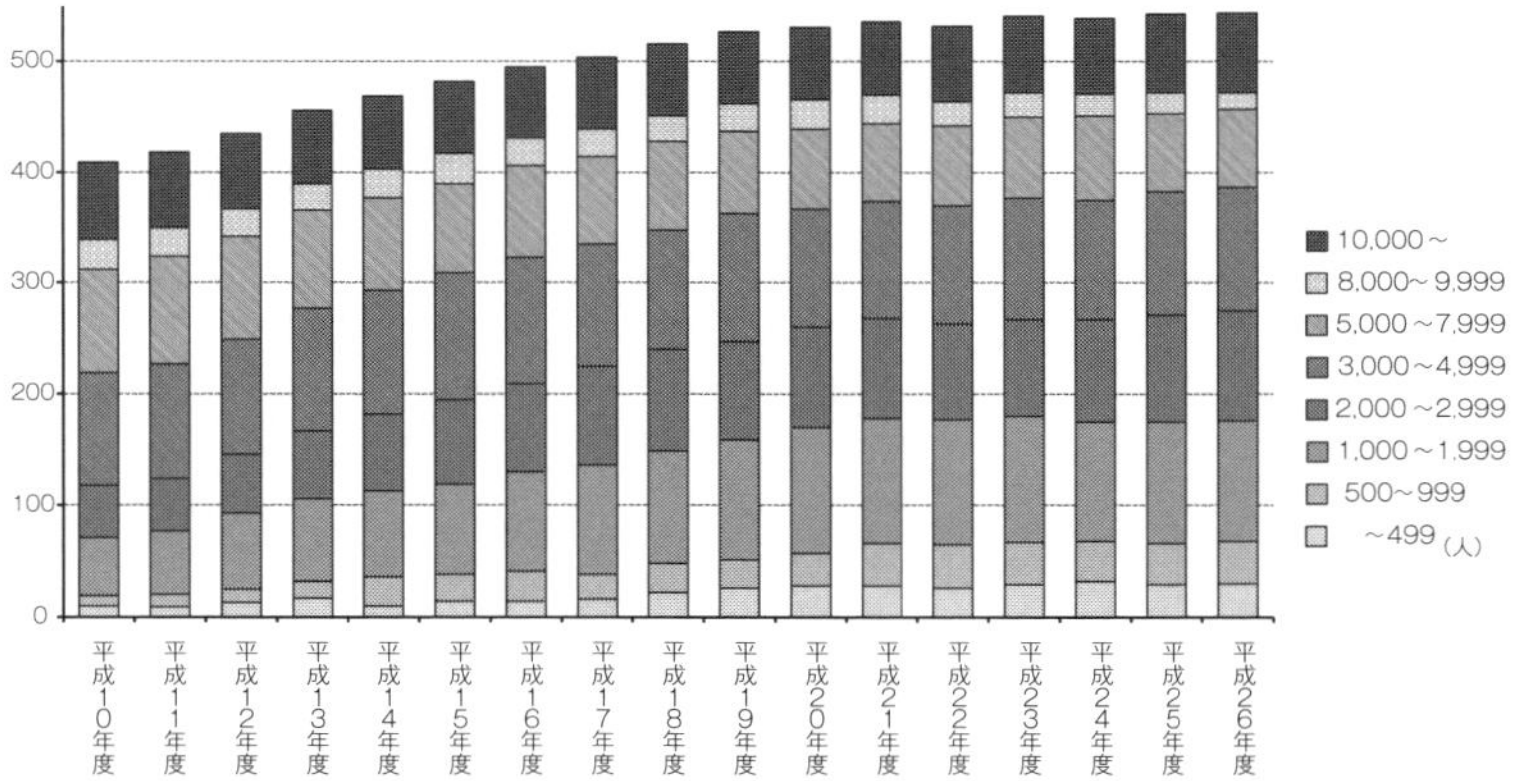

〈図 30〉学生等数規模区分別大学法人の数推移（単位：法人）

（資料）日本私立学校振興・共済事業団「平成 11 ～ 27 年度版　今日の私学財政　大学・短期大学編」（Ｉ調査の概要）から筆者が編集。

六．私立大学関係者の意識

一般の教職員は財務への関心が低い

一般の企業では業況の変化が激しく、日本を代表する有名企業であっても突然経営が危うくなり、有能な社員までもが人員整理で職を失う可能性がある。このため、一般社員も自社の売上高や利益、財務状況に関心を持たざるを得なくなる。

一方、私立大学関係者の多くは財務への関心が薄く、これが大学関係者の特徴の一つでもある。この数十年、大学の新設や短期大学からの転換などが相次ぎ、日本全体で大学の数は一貫して増加してきている。一八歳人口減少に起因し、学校法人同士の合併や、学生募集を停止する大学、他の学校法人に譲渡された大学もあるが、全国の学校法人全体から見るとこれらは例外的な事象であって、多くの大学は長い間何ごともなく教育研究活動を続けている。しかも現状維持に留まるだけではなく、多くの大学が学部・学科の新設や校舎の建て増しなどで拡大を志向してきた。

大学関係者は、自分の所属する大学が土地を買い校舎を新設すると「発展している」と素直に喜ぶだけで、財務面の心配をする人は少ない。そもそも大学の教職員で自大学の決算書を見たことのある人は少なく、決算書を見ても正しく理解できる人はごくわずかに過ぎない。

どうしてそうなったのだろうか。実は財務を気にする必要がなかったのである。今まで多くの大学では経営危機の心配は無用であった。一八歳人口が減っても、入学者が定員割れであっても、これまでの蓄えがあり、破綻しないだけの財務体力があった。

さらに、これだけ一八歳人口が減っているのに自分の所属する大学は何とかやってきたのだから、今後も何とかなるとタカをくくり、少なくとも自分が定年退職するまではつぶれないと、根拠なく思っている大学関係者は実に多い。

しかし、いつまでもそうはいかない。将来のリスクは一八歳人口の減少だけではなく、国家財政の悪化から今後大学全体への補助金が減るのは確実と考えておいたほうが良く、厳しい対応を迫られる可能性がある。何もしないと危なくなる大学が続出する事態すら予想される。

私立大学は財務状況が良くて当然と思っている人がいる

一八歳人口が減るなかで、日本全体の大学法人の財務状況が概ね良好に推移してきている状況を、大学関係者はどう思っているのであろうか。

ほとんどの大学関係者は関心がないが、学校法人のあるべき姿を教条的に考えている人は、私学の財務状況は良くて当然だと思っている。なぜなら「大学は特別な存在である。まして、これからの大学経営には多事多難が予想される。建学の精神に基づく理想の教育を続けるために自大学は絶対に潰してはならない。そのためには強い財務力を持っていなければならない。学生からの授業料も、国からの補助金も、学生の父母や卒業生からの寄付金もそのために必要であり、それをいただくことが日本のため、世界のためになる」とさえ考えている。

経営層と財務部門の一部で私学財務の本質を分かっている人は少しニュアンスが違う。「今までの私学経営はうまく行き過ぎた。これからどうなるか心配なので、今のうちに可能な限り財務力を強化しておきたい。できるだけ余裕資金を積み上げておきたい」と考え、そのための対応策を検討し実行している。

このような「私学の財務状況は良くて当然」などといった、一般の人から見ると不遜とも思えるこの意識が醸成された背景は次の点にある。

①私学は私人の寄付から始まった

学校法人は私人の寄付から始まった。高い理念を持った人が、自分の財産を寄付して学校を立ち上げた。新設された私立大学では、学生募集を始める前に、校地・校舎を用意し、教員の採用が決まっている。これを、学校法人を経営する側から見ると、「教育事業」を始める前にすでに校地・校舎をはじめとした諸施設が揃っており、教員まで採用されている。課題は学生募集だけだ。今までは大学進学率が上昇していたので、新設大学であっても比較的簡単に学生を集めることができた。このような状況を経験すると、学校法人の経営はうまくいって当たり前、財務状況は良くて当然と思いがちである。

②学校は永続性が求められている

私立学校には建学の精神や理念があり、これらを体現した人材、社会に役立つ人材を育成することが、学校法人を設立した本来の目的である。

この目的を達成するには「学校が永久に存続し、理想とする教育を実施していかなければならない。今後予想される一八歳人口の大幅な減少や、超高齢化の進行、国家財政の危機等の荒波を乗り越えていかなければならない。学校法人がつぶれて最も困るのは現在在籍中の学生生徒であり、その保護者や卒業生などである。社会のためにも学校は存在し続けなければならない。そのためには、現在の財務体質は良くなければならないし、できるだけ強化しておかなければならない」と、学校関係者は考えがちである。

私立大学関係者の意識は揺らぎつつある

一八歳人口が減少しても、大学の数が増えても、大学関係者には今後自大学はまだまだ発展・拡充すると思っている人がかなりいる。

大学関係者の意識を知る手段の一つにアンケート調査の結果がある。次頁のアンケート調査では、平成二五年度に、全国の大学法人へ「五年後の経営状況について想定される状況」を聞いているが、「発展・充実が望める見込み」との回答が二四・五％、「現状を維持できる見込み」との回答が二九・二％で、半数を超える五三・七％の大学法人が、五年後も発展・充実ないし現状維持できると見込んでいる。

同様の調査は五年前の平成二〇年度にも実施した。それと比較すると、現状維持を見込む回答が大きく減少し、やや厳しい状況を見込む回答が大幅に増えている。五年前ほど楽観的ではない大学法人が増えており、潮目の変化を感じ始め、環境の厳しさを実感しているものと思われる。

平成二五年度の調査の中身を見ると、都市部の大学ほど、また規模の大きな大学ほど、五年後の状況を発展・充実ないし現状維持と見込んでいる。どうしてそうなのかは次章以下で考えていくことにしたい。

《質問》貴法人における五年後の経営状況の予測について、大学改革への現段階での取り組み状況や大学等を取り巻く周辺環境等を総合的に勘案して、想定される状況を項目欄より選択してください。

《回答》　　　　　　　　　　　　　　　　　　　　　　　　　　　　　　　　（単位：%）

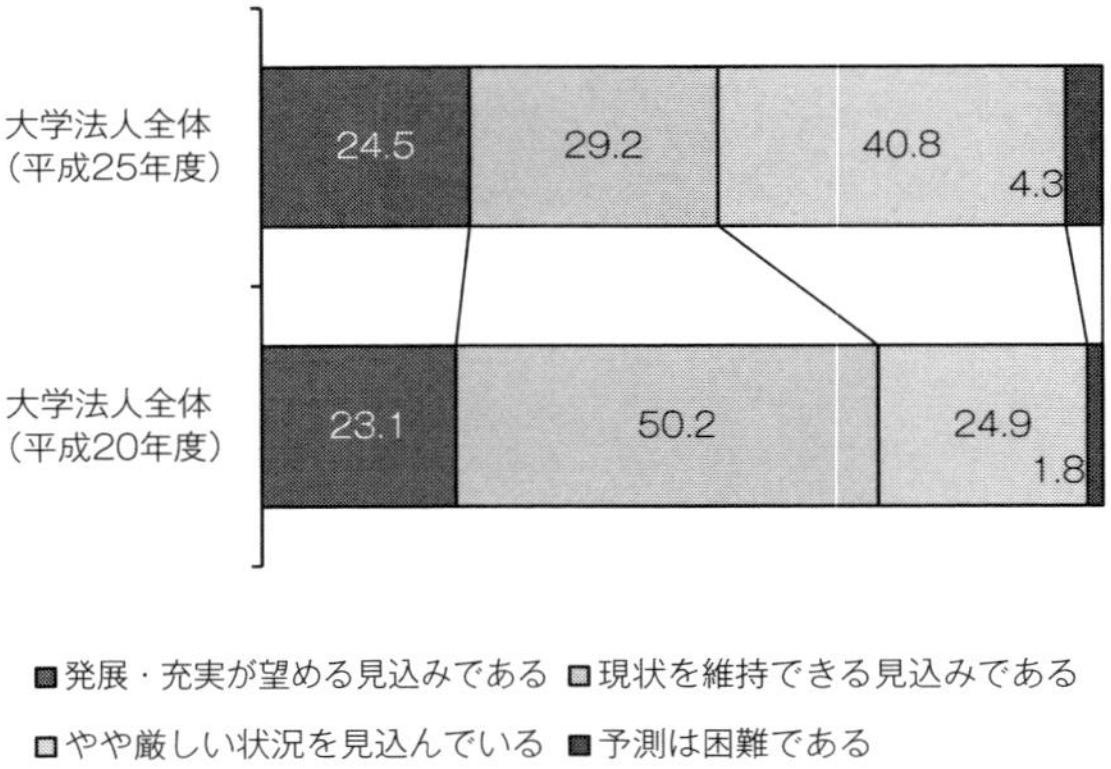

〈図 31-1〉全国大学法人の学校経営に関する意識（対象大学法人数：平成 25 年度 = 490、20 年度 =500）

※上図は大学法人の回答のみを掲載（短期大学法人は含んでいない）。

《都市部大学法人の回答状況》　(単位：％)

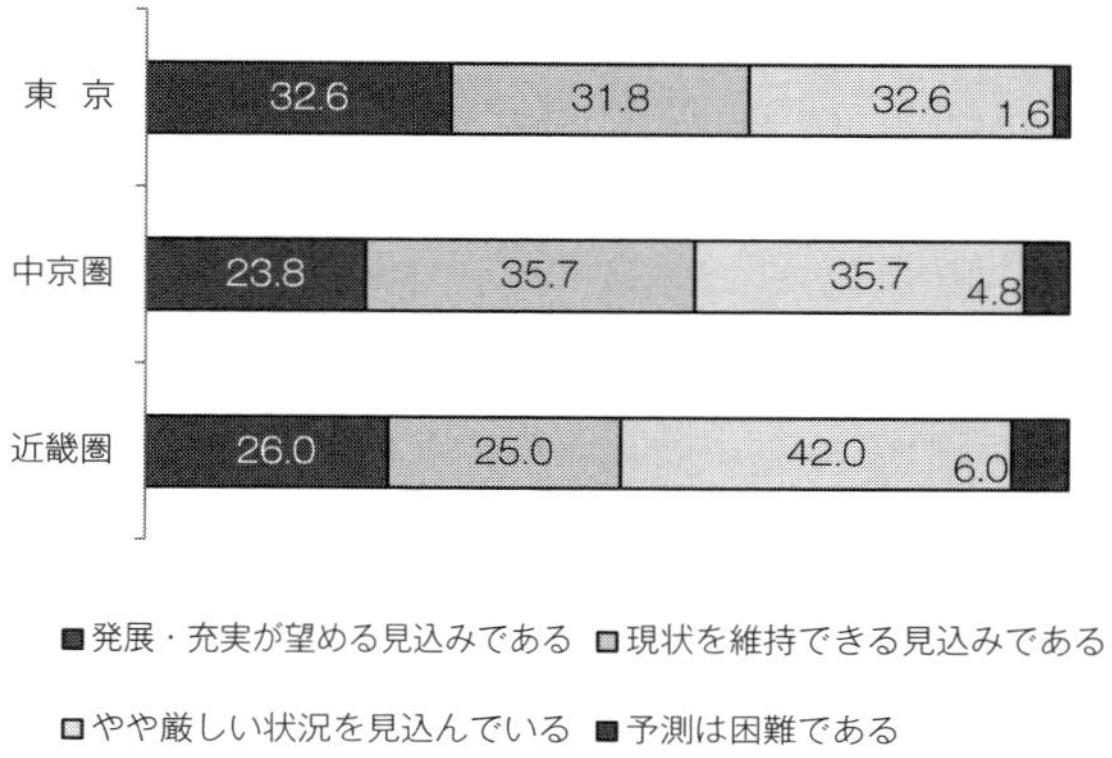

※中京圏＝岐阜県・愛知県・三重県、近畿圏＝滋賀県・京都府・大阪府・兵庫県・奈良県

《入学定員別回答状況》　(単位：％)

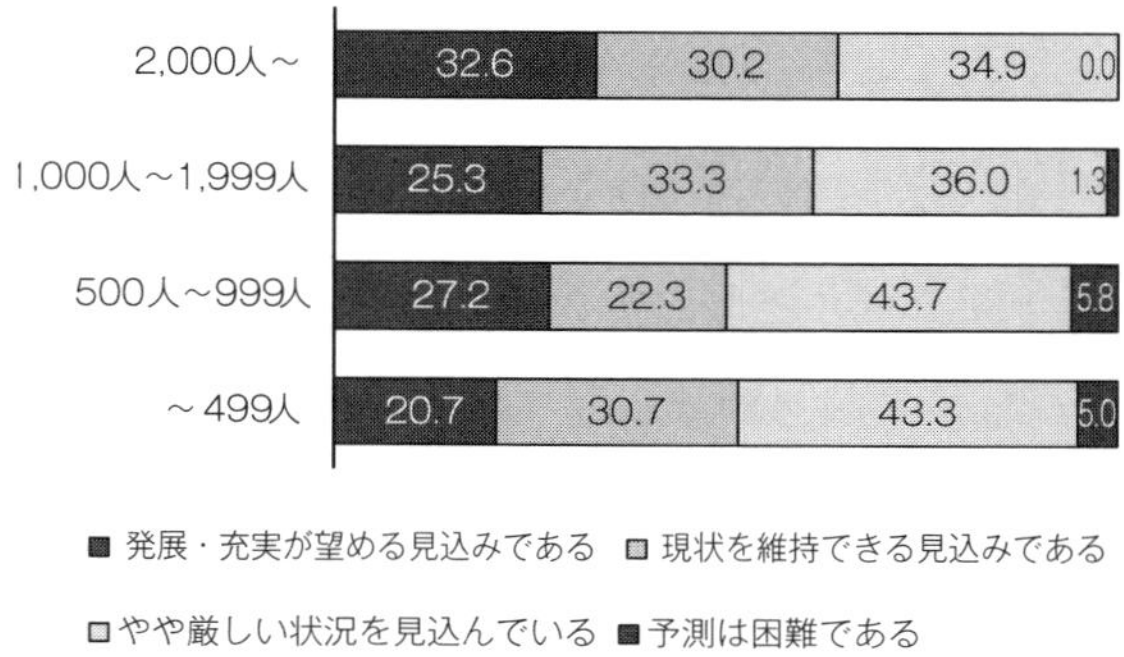

〈図 31-2〉 全国大学法人の学校経営に関する意識―平成 25 年度調査の回答状況内訳

(注) 複数大学を設置する大学法人は最も規模の大きな学校で区分。平成 25 年のアンケート実施は平成 25 年 5 ～ 6 月及び平成 26 年 1 ～ 2 月。

(資料) 日本私立学校振興・共済事業団「私学経営情報第 30 号『学校法人の経営改善方策に関するアンケート』報告　大学・短期大学法人編―アンケート結果の考察―」(平成 27 年 3 月) から筆者が編集。

第3章 大学入学による東京圏への人口集中

一．東京圏の大学へ集中する入学者

大学進学を契機に東京圏への人口集中が起こっている

何年か前、西日本に本店を置く地方銀行東京支店に勤務する人からこんな話を聞いたことがある。

「私は東京の大学を卒業しましたが、長男なので家に戻ることにし地元の銀行に就職しました。まぁ親の面倒を見ることと先祖の墓守のためですよ。地元で結婚、子どもが生まれ、両親は亡くなりました。娘が東京の有名私立大学に合格し喜んでいたのですが、女子学生専用のワンルームマンションに住むと言い出し仕送りが大変になりました。そしたら今度は私が東京へ転勤になっちゃいました。娘に一緒に住むよう言ったのですが、『嫌だ』というので仕方なく私は銀行の寮で暮らしています。地元には家内と高校生の息子がいて、結局家族四人が三ヶ所に分かれて住むことになりました。息子は受験勉強中で、娘と同じ大学に進学したいと言って頑張っています。」

この銀行マンが語ったように、おそらく明治時代からずっと、全国から多くの若者が都市部、特に東京圏の大学への進学を続けてきている。私は地方の高校を卒業し東京の大学へ進学したが、当時を思い出すと、東京へ行き大学で学ぶことで人生が無限に開けるように感じた。都市部の大学に入学者が集中している背景には、私と同じように、都市部で人生を大きく開いていきたいという希望がある。大学進学率が極めて低かった時代には、「末は博士か大臣か」と立身出世を夢見た人たちや、リーダーになることを嘱望された人たちが全国から東京の大学へと進学したが、当時と今とでは大学をめぐる環境が大きく変化している。大学進学率が五〇％を超えた今は、中堅として働く人や社会を下から支える人たちまでも、東京の大学へ大挙進学する。地方創生が叫ばれているなか、地方においては、それぞれの地方の特色をつかみ、大きな視野で地方発展の礎をプランニングし、推進実行する人材が必要になっているのに、大学進学を契機として「頭脳」や「手足」となるべき有能な人たちが地方から東京へ大量に流出してしまっている。東京への一極集中を是正し日本全体の発展を目指すなら、今まさに東京圏の大学への入学者集中の是非を考え、対応策を考える時期にきている。

まず、大学進学を契機とした東京圏への人口集中の実態を見てみよう。

都市部への人口移動は職を求めるだけで起こるのではない

若年層を中心として地方から都市部への人口移動が止まらず、地方では人口減少と超高齢化が同時に進み、消滅可能自治体が多く出現している。一方で、都市部では女性の出生率が低く、若い女性の都市部集中によって日本全体の人口減少に拍車をかけていると言われており、政府や地方自治体は「地方創生」や「地方への移住」に真剣に取り組み始めている。

「人口の東京への一極集中」や「都市部への人口移動」と言うと、地方には職がなく、職を求めて都市部、特に東京へ人口が移動すると思い込んでいる人が多いが、それだけではない。

都市部、特に東京とその周辺への人口集中は「大学進学」による影響が非常に大きい。「地方の職」を問題に据えて地方創生の議論をする人がいるが、地方には「職場」が少ないだけではなく、高等教育における「学ぶ場」も少ないのだ。若者が都市部に集中する大きな要因の一つは、地方から多数の高校卒業生が都市部の大学・短期大学等へ入学することにある。地方の高校生が都市部の大学へ進みたいと願うのは人間の自然な心情であって、国の政策で地方の高校から都市部の大学への進学を止めることは無理である。人間の自然の心情に反する政策はいずれ行き詰まる。大学への補助金の配分を変えて受験生の動きを変えようとしても難しい。文部科学省は都市部にある定員オーバーの大学への補助金を削減しようとしているが、受験生にとって大学への補助金削減は何の関係もないことであって、本質的な解決策にはならない。

都市部、特に東京とその周辺への人口集中を緩和するには大学入学段階で手を打たなければならないのだが、ではどうしたらいいのだろうか。それを考える前に、人間の自然な心情に反する政策がどうなったかを示す一つの証左を見てみたい。

大学は都心部へ回帰する

「人間の心情に反する政策はいずれ行き詰る」と私は思っているが、その証左の一つが東京の周辺にたくさん存在する郊外型大学キャンパスだ。東京への人口集中を防ぐため一九五九年に首都圏での大学の新設・増設などを制限する工場等制限法が制定された（関西圏で制限する同様の法律は一九六四年に制定）。同法は二〇〇二年に廃止されたが、それまでに都心に立地する多くの大学が郊外にキャンパスを整備した。なかには都心キャンパスをそっくり売却し、郊外に引っ越した大学もあったと聞く。しかし、現状、郊外にキャンパスを整備した大学やそれらの郊外型キャンパスはどうなっているのであろうか。

現在では逆に、多くの大学でキャンパスの郊外から都心部への回帰が続いている。授業を行う教室を郊外から都心部のキャンパスへ戻すことによって、学生は通学にもアルバイトにも便利になり、大学にとっては志願者増が期待できる。さらに今後の急激な一八歳人口減少を見据えた将来の拠点を、今のうちに都心部に整備しておきたい大学側の誘因も働いている。このため、新たに都心に土地を取得しキャンパスを拡大し、校舎を増改築する大学が増えている。マスコミでは青山学院大学、東洋大学、東京理科大学、大妻女子大学、共立女子大学、中央大学などを取り上げているが、マスコミで報道されない小規模な大学でも同様の動きをしているところは多い。

都心回帰には影の部分もあり、東京都心から数十キロ離れた郊外にあまり使われていない大学キャンパスが数多く点在している。東京・八王子地区は有名だが、都心を囲むように神奈川県・埼玉県・千葉県でも同じ現象が起きている。大学は郊外に土地を購入しキャンパスを建設、校舎等の施設設備を整えたが、学生は郊外での学生生活を嫌がり入学志願者が減り、再び大学は都心にキャンパスを集めてきている。郊外キャンパスは利用頻度が落ち、実質上ほとんど使われていないキャンパスが多くある。なかには、都心キャンパスだけでは大学設置基準で定められた校地面積が足りず、郊外キャンパスを使用しなければならないので、形式的にわずかな授業を展開しているだけの大学もあると聞く。

使用頻度の低い郊外キャンパスを売却してしまえばよいと思うかも知れないが、そう簡単なことではない。誘致をした地方自治体と、都心部へ移転したい大学との間で揉め事が起こり、マスコミで大きく取り上げられた例もある。地方自治体は予算を使い、大学誘致のためにキャンパス周辺道路等を整備したのに、大学に出て行かれては雇用が失われ、学生用アパートには入居者がいなくなり、街の活力が低下し、何ら良いことがない。

仮に大学設置基準上の問題がなくても、大学側では簡単に土地を手放すことはできない。売却しようとしても、幹線道路に面しているキャンパスは少なくて物流倉庫など他の用途に転用しにくく、買い手がつかないか、あるいは安く買いたたかれてしまう。大学の都心回帰は東京圏だけではなく、大阪圏、名古屋圏でも起きており、同様の問題が発生しているようだ。

これらの事例を大学側から見ると、郊外に多額の投資をしたうえで、再び都心に投資をしている。郊外キャンパスは、あまり使われていなくても人を配置しておかなければならず、清掃・警備等の維持管理費用がかかる。施設が壊れると修繕費もかかる。学生がほとんど乗っていないスクールバスをキャンパスと最寄り駅間で走らせている大学もある。郊外キャンパスを整備した資金も、かかる維持管理費用も、都心回帰のための新たな土地取得・校舎建設費用も、学生からの授業料や篤志家からの寄付金、国民の税金を原資とする補助金から出ている。ずいぶん無駄なことをしている。はじめから都心部でキャンパスの整備・拡張をしていれば、こんな無駄は生じなかった。工場等制限法制定当時は都心部の地価抑制のために止むを得ない判断だったのかも知れないが、今から思うと人間の自然な感情を抑え込み、政策で無理押しした結果である。

さて、次に大学進学を契機とした三大都市圏への人口移動の実態を見ることにしよう。

三大都市圏の大学・短期大学へ集中する入学者

日本では東京・名古屋・大阪を中心とした三大都市圏に人口や企業が集中しており、特に東京圏への集中は著しく、大企業の半数以上が東京圏に本社を置いていると言われている。大学や短期大学も同じように三大都市圏に学生が集中している。

三大都市圏の範囲や名称についてはいくつかの考え方があるが、本書では総務省の統計資料にならって次のように定義して集計し表示する。「東京圏」＝東京都・神奈川県・埼玉県・千葉県、「名古屋圏」＝愛知県・岐阜県・三重県、「大阪圏」＝大阪府・京都府・兵庫県・奈良県。

この章では三大都市圏以外も地域単位で表示することが多くなるが、表示する地域の名称と、それぞれの地域が包含する都道府県と三大都市圏を次のように定義する。「北海道」＝北海道、「東北」＝青森県・岩手県・宮城県・秋田県・山形県・福島県、「北関東」＝茨城県・栃木県・群馬県、「南関東」＝東京圏、「甲信越北陸」＝新潟県・富山県・石川県・福井県・山梨県・長野県、「東海」＝名古屋圏・静岡県、「関西」＝大阪圏・滋賀県・和歌山県、「中国」＝鳥取県・島根県・岡山県・広島県・山口県、「四国」＝徳島県・香川県・愛媛県・高知県、「九州沖縄」＝福岡県・佐賀県・長崎県・熊本県・大分県・宮崎県・鹿児島県・沖縄県。

また、大学（学部）入学者だけでなく、短期大学入学者についても触れる場合がある。

どの地域の高校を卒業しても、制度のうえでは全国の好きな地域の大学へ進学することができるが、実態は入学者の多くが三大都市圏の大学へ集中している。毎年度全国の国立・公立・私立を合わせた大学（学部）の入学者は六〇万人強いるが、そのうちの三分の二超が三大都市圏の大学に入学し、短期大学では半数を超える人が三大都市圏の短期大学へ入学しており、多数の学生が三大都市圏で学んでいる。

三大都市圏には数多くの大学・短期大学が立地し、キャパ（入学定員）が大きく、有名大学や特色ある学校があって、学びたい領域の学部・学科・コース等を見つけやすく、受験生にとっては三大都市圏の大学や短期大学に進学したいと思って当然である。

大学に関して言うと、三大都市圏の大学への入学者数は年度によってあまり変動がなくほぼ同じような数で推移しており、ここ数年は東京圏が二五万人程度、名古屋圏五万人弱、大阪圏一一万人台、三大都市圏合わせて四二万人程度になっている。全国の大学入学者に占める割合は、東京圏が四一％程度、名古屋圏八％程度、大阪圏一九％程度で、全体の三分の二を超える約六八％にあたる人たちが三大都市圏の大学に入学している。

平成一〇年度から平成二七年度までの三大都市圏大学の入学者数は下の〈図32〉のグラフのようになり、少しずつ

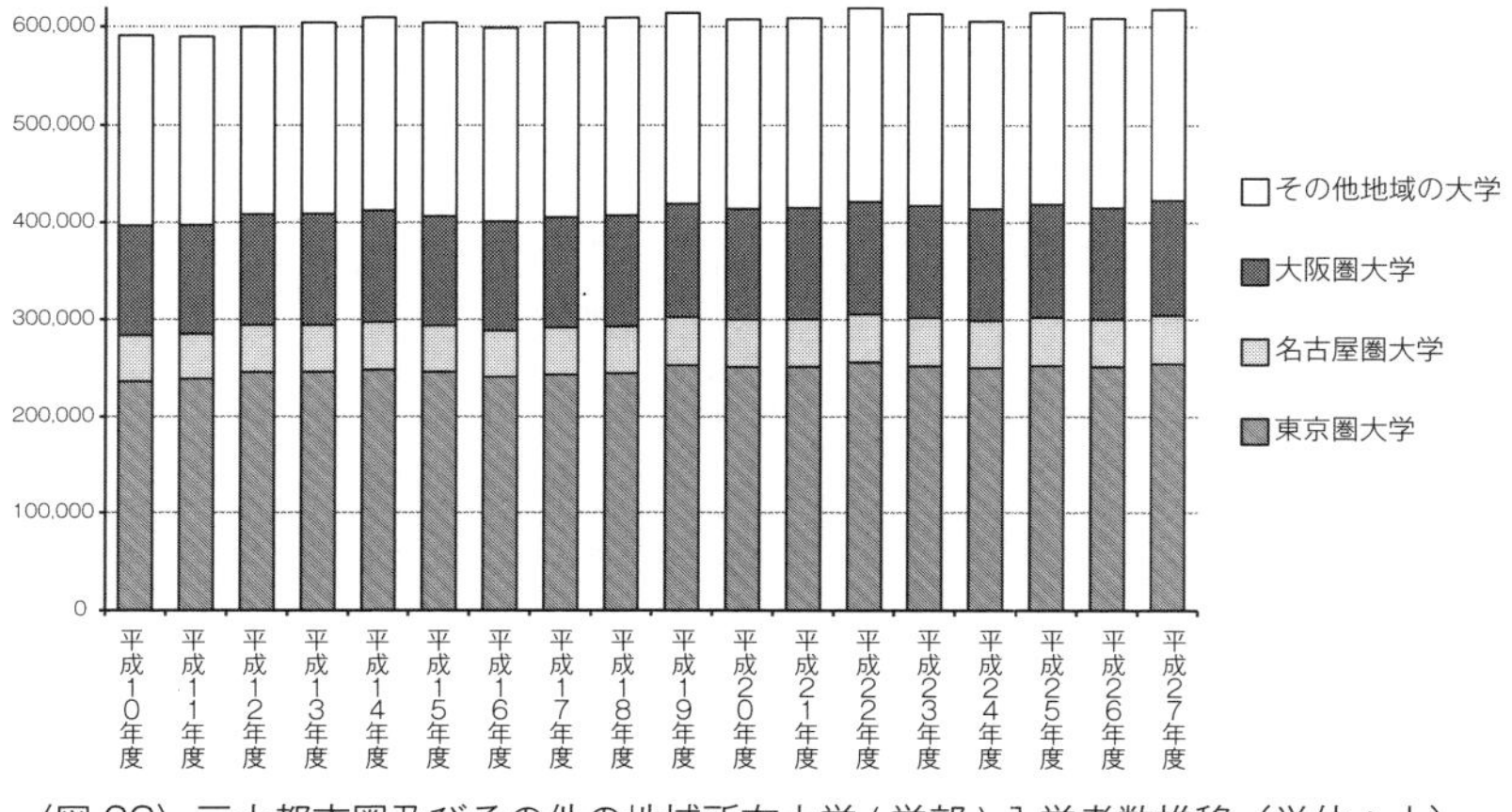

〈図 32〉三大都市圏及びその他の地域所在大学 (学部) 入学者数推移（単位：人）

（資料）文部科学省「学校基本調査」（平成 10 ～ 27 年度　高等教育機関《報告書掲載集計》大学　出身高校の所在地県別入学者数）から筆者が編集。

増えてきてはいるが毎年度大きな変動のない状態が続いている。このグラフをよく見ていくと、三大都市圏、なかでも東京圏の大学の存在がいかに大きいものかが分かると思う。

短期大学の入学者は、平成五年度の二五万五千人弱をピークに極端に減少しており、平成二七年度には六万人強にまで落ち込んでいる。短期大学への進学者は、大学に比べると地元指向が強く、大学ほど三大都市圏へは集中しない。それでも平成二七年度の入学者は、東京圏一万四千人、名古屋圏七千人、大阪圏一万一千人で、三大都市圏合計では三万二千人と、全国の短期大学入学者の五三％を占める入学者を集めている。

東京圏高校卒業者は地方の大学・短大へはほとんど進学しない

東京圏の大学・短期大学へは全国各地の高校卒業生が多数入学してきている。

平成二七年度の東京圏の大学・短期大学への入学者について、卒業高校の所在地を出身地として、出身地域から東京圏

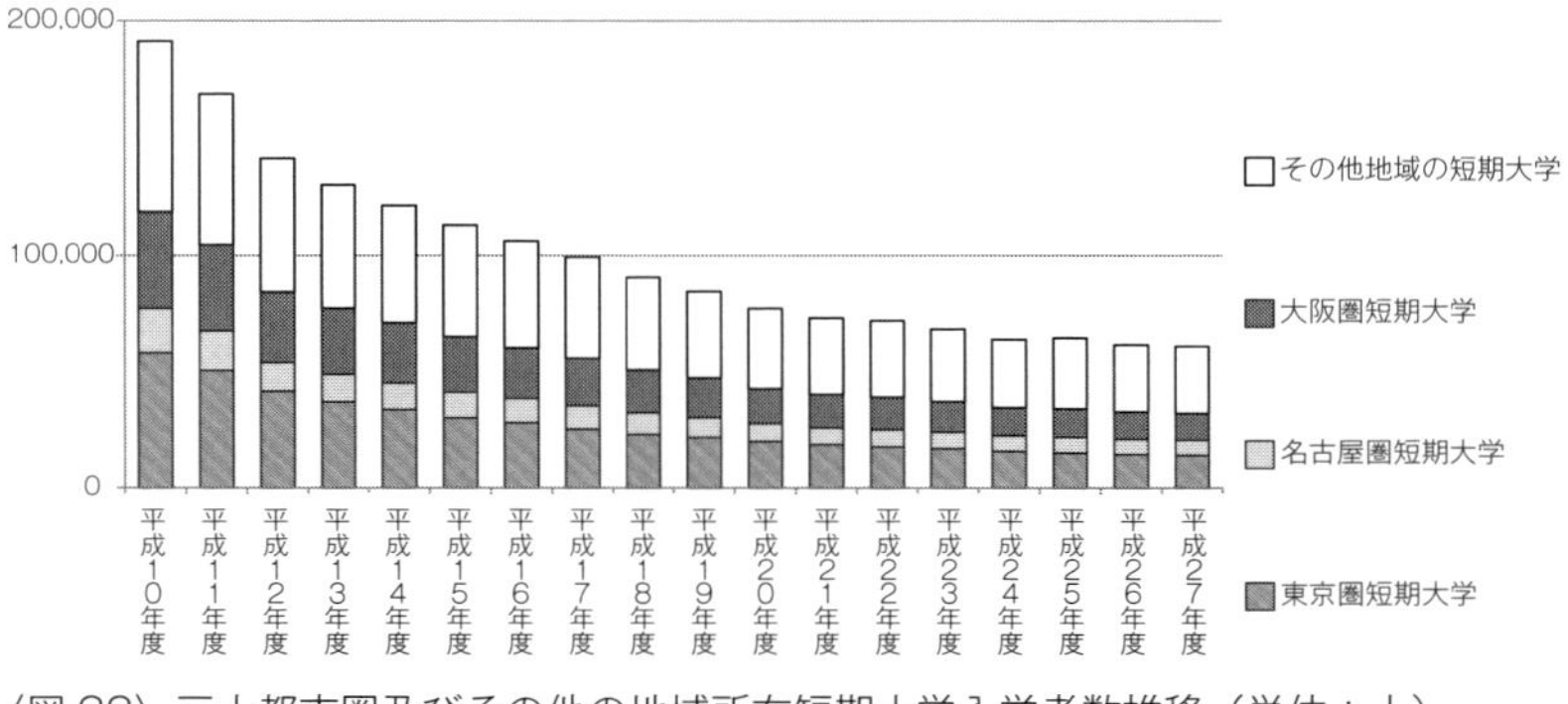

〈図 33〉三大都市圏及びその他の地域所在短期大学入学者数推移（単位：人）
（資料）文部科学省「学校基本調査」（平成 10 ～ 27 年度 高等教育機関《報告書掲載集計》短期大学 出身高校の所在地県別入学者数）から筆者が編集。

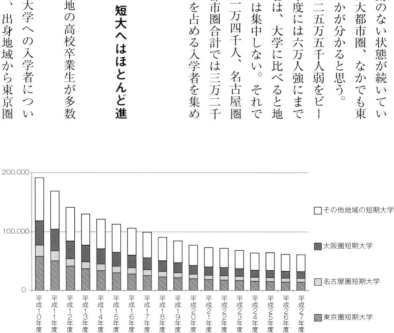

への人口移動を図示すると〈図34〉になり、多くの人が地方から東京圏へ移動していることが分かる。

文部科学省の調査（学校基本調査）によると、平成二七年度に全国の国立・公立・私立を合わせた大学・短期大学に入学した学生数は六七万九千人いる。このうち東京圏の大学・短期大学へは二六万九千人が入学しているが、近隣の北関東（二万人）や甲信越北陸（一万四千人）・東海（二万二千人）から多数入学していることに加え、遠く九州沖縄（八千人）や北海道（四千人）などからもそれぞれ数千人単位の学生が入学してきている。

このように東京圏の大学・短期大学には全国各地から入学者が集まる一方で、東京圏から他地域の大学・短期大学に入学する人は非常に少ない。東京圏に所在する高校出身者で平成二七年度に全国の大学・短期大学に入学した人は一九万四千人いたが、何とこのうちの九四%にあたる一八万二千人が東京圏内の大学・短期大学へ入学しており、東京圏以外の大学・短期大学に入学した人の割合は極端に少なく、わずかな人数しか流出していない。

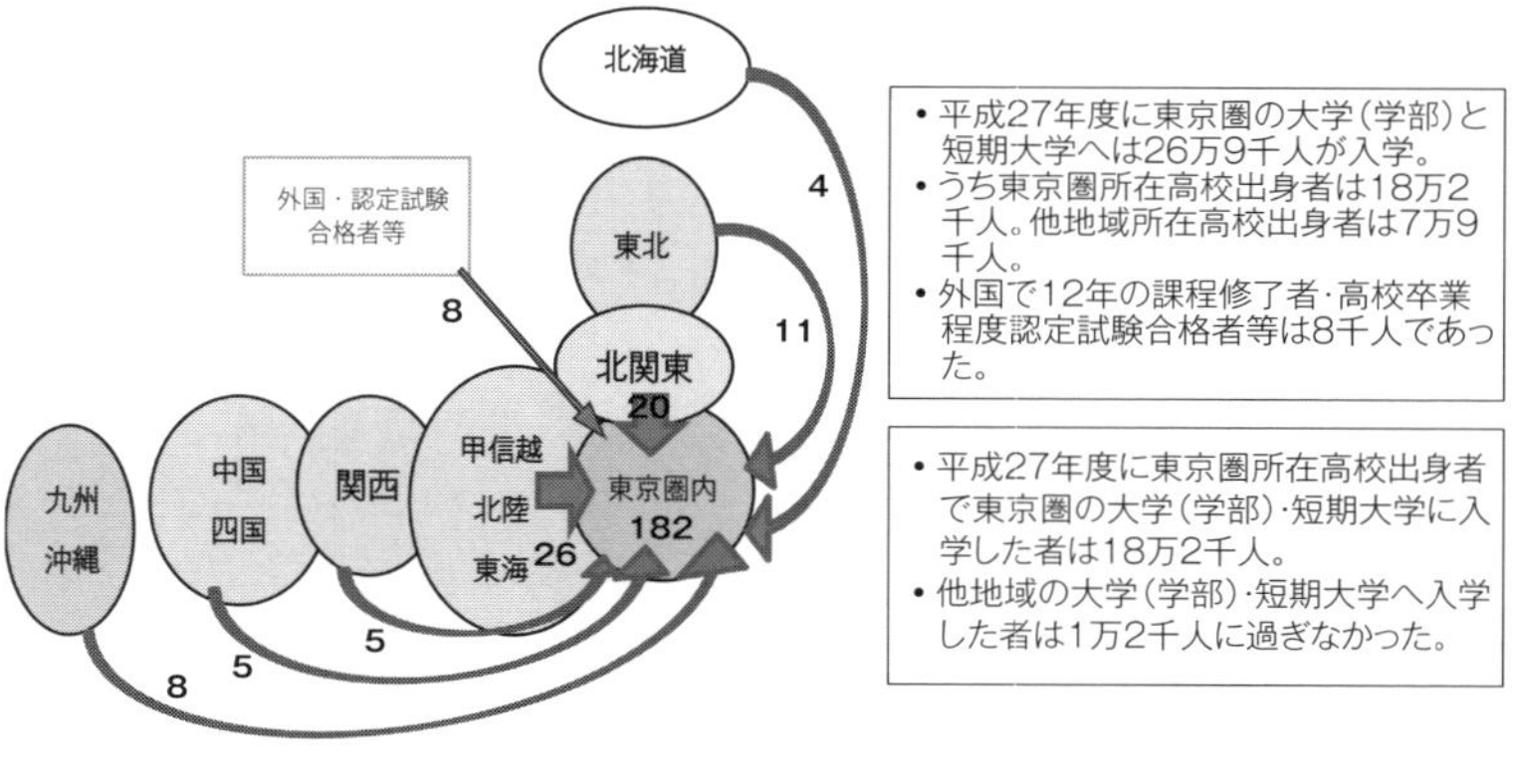

〈図34〉東京圏大学・短期大学への入学による人口移動推定（平成27年度）

（注）矢印の始点は出身高校所在地等。数字は人数。単位：千人。

（資料）文部科学省「学校基本調査」（平成27年度 高等教育機関《報告書掲載集計》大学 短期大学 出身高校の所在地県別入学者数）から筆者が編集。

進学による三大都市圏への人口転出入数を推計

次に、大学・短期大学入学に伴う三大都市圏への「転出入人口」を試算してみよう。

東京圏を例に示すと、東京圏に所在する高校出身者で平成二七年度に全国の大学・短期大学に入学した人は一九万四千人いるが、そのうち東京圏以外の大学・短期大学へ入学した人は一万二千人に過ぎない。

東京圏以外に所在する地域の高校出身者で東京圏の大学・短期大学へ入学した人を「東京圏への転入者」とし、東京圏に所在する高校出身者で東京圏以外の大学へ入学した人を「東京圏からの転出者」として、大学・短期大学入学を契機とした東京圏への転出入人口を試算する

	平成２６年度	平成２７年度
東京圏大学の入学者	251,397	254,427
うち東京圏高校出身者	167,365	170,904
〃　東京圏外高校出身者　①	76,999	76,201
〃 外国で12年の課程修了、高校卒業程度認定試験合格者等	7,033	7,322
東京圏高校出身者の全国大学入学者	178,122	182,434
うち東京圏大学へ入学	167,365	170,904
〃 東京圏外大学へ入学　②	10,757	11,530
大学入学による東京圏転出入超過数 ③＝①－②	66,242	64,671
東京圏短期大学の入学者	14,409	14,136
うち東京圏高校出身者	10,995	10,836
〃　東京圏外高校出身者　④	3,206	3,010
〃 外国で12年の課程修了、高校卒業程度認定試験合格者等	208	290
東京圏高校出身者の全国短期大学入学者	11,402	11,231
うち東京圏短期大学へ入学	10,995	10,836
〃 東京圏外短期大学へ入学　⑤	407	395
短期大学入学による東京圏転出入超過数 ⑥＝④－⑤	2,799	2,615
大学・短期大学入学による東京圏転出入超過数③＋⑥	69,041	67,286

〈図 35〉大学・短期大学入学を契機とした東京圏への人口転出入者数試算
（東京圏大学・短期大学の入学者、東京圏高校出身者の全国大学・短期大学入学者等）
（単位：人）

（注）「大学」は「学部」を意味する。「東京圏大学の入学者」は「東京圏に所在する学部」への入学者。「入学者」は国・公・私立合計の５月１日現在在籍者。

（資料）文部科学省「学校基本調査」（平成 26･27 年度 高等教育機関《報告書掲載集計》大学 短期大学 出身高校の所在地県別入学者数）から筆者が編集。

と、前頁の〈図35〉のように、平成二六年度では六万九千人の転入超過、平成二七年度でも六万七千人の転入超過になっている。

同じように名古屋圏・大阪圏でも大学・短期大学入学を契機とした人口転出入者数を試算してみると、長いトレンドでは転入者は徐々に少なくなっているものの、この数年は、大阪圏は一万七千人を超える転入超、名古屋圏では逆に六千人程度の転出超と、三大都市圏それぞれで毎年度ほぼ変わらない数の転出入が続いている。

住民基本台帳調査との比較

大学・短期大学への入学を契機とした三大都市圏への転出入者数を上記のように試算し、平成一〇年度から二七年度までの転出入超過数の推移をグラフ化すると、〈図36〉に太線で示したものになる。東京圏では毎年度大幅

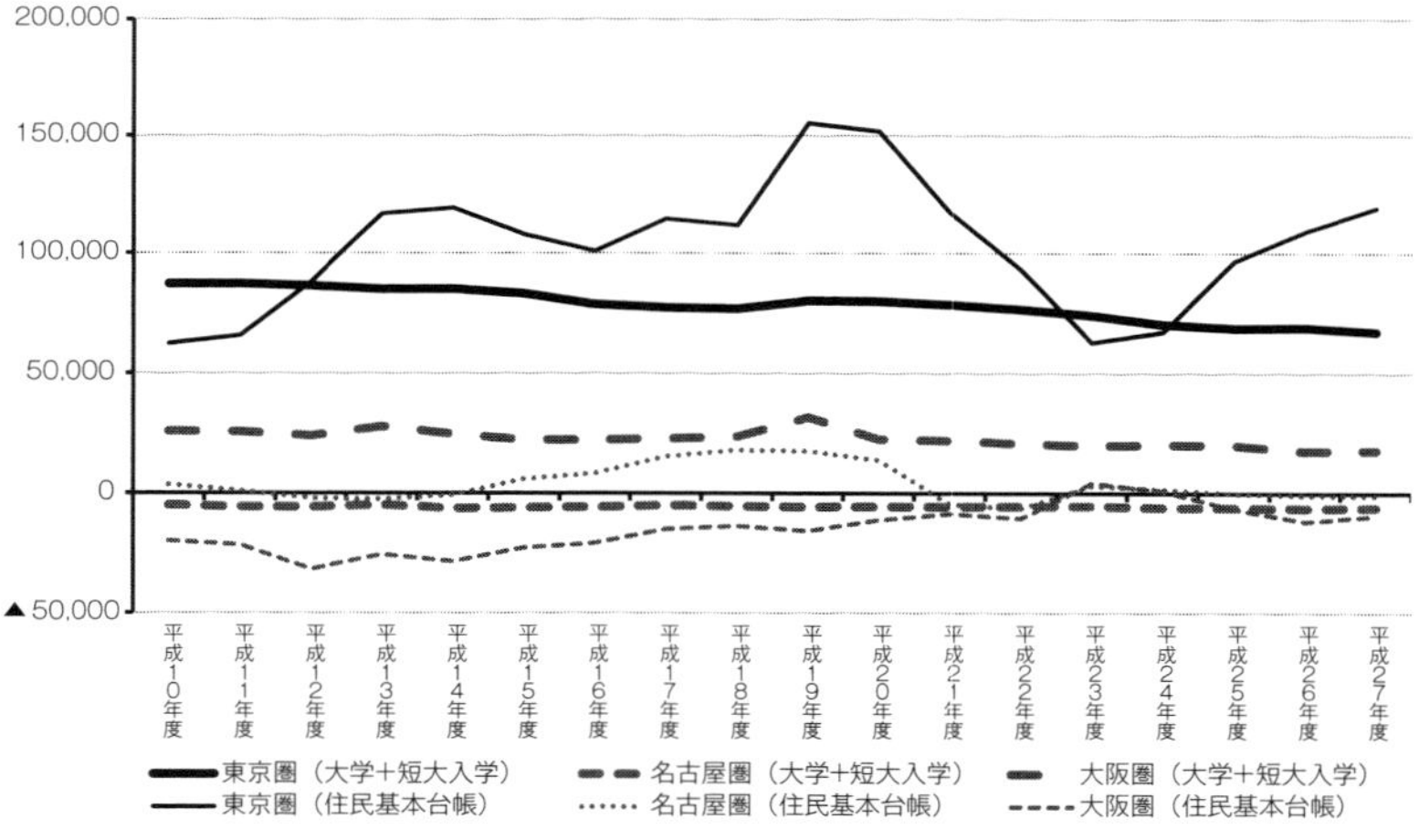

〈図36〉大学・短期大学入学による三大都市圏への推定転出入超過数（総務省調査との対比）（単位：人）

（注）図のプラスは転入超過、マイナスは転出超過。

（資料）文部科学省「学校基本調査」（平成10～27年度 高等教育機関《報告書掲載集計》大学 短期大学 出身高校所在地県別入学者）、総務省「住民基本台帳人口移動報告」（三大都市圏の転入者数、転出者数、転入超過数及び転入超過率の推移）から筆者が編集。

な転入超過が続いているが、少しずつ減っており、ここ数年の転入超過数は七万人を切っている。大阪圏でも転入超過が続いているが、東京圏と同様に減少しつつあり、平成二六年度・二七年度には一万七千人台に落ちてきている。一方、名古屋圏ではグラフで示す期間ずっと転出超過にある。つまり、大学・短期大学入学を機に他地域から名古屋圏に入ってくる人よりも、東京圏・大阪圏などの他地域へ出ていってしまう人のほうが多いのである。転出超過の人数はこの数年は六千人前後である。

では、大学・短期大学への入学を契機とした三大都市圏への転出入数は、就職等までを含めた全体の人口移動と比較するとどうなっているのだろうか。

前頁の〈図36〉の細線は総務省「住民基本台帳人口移動報告」による三大都市圏への転入超過数（マイナスは転出超過数）の推移を示している。

ただし、太線の文部科学省の統計数値と、細線の総務省の統計数値とは、考え方や数値の取り方が少し違うので、この図からは大きな流れをつかむことにしていただきたい。

例えば、ここで使用している総務省統計は日本人のみが対象で、文部科学省統計には外国籍学生も含まれている。ちなみに、大学（学部）には、平成二七年度、留学生を除き一万一千人の外国籍大学生が在籍している。大学は学部によって一年次生から六年次生までいるが、平成二七年度の学部学生二五五万六千人のうち一年次生は約六二万六千人、全学部学生の二四%を占めているので、外国籍の一年次生つまり入学者は三千人程度と推測される。短期大学では、留学生を除き三〇〇名弱の外国籍学生がいるので、入学生は一〇〇名を少し超える程度と推測される。平成二七年度に三大都市圏以外の高校から三大都市圏大学・短期大学への入学者は全体の二七%だったので、三大都市圏大学・短期大学へは三大都市圏以外から八〇〇人程度の外国籍学生が入学したものと推測され、その分だけ文部科学省の統計数値が総務省の統計数値よりも多くなっている（外国籍学生数は文部科学省「学校基本調査」（平成二七年度、大学・短期大学「関係学科別外国人学生数」）による）。

一方、大学・短期大学の入学を契機とした転入者数の試算には、日本の高校を卒業していない人の数は入っていない。外国で一二年の課程を修了した人や、専修学校高等課程の修了者、文部科学大臣が実施する高校卒業程度認定試験合格者も大学や短期大学へ入学してくるが、これらの人のなかには、当然、地方から三大都市圏に移り住む人もいる。三大都市圏大学・短期大学に平成二七年度に入学した人で、外国において一二年の課程を修了した人や専修学校高等課程修了者、高校卒業程度認定試験合格者の数は一万六千人になり、この二七％・四千人程度が三大都市圏以外から三大都市圏大学・短期大学に入学したものと推測でき、九四頁〈図36〉の太線は実際にはもっと高い位置にあるものと考えられる。

また、統計期間は、総務省の住民基本台帳は暦年であるが、文部科学省の学校基本調査は年度である。大きな括りで人口移動を見るうえで支障はないと考えたので、ここでは二つの統計数値を一緒に表記している。

さて、総務省の住民基本台帳を基にした転出入数は年によって増減の振幅が大きいことが分かる。東京圏では転入超過数が平成一九年に一五万五千人を超え、平成二〇年以降減少していたが、平成二四年から再び増加に転じ、平成二六年には一〇万人を超えるまでになっている。名古屋圏では平成一四年から平成二〇年までは転入者が転出者を上回り、平成一八・一九年には一万七千人を超す転入超であったが、平成二一年から二六年まで転入超と転出超を二年ごとに繰り返している。大阪圏は転入者よりも転出者の多い年が多く、平成一二年には三万一千人を超す転出超になったが、平成二三年・平成二四年と転入超になり、平成二五年からまた転出超になり平成二六年は一万一千人を上回る転出超になった。

一方、大学・短期大学入学を契機とした三大都市圏での転出入者数は年度によって大きく変動することはなく、毎年度安定的な人数で推移している。つまり、東京圏・大阪圏・名古屋圏の大学・短期大学へは毎年度同じような数の学生が他地域から入学し続けていることになる。

東京圏大学への入学者集中は減ってきている

このように大学・短期大学入学を契機として三大都市圏へ学生が集中しており、東京圏だけを取り出してみると、平成二六年度は六万九千人、平成二七年度は六万七千人の転入超過になっている。しかし、よく見てみると、東京圏への転入超過数は毎年少しずつ減少しつつある。

この状況を、あるコンサルティング会社の人は私に「地方の大学に看護系学部・学科が新設され、そこへの志願者が増えていることと経済的要因により受験生の地元志向が強まっている」と解説した。確かにその要因は大きいと思う。特に経済的要因はよく理解できる。学生の親にとっては、所得が大きく増えないのに、息子あるいは娘が東京に出てワンルームマンションを借り、物価の高いなかで生活するとなると、経済的負担は大きくなる。地元の大学に進学してくれた方がはるかに楽である。

しかし、東京への入学者集中が減少傾向にあるのは地元志向の強まりだけではない。全国的に一八歳人口が減り続け、地方ほど厳しく減少している。この結果、地方によっては従来ほど大学進学者がいない、都市部の大学・短期大学へ従来ほどの数の進学者を送り出せない状況になっている。つまり東京圏の大学への「供給」が細っているからと推測される。地方で定員割れ大学が目立つ話を聞くことが多いが、これも地方からの大学進学者数が減っている証左である。次の第４章で地域ごとの一八歳人口の将来予測について触れるが、地方の人口減少は大変深刻になっている。

東京圏では圧倒的に多くが私立へ入学する

今まで述べてきたことは国立大学・公立大学・私立大学の合計であるが、私立大学だけではどうなるのであろうか。年度によって極端に変動することがないので、平成二七年度の大学（学部）入学者の動向を見ることにする。

平成二七年度に大学（学部）に入学した人は全国で六一万八千人いる。このうち国立大学へは一〇万一千人（全体の一六％）、公立大学へは三万一千人（同五％）、私立大学へは四八万六千人（同七九％）が入学しており、圧倒的に多くの人が私立大学に入学している。なお、短期大学へは平成二七年度に全国で六万一千人の入学者がいたが、そのうち九五％にあたる五万八千人が私立に入学している。

私立への入学者の割合は、特に東京圏で顕著に高く、平成二七年度の東京圏大学入学者二五万四千人のうち私立大学入学者は二三万五千人で、実に九二％を占め

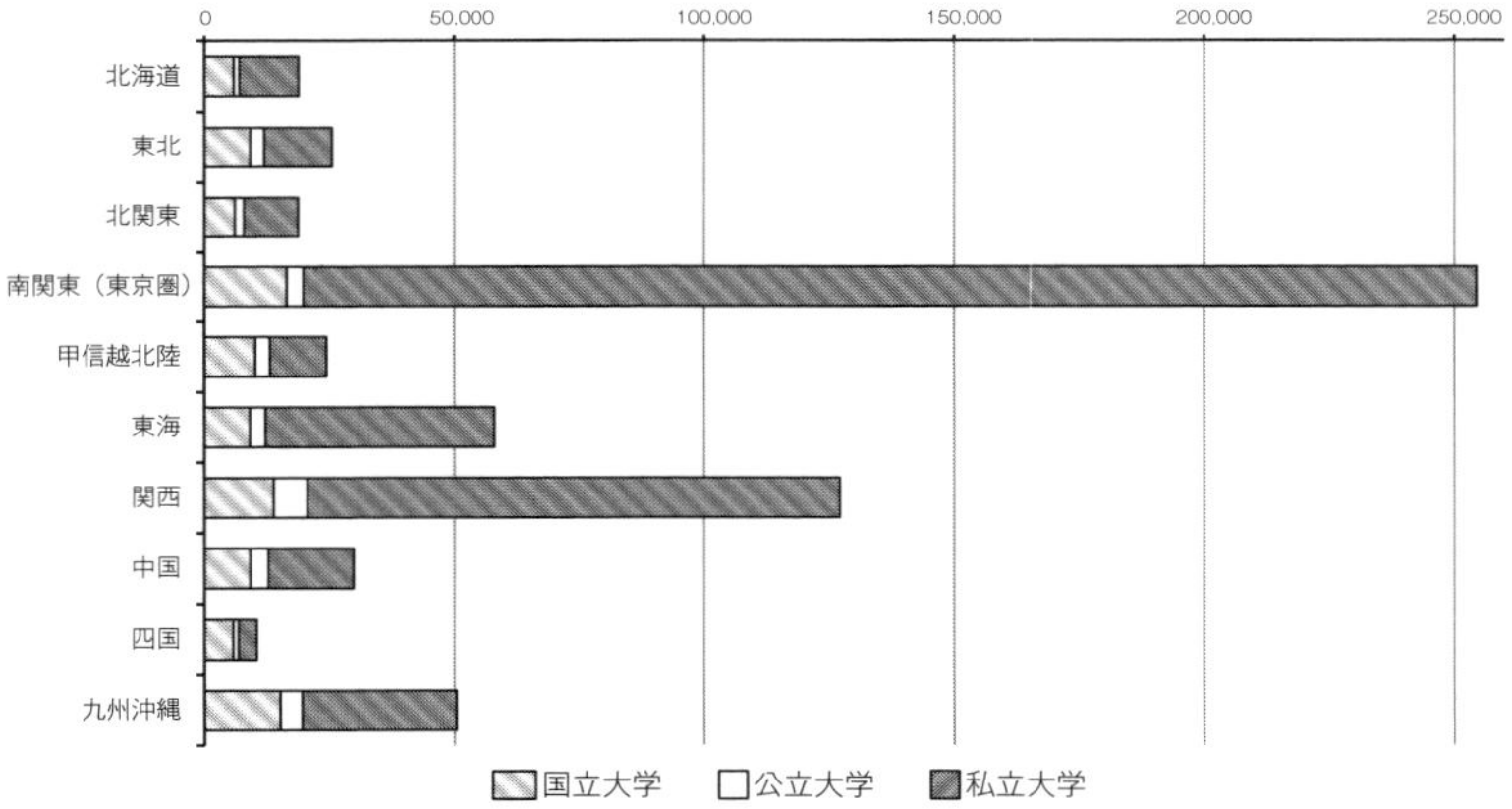

〈図 37〉地域別国・公・私立大学入学者数（平成 27 年度）（単位：人）
（資料）文部科学省「学校基本調査」（平成 27 年度 高等教育機関《報告書掲載集計》大学出身高校所在地県別入学者数）から筆者が編集。

ている。東京圏短期大学では、入学者一万四千人の九九・四％が私立に入学している。

このため、前に示した〈図34〉「東京圏大学・短期大学への入学による人口移動推定（平成二七年度）」で矢印の始点の地域から東京圏の大学へ入学した人の多くは私立大学に入学したことになる。つまり、多くの若者が、私立大学入学のために地方から転出している。

一方、地方では東京圏とは様相が変わる。〈図37〉は平成二七年度の地域ごとの大学入学者を国立・公立・私立に分けて表示したもので、南関東（東京圏）・関西・東海で私立への入学者が多い。これに対し、東北では私立への入学者の割合は五三％、甲信越北陸では四六％　四国では三四％と、地方では私立大学へ入学する人の割合が低く、国公立へ入学する割合が高くなっている。県別に見ると、島根県では私立への入学者はゼロ、鳥取県では八〇人に過ぎない。地方では私立のキャパ（入学定員）が少ないのだ。

二．東京圏大学法人・短大法人の財務状況

東京圏の大学法人・短大法人の数は全国の三分の一

このように三大都市圏、特に東京圏の大学に多くの学生が入学しているが、その結果、東京圏の私立大学の財務はどうなっているのであろうか。

それを知るために、第2章で見た財務数値のなかから、東京圏に本部を置く大学法人と短期大学法人とを合わせた数値を見てみたい。前にも述べたが、ここで示す財務の数値は学校法人単位の決算書を集計したもので、

大学法人のなかには高校や中学校などを設置しているところがあり、それらの大学法人では決算書のなかに高校・中学校などの諸活動の結果も含まれている。また、本部が東京にあって一部の学部が地方に所在する場合には、地方所在の学部の活動結果も東京圏の大学法人のなかに集計されているので、この点を理解したうえで読んでいただきたい。しかし、お金の動きとして見ていくと、一般的に、大学法人・短期大学法人にとって高校や中学校などの存在は小さく、東京圏に本部を置く大学法人にとって地方の学部の活動は小さいので、決算書に表れた数値の大部分は東京圏にある大学・短期大学の活動によるものと考えても大きな間違いは生じないものと思う。

東京圏大学法人・短期大学法人の財務数値を示す前に、学校法人の数を確認しておきたい。

第2章で全国の大学法人+短期大学法人合計の貸借対照表・消費収支計算書を示し、「集計の基となった全国の法人数は平成一〇年度から二六年度までのあいだで微増であった」旨述べたとおり、この間全国の法

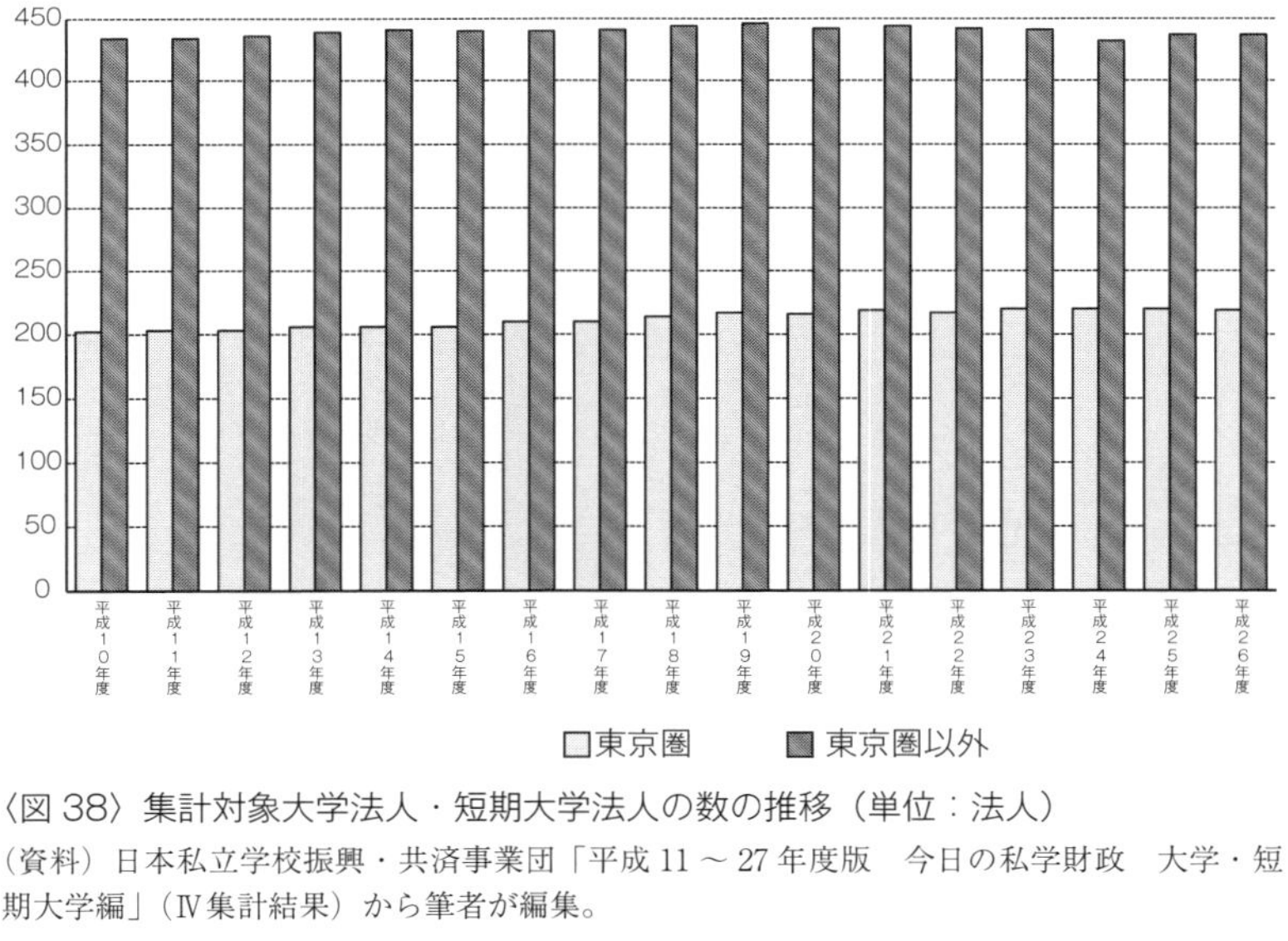

〈図 38〉集計対象大学法人・短期大学法人の数の推移（単位：法人）

（資料）日本私立学校振興・共済事業団「平成 11 ～ 27 年度版　今日の私学財政　大学・短期大学編」（Ⅳ集計結果）から筆者が編集。

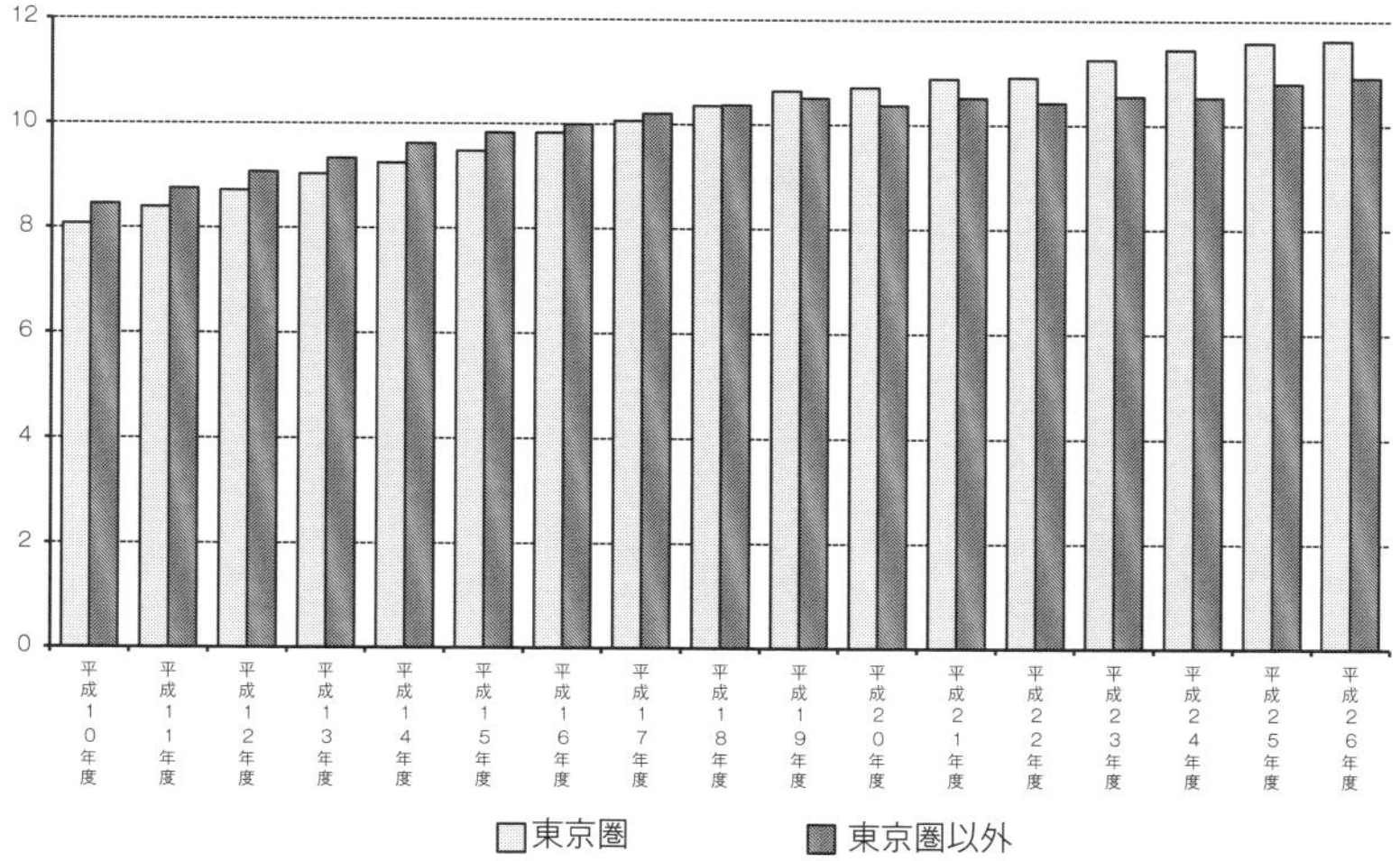

〈図 39〉東京圏と東京圏以外の大学法人･短期大学法人の自己資金推移（単位:兆円）

（資料）日本私立学校振興・共済事業団「平成 11 ～ 27 年度版　今日の私学財政　大学・短期大学編」（Ⅳ集計結果）から筆者が編集。

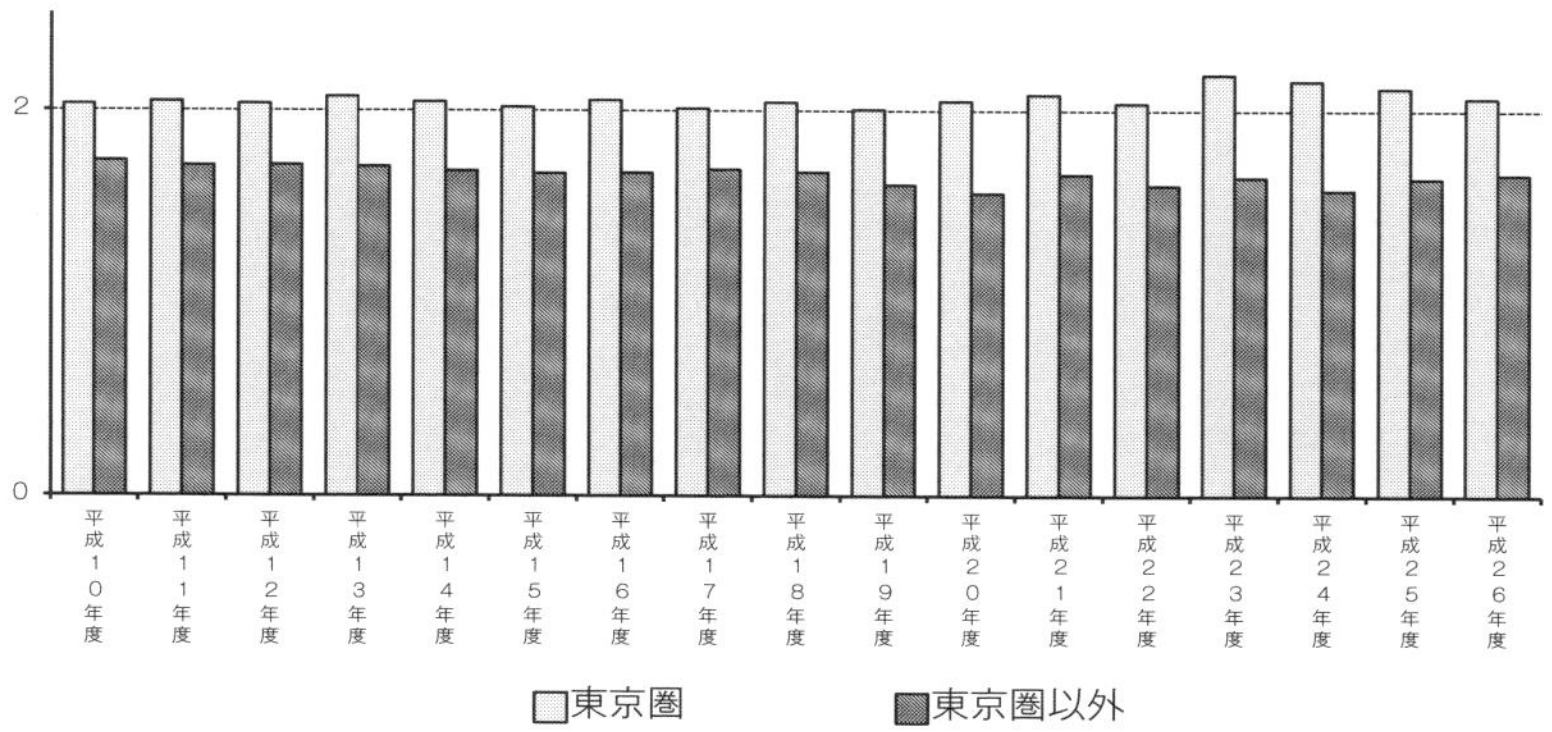

〈図 40〉東京圏と東京圏以外の大学法人・短期大学法人の負債推移（単位：兆円）

（資料）日本私立学校振興・共済事業団「平成 11 ～ 27 年度版　今日の私学財政　大学・短期大学編」（Ⅳ集計結果）から筆者が編集。

人数は六五〇程度から六六〇程度で推移している。では東京圏の大学法人や短期大学法人の数はどうなのだろうか。

数の面では全国の三分の一程度に過ぎない。つまり東京圏の大学法人・短期大学法人の数は東京圏以外の地域の半分程度しかないのに、東京圏に入学者が集中しているのだ。これは、東京圏の大学・短期大学の規模が、他地域に比べ、概して大きいことを示している。

東京圏大学法人・短大法人で全国半分超の自己資金を保有

東京圏の大学法人・短期大学法人の数は全国の三分の一程度、つまり他地域の半分程度と少なくても、入学者は東京圏の大学・短期大学に集中し、他地域に比べ多くの学生を集め、自己資金を厚めに保有している。

前頁〈図39〉は、東京圏と東京圏以外の大学法人・短期大学法人の自己資金（貸借対照表の「基本金の部」および「消費収支差額の部」合計）の推移をグラフ化したものである。東京圏では年々着実に自己資金を増加させてきていることが分かる。一方東京圏以外では平成一九年度に東京圏を下回って以来、自己資金の増加は頭打ちに近い状況になっている。

一方、負債（貸借対照表の「負債の部」合計）は前頁〈図40〉のように推移しており、グラフで示す期間中、東京圏も東京圏以外もほとんど変わっていない。

つまり、東京圏の大学法人・短期大学法人と東京圏以外の大学法人・短期大学法人とでは、年を追うごとに財務格差が拡大していることになる。ただし、東京圏の大学法人・短期大学法人でも、個別に見ると経営状況の良いところばかりではなく苦しいところがあることを理解しておいていただきたい。

第4章　小粒化する大学

一．大学・短大の入学者数はピークを過ぎた

増え続けてきた大学入学者

一八歳人口が減少しても大学入学者総数はほとんど変わらないので、大学関係者はあまり認識していないが、日本全体の大学と短期大学とを合わせた学生数は減少してきており、大学だけをとってみても一校当たりの学生数は少なくなりつつあり、大学の小規模化が進んでいる。

大規模有名大学では入学者確保にあまり苦労していないであろうから、切迫感は少ないものと思う。また、中小規模大学でも、東京とその周辺ではキャンパスの都心移転、新校舎建設、広報への注力、入試方法の改善などの対策をとって、今のところ定員を満たしているところが多く切迫感はまだまだ小さいが、他の地域まで

含めて見ていくと、東京とその周辺とは違う事態が進行している。

大学進学率は年々上昇しているので、一八歳人口が減少しても、大学への入学者はむしろ増えていると思っている大学関係者が多いが、実態はどうなのだろうか。

それを知るために、第1章にも掲載した一八歳人口の推移グラフに、大学進学者数と大学進学率の推移を重ねてみよう。下の〈図41〉の棒グラフは各年度の一八歳人口、棒グラフ下部の色の濃い部分は国立・公立・私立を合わせた大学（学部）への入学者数であり、折れ線グラフは大学進学率を表している。

グラフで表した期間は平成元年度から平成二七年度までであり、この期間の一八歳人口のピークは平成四年度で二〇四万九千人、その後減少傾向にあり、平成二七年度は一二〇万人とピーク比△四一・四％も減っているのに、大学入学者数は平成四年度が五四万二千人、平成二七年度は六一万八千人とこの期間の一八歳人口のピークであった平成四年度に比

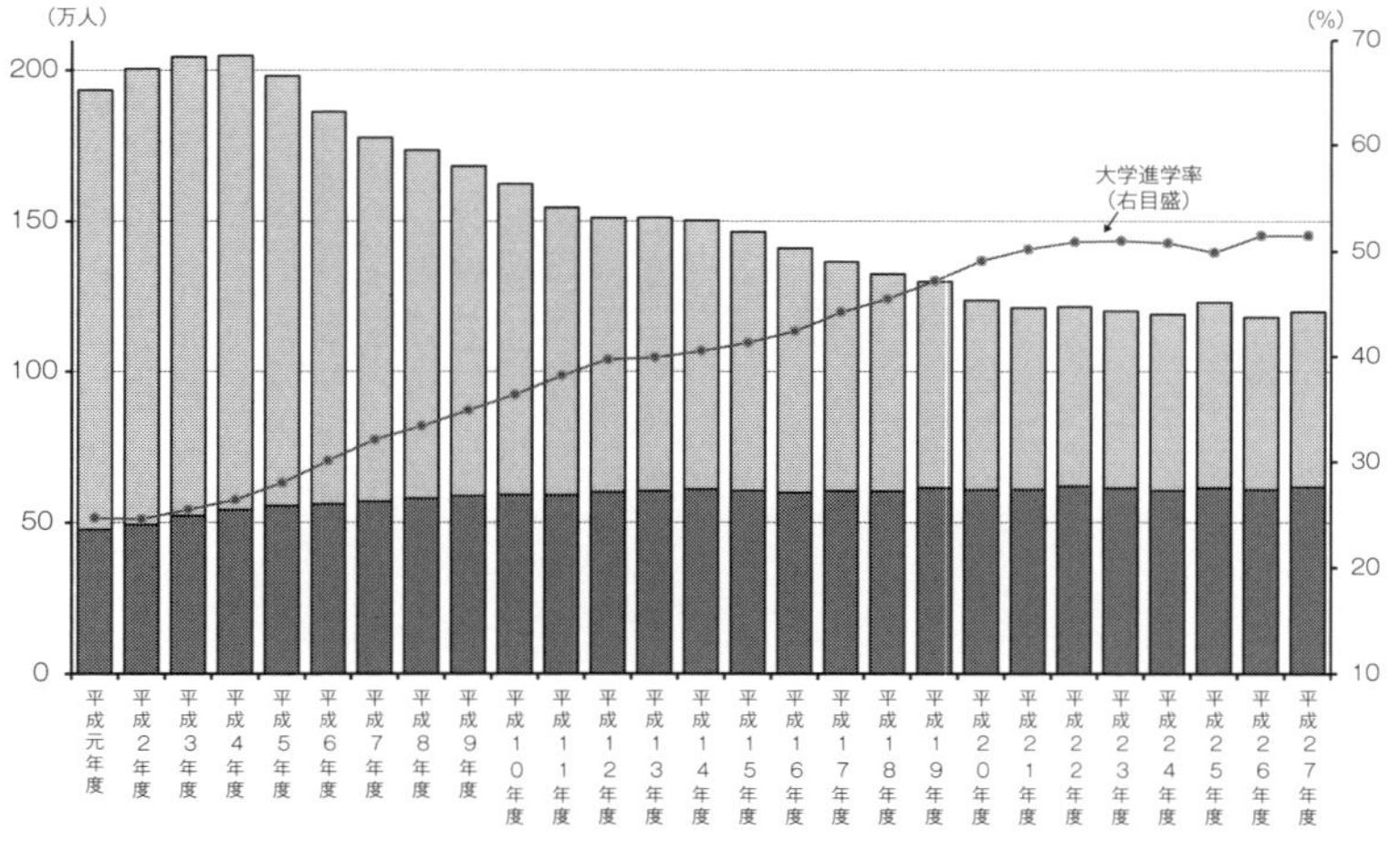

〈図 41〉18 歳人口と大学入学者数・大学進学率推移（単位：万人、％）

（注）大学入学者には過年度高卒者を含む。

（資料）文部科学省「学校基本調査」（年次統計　進学率、高等教育機関への入学状況）より筆者が編集。

べ㊉七万六千人・㊉一四％も増加している。大学進学率は平成元年度が二四・七％、平成二七年度は五一・五％で、この間で実に㊉二六・八％も上昇している。

大学入学者と大学進学率を表したこの図を見ていると、一八歳人口は減っても、大学進学率が上昇してきており、大学入学者はむしろ増えていることが分かる。この図を見ていると「大学進学率は今後もこのまま上昇していき、大学入学者がさらに増えていく」ように思えてくる。

大学関係者のなかには、過去十年以上このようなグラフを見続けており、一種の刷り込みを起こしている人がいる。その刷り込みとは「今後日本の経済成長と教育への関心の高まりによって大学進学率は一層上昇するので、一八歳人口が少しぐらい減少しても大学入学者数は今より大きく減ることはない」という思いである。この刷り込みが、多くの大学で改革を遅らせてきた。大学も社会の一員であって、社会の進展に合わせて教育内容や教育方法を変える一種の「イノベーション」をしていかなければ永続的な発展が望めないのに、その努力をしないできた。

実は日本の大学進学率は他の主要国に比べて低いのだ。主要国の大学進学率は、二〇一二年では、ニュージーランド七八％、アメリカ七一％、韓国六九％、イギリス六七％などで、ＯＥＣＤ加盟国平均では五八％なのに、日本は五二％に過ぎない（各国の大学進学率はＯＥＣＤ「Education at a Glance 2014」による）。このため、ある大学関係者は「日本の大学進学率はさらに高まる。仮に七五％になればほとんどの私立大学は定員を満たすので、大学の過剰感はなくなる」と主張している。

しかし、ちょっと待っていただきたい。日本の大学進学率は現在五〇％台であるのに、偏差値中下位大学の教育現場からは学生の学力低下を嘆く声が聞こえてくる。偏差値中下位大学であってももちろん優秀な学生が入学してくるが、そうでない学生もいる。高校卒業までに勉強の習慣が身に付かず、大学に進学してもどう勉強して良いか分からない学生がいる。そのうえで、仮に大学進学率が七五％に上昇すれば、どういう学生が入学してくるのか想像していただきたい。現在の大学教育は教員たちが学生であったころの大学進学率二〇％台、三〇％台を前提に成り立っているところが多い。授業についてこられない学生もおり、大学が学生にきめ細かく指導し、そのきめ細かい指導を大学の「売り」にして学生募集につなげている大学もある。よく聞く例が「キャリア教育」である。学生に職業意識を植えつけ、各人の適性を見つけさせ、社会に出て仕事をする心構えを自覚させているが、同時に昔の大学生なら自分の才覚で何とかしてしまった履歴書の書き方や面接でのあいさつの仕方や受け答え方のノウハウまで教えている。このためほとんどの学生が履歴書を同じように書き、面接で同じような受け答えをする個性のない、自主性もない学生を大量に社会に送り出している。良き社会人を育成するのなら、授業で教える内容を変え、教え方を工夫すべきなのに、就職のためのテクニックやノウハウを身につけさせることで対応している大学がある。

このまま仮に大学進学率が七五％に上昇すれば、大学教育を抜本的に変えないと偏差値中下位大学の教育は成り立たなくなる。大学教育をどうすべきかを真剣に考え、教育現場に改革の覚悟がなければ、大学進学率の大幅上昇は望まないほうが日本のためになる。

また、仮に大学進学率が七五％になると、大学は出ても生涯の収入が上がらない、つまり大学教育に費用と時間を投資するだけの価値がなくなる人が大勢出てきて進学率が低下することも考えられる。

中間層が細り大学進学率上昇は難しい

日本の大学進学率が第二次世界大戦後ほぼ一貫して上昇してきた背景には、戦後の経済成長によって国民の所得が伸び、所得再分配システムがうまく機能し、分厚い「中間層」が形成されたことがある。分厚い中間層は経済的に安定し、上昇志向が生じ、教育への関心が高まり、子どもたちに高い教育を受けさせようとした。その結果、今では高校進学率は一〇〇％近くに上昇し、大学進学率は五〇％を超えるまでになった。

その中間層が細くなりかけている。生活保護を受ける世帯が増え、「貧困層」と呼ばれる人たちが増えており、このままでは大学進学率の上昇は難しい。

「それでもまだ大学進学率は上昇しているのではないか」と言う人もいるだろうが、それは「余熱」や「慣性」とでも言うべき現象だ。人間は社会環境が変わっても直ぐには価値観や行動を変えられない。「親が大学卒だから息子も大学へ」、「高校のクラスメートが大学へ進学するので私も」という心理が働き、大学へ向かう人が多いのではないだろうか。しかし、貧困層が増えてくると大学進学率上昇にブレーキがかかってくる。

今までは女子の進学率が大きく向上し、大学進学率全体を引き上げてきた。一般的に女子は男子よりも現実的な考えをする人が多く、手に職をつけ、大学卒業後社会で生活できるようになりたいと望む人が多い。学生時代に貸与型奨学金を受給、つまり奨学金としてお金を借り授業料や生活費に充て、卒業後返済できない人が多くなっているとの話を聞いたことがある。大学進学が経済的価値を生んでいないのだ。大学進学が真に価値あるものにならなければ、大学を卒業しても良い人生を送れないので、大学進学率は頭打ちになり、やがて下がっていく。

大学関係者には大学進学による価値を上げていく努力が求められている。教員たちの抵抗もあるので教育現場での抜本的な改革は簡単ではなく、大学進学率は現状の五〇％台から大幅に上昇することはないと認識しておいた方が良い。

大学院生の数は頭打ち

第1章で「大学院生は急増している」と述べた。確かに第1章の〈図3〉「大学院在籍者数推移」のグラフを見ると十数年前から大学院在籍者数が急増しているが、グラフをよく見ると、この数年は在籍者数は伸びず、むしろ減少している。

これに関連する話を国立大学で博士号を取得したある研究者から聞いたことがある。その人の専門分野では「ポスドク問題」が大きく、大学院へ行っても研究者としてやっていける人はごくわずか、大学院修了後の就職先もあまりないので、学部から大学院への進学者が以前よりかなり少なくなっていると言うのだ。その人の専門分野が特殊なのかも知れないが、学部卒業なら就職できるが、大学院へ進学すると将来の人生設計ができないというのは、大学教育で何かおかしなことが起こっているような気がしてならない。

大学・短大合計の入学者数・進学率はピークを過ぎた

大学進学率の高まりにつれ大学入学者は増加傾向にあるが、視点を変えて「大学＋短期大学」の入学者数と進学率を見ると事態は少し違う。次の〈図42〉の棒グラフは、前に示した図と同じく各年度の一八歳人口で、棒グラフ下部の色の濃い部分はそのうちの大学（学部）と短期大学（本科）合計の入学者数であり、折れ線グラフは大学＋短期大学の進学率を表している。

見て分かるように、大学＋短期大学では、入学者数、進学率ともにピークを過ぎている。入学者数のピークは平成五年度で八一万人、平成二四年度には六六万九千人まで下がり、やや持ち直してきたが、それでも平成二七年度は六七万九千人とピーク比△一三万一千人・△一六・二％も下回っている。進学率は平成元年度が三六・三％、ピークは平成二二年度で五六・八％、その後中だるみで推移し平成二七年度は五六・五％にとどまっている。

図の大学＋短期大学の入学者数・進学率の推移を見ていると、「一八歳人口の減少は大変に厳しく、たとえ進学率が少しくらい上昇しても、大学＋短期大学の入学者数は減少してしまい、従来の数を維持できない」との思いを強くする。

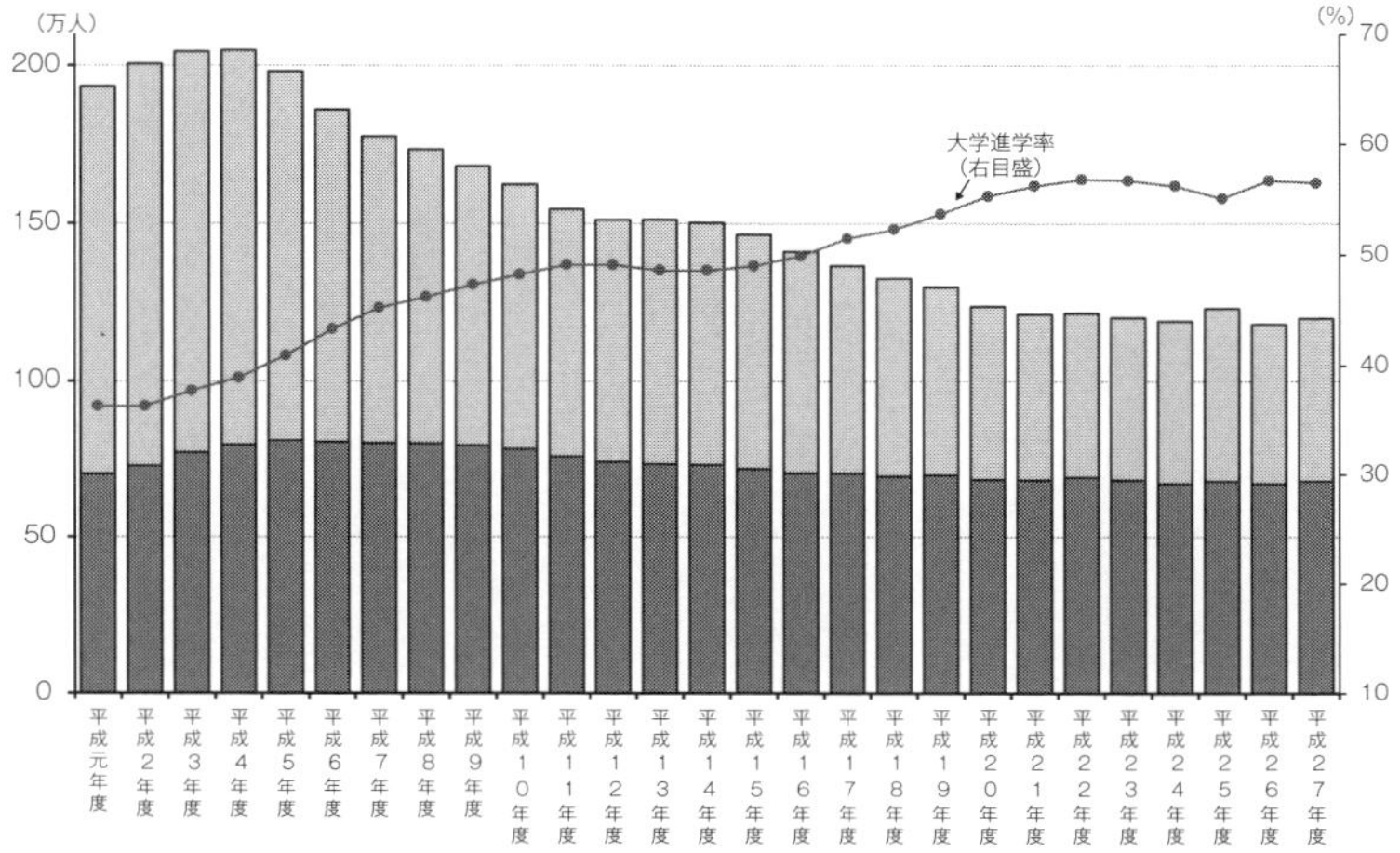

〈図 42〉18 歳人口と「大学＋短期大学」入学者数･「大学＋短期大学」進学率推移（単位：万人、%）

（注）大学・短期大学入学者には過年度高卒者を含む。

（資料）文部科学省「学校基本調査」（年次統計　進学率、高等教育機関への入学状況）より筆者が編集。

大学関係者の多くは短期大学への関心は薄いが、大学の将来像を考える際には、大学＋短期大学入学者数が減少傾向にあることを認識し、「すでに入学者数・進学率とも減少に転じている」として対策を考えたほうが良い。

一大学当たりの学生数は減少傾向

入学者数がピークを過ぎただけではない、一大学当たりの学生数が減ってきている。短期大学で減っていることは分かっていても、大学での減を認識する人は少ない。

一八歳人口が減少していても、大学進学率の上昇を背景に、今までは大学の在籍者数が増加してきた。国立・公立・私立を合わせた大学在籍者（大学院等を含む）は、平成元年は二〇六万七千人であったが、平成二七年には二八六万人へ、⊕七九万三千人・⊕三八％増加しており、一大学当たりの学生が減っていることを認識する人が少なくても当然かも知れない。しかし、大学生の数の増加と同時に大学の数が増加してきた。平成元年に四九九あった大学が、平成二七年には七七九と、この間で⊕二八〇・⊕五六％増えている（通信教育のみを行う学校は除く）。この結果、一大学当たりの在籍者数は平成元年の四一四二人から平成二七年には三六七二人に、△一一％減少している。一大学当たり在籍者数がこの期間のピークであった平成八年の四五〇八人と比べると△二四％も減っている。

大学の数が増加するのは、短期大学が四年制の大学に転換する場合だけでない。理想の教育を行いたいという高邁な理念に基づき大学を創設する者や、経済的な面でのメリットを感じ経営に乗り出す者もいると思う。いずれにしても一八歳人口減少下での大学数の増が起きてきた。

一方、短期大学は一校当たりの学生数が大幅に減少している。一校当たり在籍者数は、平成元年には七九一人であったが、平成五年に八九一人にまで増え、その後は減少に転じ、平成一四年に五〇〇人を割り込み、平成二七年度は三八三人にまで減っている。平成元年と比較すると半分以下になっている。

大学関係者に「一大学当たりの学生数が減っている」と言うと、怪訝《けげん》な顔をし、なかには「少子化の影響で小学校や中学校ではもっと減っているはずで、大学での減少幅は小さい」と言う人がいる。団塊の世代の人たちが小学生のころと比較すると、そうかも知れない。また、もともと小学校一校当たりの児童数は、大学の学生数よりも少ないので、そう思うのかも知れない。

小学校や中学校の児童・生徒数は、たしかに大幅に減っている。平成元年と平成二七年とを比較すると、小学生が九六〇万七千人から六五四万三千人へ、中学生が五六一万九千人から三四六万五千人に、それぞれ△三〇％以上減少している。しかし、地方自治体の財政事情等もあり、児童・生徒数減に合わせ多くの市町村で小学校や中学校が統廃合されて数を減らしてきている。学校の数は、小学校が平成元年の二万四八五一校が平成

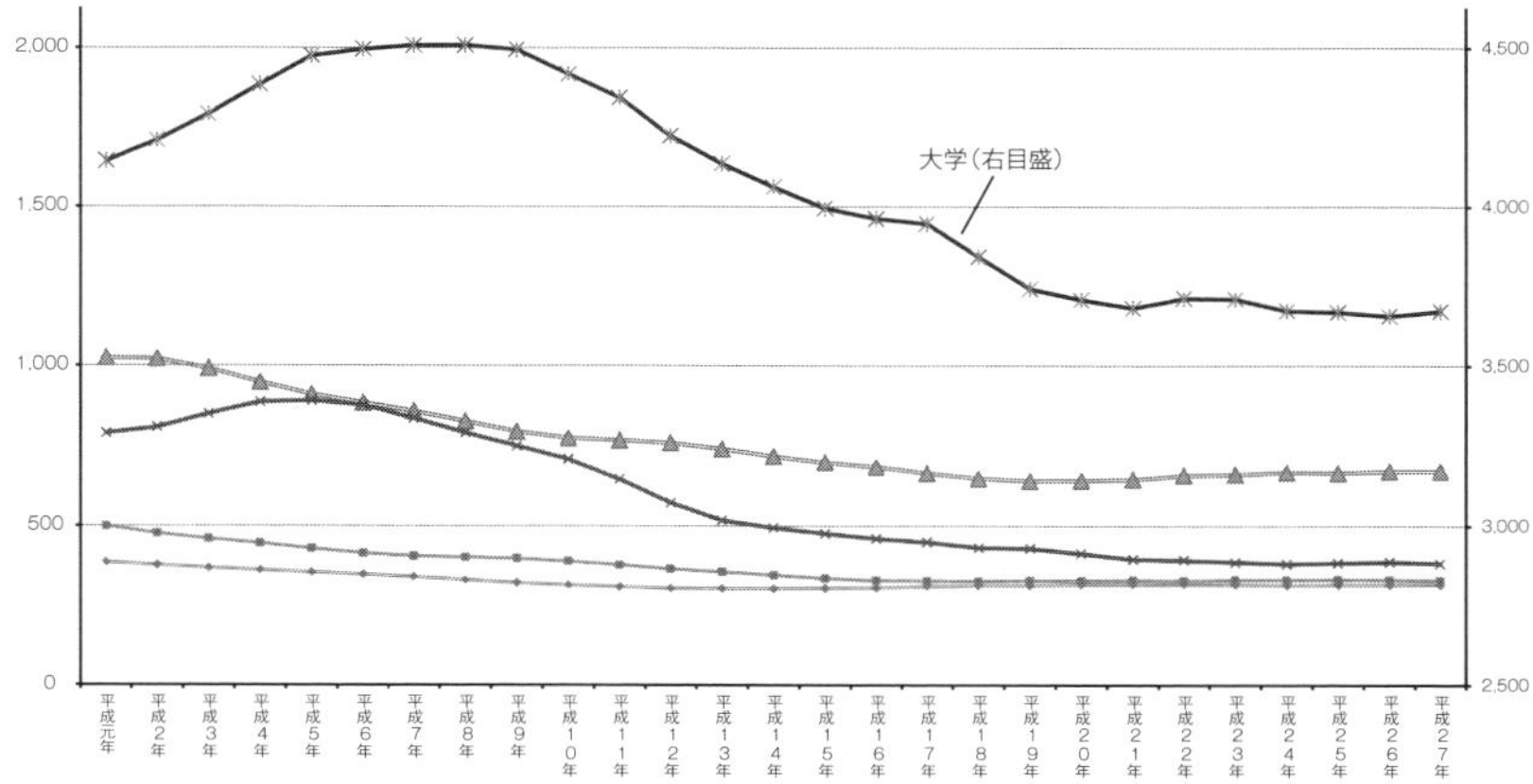

〈図 43〉学校種別一校当たり在籍者数推移（大学は右目盛り）（単位：人）

（注）国立・公立・私立の合計を示す。大学は右縦軸目盛り、他の学校は左縦軸目盛り。

（資料）文部科学省「学校基本調査」（年次統計　学校数、在学者数）から筆者が編集。

二七年には二万〇六〇一校、中学校が同期間で一万一二六四校から一万〇四八四校へ、それぞれ△一七％と△七％も数を減らしてきている。

平成元年以降平成二七年までの小学校・中学校・高等学校・短期大学・大学それぞれの一校当たり在籍者数をグラフで示すと前頁の〈図43〉のようになり、大学・短期大学・高等学校が右に行くほど折れ線グラフの位置を切り下げているのに対し、小学校・中学校では減少傾向にあるものの極端に大きくは下がっていない。大学にとって在籍者の減は収入減に直結する。一方、コストの大半は「固定費」的なもので、在籍者数減に応じて簡単に減らすことはできないもので、大学の経営は厳しくなる。

二．高校卒業者の大学・短大への入学志願状況

大学への入学志願者数は余り変わっていない

今までは主に大学の数値を見てきたが、次に高校生の大学・短期大学への入学志願者数を見てみよう。高校の数値を見ていくと、高校生の意識や状況が分かってくる。

高等学校（全日制・定時制）卒業者数は、平成二～五年頃は毎年一八〇万人前後であったが、平成二七年には一〇六万四千人と、ピークであった平成四年（一八〇万七千人）比△七四万三千人・△四一・一％も減少している。この平成四年と平成二七年とを比較すると、通信教育部を除く大学等現役進学者数は、五九万人から五七万九千人へ△一万一千人・△一・八％減とわずかな減少に過ぎず、高校卒業者数が減っても大学進学率が

高まり大学入学者数はあまり変わらないので、大学は今後とも安泰が続くかのように見えてしまう。

しかし、大学入学者数ではなく、高校卒業者の入学志願者数を見てみると、事態は変動していることが分かる。平成四年と平成二七年とを比較すると、高校全体で、卒業生に占める大学への入学志願者の割合（以下「大学入学志願率」と言う）は三五・五％から五五・三％へ⊕一九・八％も増加しているのに、大学への入学志願者の人数は六四万一千人から五八万九千人へ△五万二千人・△八・二％減少している。短期大学も含めた大学＋短期大学への入学志願者の全卒業者に占める割合（以下「大学・短期大学入学志願率」と言う）は同期間で五一・〇％から六〇・六％へ⊕九・六％増加しているものの、志願者数は九二万一千人から六四万五千人へ△二七万六千人・△三〇％も減少している。つまり高校卒業者数が大きく減少しているので、志願率が上がっても、志願者の絶対数が下がってしまっているのだ。

なお、ここで取り上げているのは高校卒業生の大学・短期大学への入学志願者であって、実際に大学・短期大学への進学者とは違う。卒業生のなかの現役での大学進学者数は入学志願者数よりも少ない。現役で合格できず、浪人をしたり、進学をあきらめたりする人がいるからである。ただ、年々入学志願者数と現役での進学者数との差が縮まる傾向にあり、ここからも大学が入学しやすくなってきていることが分かる。（高等学校卒業者数・大学等進学者数は文部科学省「学校基本調査」（各年度　卒業後の状況調査　高等学校（全日制・定時制）進路別卒業者数）により、卒業者に占める大学・短期大学への入学志願者数は同（大学（学部）・短期大学（本科）への入学志願者数）による）。

女子高校生の大学入学志願者は急激に増加してきた

この動向を男女別に見ていくと、違う局面が見えてくる。前述のように平成四年と平成二七年で高校卒業者数が△四一・一％も減少しているのに、同期間で大学への志願者数が△八・二％しか減少していないのは、男子の志願者数は減ったものの、女子の志願者数が大きく増えたためである。つまり女子の進学意欲が高まったためである。

〈図44-1〉は女子の高校（全日制・定時生）卒業者数と大学・短期大学への入学志願者数の推移である。棒グラフは各年三月の高校卒業者であり、棒グラフの下部は大学への入学志願者と短期大学への入学志願者を表している。グラフで示す期間、女子の高校卒業者のなかで短期大学への入学志願者数は平成四年をピーク

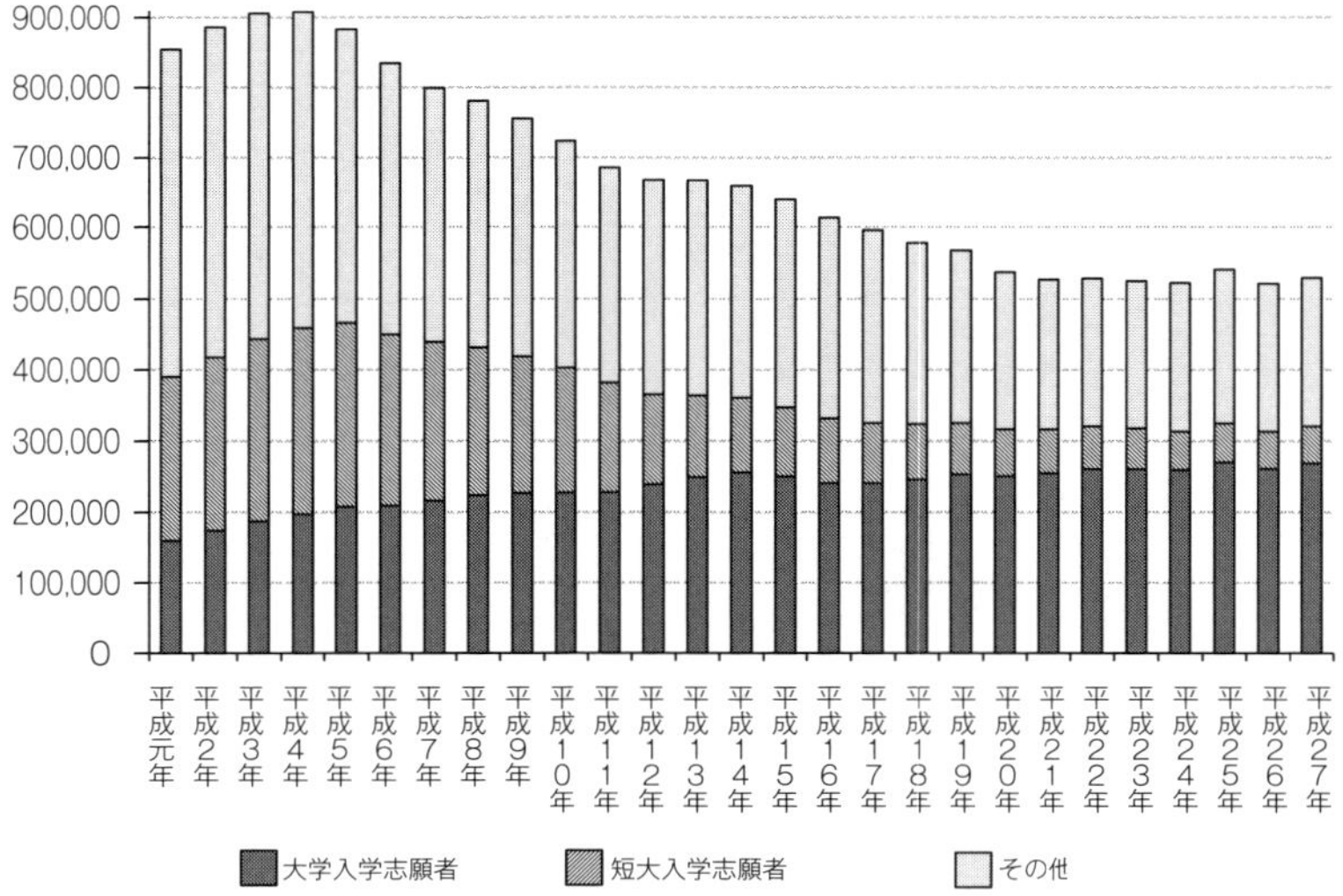

〈図 44-1〉女子の高校卒業者の大学・短期大学への入学志願者数推移（単位：人）

（資料）文部科学省「学校基本調査」（平成元年～ 27 年　卒業後の状況調査　高等学校（全日制・定時制）進路別卒業者数、大学（学部）・短期大学（本科）への入学志願者数）から筆者が編集。

に大きく減少してきた一方で、大学への入学志願者数は右肩上がりで年々増加し、平成二七年には二六万九千人、卒業生に占める割合は五〇・八%にまでなった。

なお、大学+短期大学への入学志願率は平成二七年には六〇・五%と、次に述べる男子（六〇・八%）とほとんど変わらなくなっており、大学+短期大学への入学志願率の上昇がそろそろ止まることが懸念される。

男子の志願者はピークを過ぎた

〈図44-2〉は男子の高校卒業者の大学・短期大学への入学志願者数の推移を示しているが、平成四年と平成二七年を比較すると、大学への入学志願者数は四四万九千人から三二万人へ大きく減少、平成二七年の大学への入学志願率は五九・八%、大学・短期大学を合わせた入学志願率は六〇・八%と女子（六〇・五%）とほとん

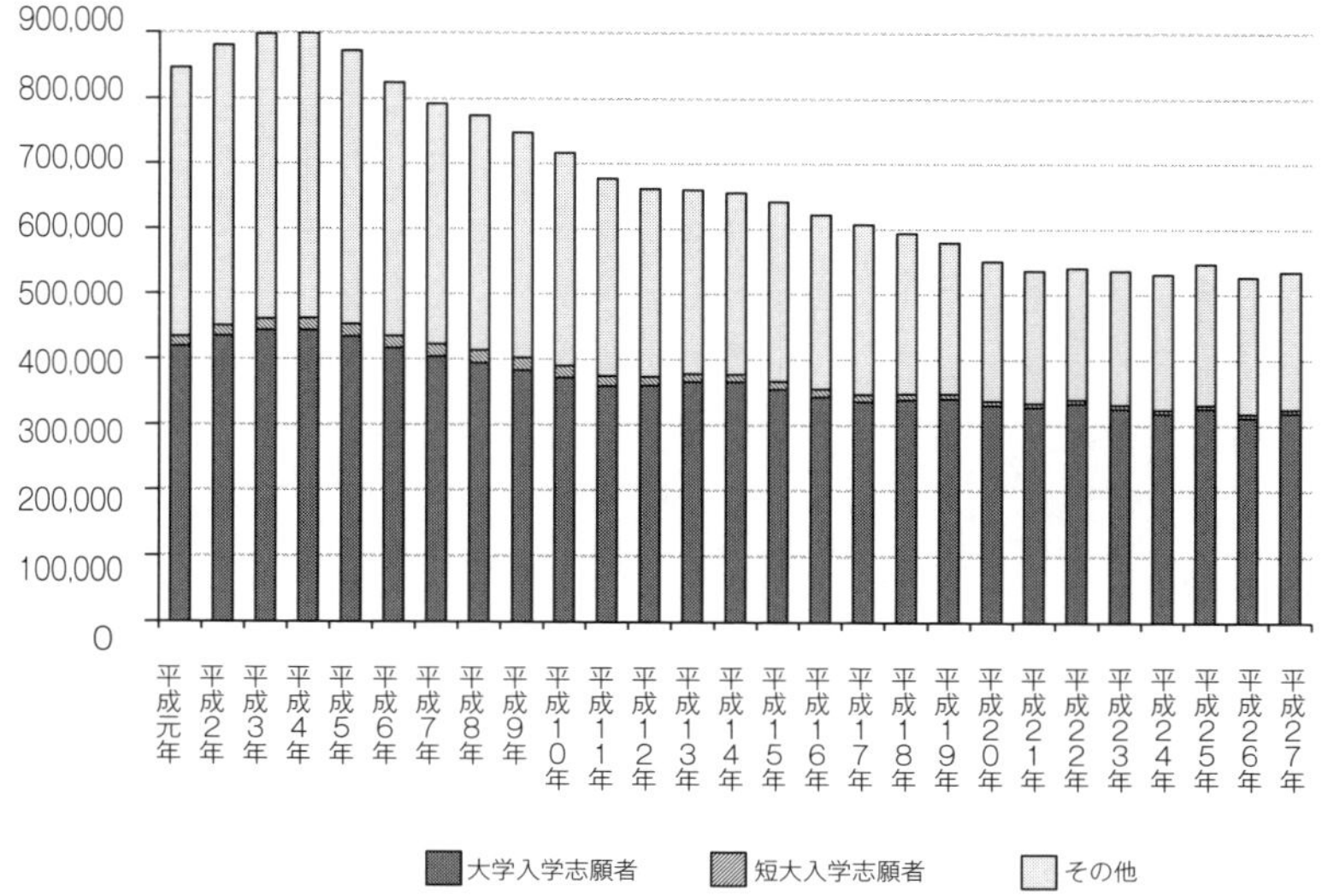

〈図44-2〉男子の高校卒業者の大学・短期大学への入学志願者数推移（単位：人）

（資料）文部科学省「学校基本調査」（平成元年～27年　卒業後の状況調査　高等学校（全日制・定時制）進路別卒業者数、大学（学部）・短期大学（本科）への入学志願者数）から筆者が編集。

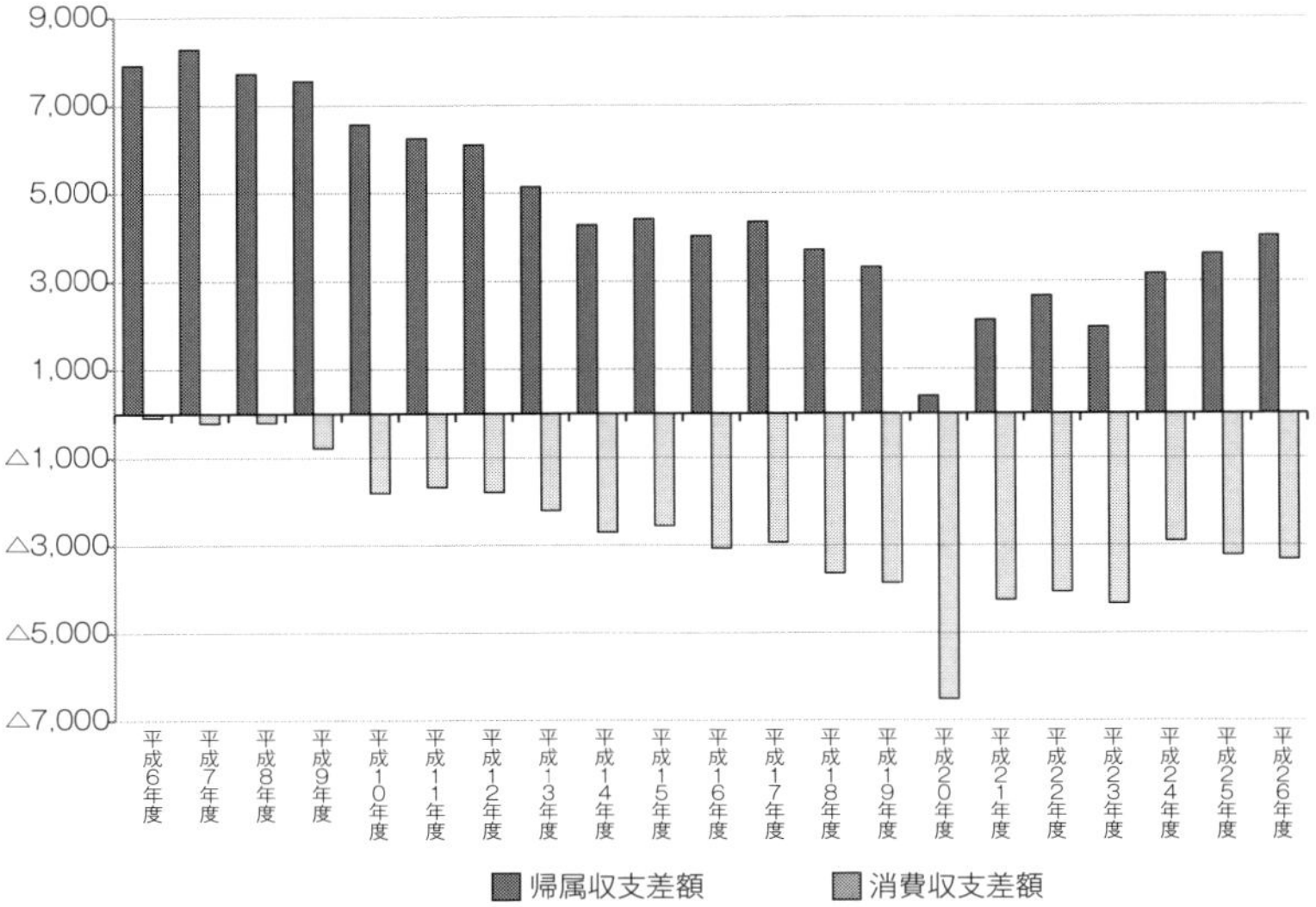

〈図 45〉全国大学法人･短期大学法人合計　帰属収支差額と消費収支差額推移（単位：億円）

（資料）日本私立学校振興・共済事業団「平成 7 ～ 27 年度版　今日の私学財政　大学・短期大学編」（Ⅳ集計結果）から筆者が編集。

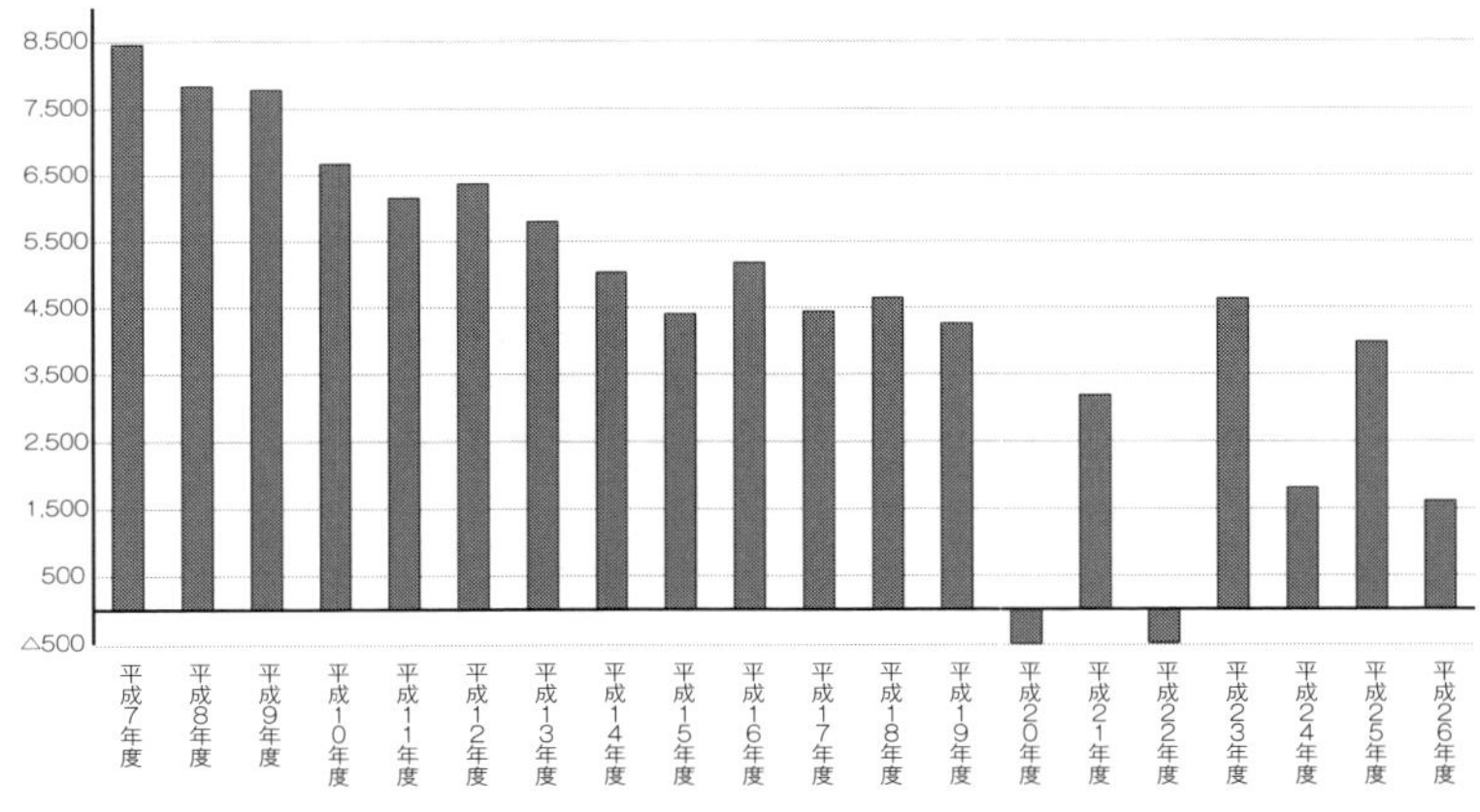

〈図 46〉全国大学法人･短期大学法人合計　自己資金の対前年度末比増減額（単位：億円）

（資料）日本私立学校振興・共済事業団「平成 6 ～ 27 年度版　今日の私学財政　大学・短期大学編」（Ⅳ集計結果）から筆者が編集。

ど変わらなくなっている。

男子の高校卒業生の大学入学志願率のピークは平成二二年の六一・七％であり、その後頭打ち傾向で、むしろ若干減少気味である。

女子は、短期大学への入学志願者が大学への入学に志願を切り替えるようになれば、大学への入学志願者数が増える可能性があるが、男子は、今後大学進学による魅力が増大しなければ、大学への入学志願者数が増える余地があまりない。

このため、今のままの大学教育を続けていては、これからは高校卒業者数の減少がそのまま大学への入学志願者の減少に直結することになる。

三．厳しくなる大学法人・短大法人の収支状況

大学法人の財政状況は厳しくなりつつある

第2章で「全国の大学法人と短期大学法人を合計した財務状況は良好」と述べたが、実は、良好ではあっても以前のような勢いがなくなりつつある。

全国大学法人と短期大学法人を合計した年度ごとの収支状況について前に示したグラフを前頁に再掲するが、趨勢として帰属収支差額のプラス額が減少している。この主な理由は、第2章で述べたように、支出の増加が大きく収入の伸びが追いついていないことにある。

また、「全国の大学法人と短期大学法人の貸借対照表を合計した『自己資金』は増加傾向にある」と述べたが、前年度末から一年間の増加幅は年々減少傾向にある。多くの大学では、一八歳人口が増加している間に収入が支出を上回り「自己資金」を蓄積してきたが、仮にこのまま収支差額のプラス幅の減少傾向が続くと、やがて自己資金が増加から減少に転じる可能性があり、厳しい局面を迎えることを考慮しておかなければならない。

四．地方ほど激しく減少する一八歳人口

子どもの数に関するおかしな認識

先日、地方に住む友人と会ったとき、こんな内容の会話をした。

友人　東京はいつ来ても人がいっぱいだけど、これからは地方の時代だよ。私の住んでいる市では商店街を歩く人が減って街の活気がなくなってしまい、子どもが少なくなって小学校が統合されちゃった。でもこれからは違う。女性の出生率は地方が高く東京は低いと言うだろう。これからは東京で子どもがどんどん減って、そのうち年寄りだらけになり、やがて人口が大幅に減少するよ。田舎は東京ほどには子どもが減らないので、東京よりも活気が出てくるよ。今のうちに東京から田舎に引っ越してきたほうが良いよ。

私　それはおかしいよ。僕の家の近くでは多くの子どもを見かける。朝、通勤で小学校の前を通るときに

は、多くの小学生と出会う。だけど、田舎ではどこへ行っても滅多に子どもには遭わない。僕が小さいころはたくさんの子どもが家の外で缶けりやキャッチボールをして遊んでいたのに、今は見かけることがない。田舎のほうが子どもの数が大きく減っているのではないのか。

友人　田舎を馬鹿にするなよ。昔とは違って、子どもたちは外で遊ばないの。体操教室や水泳教室に行っているの。少し大きくなると塾や予備校で勉強している。東京で小学生の姿を見かけると言うが、もともと東京と田舎とでは人口の絶対数が違うからだろう。率で言えば東京のほうが地方より大きく減少しているはずだ。

なるほど、友人の言ったことは正しいように聞こえる。センセーショナルな話題になった『地方消滅』（増田寛也氏編著、中公新書、二〇一四年八月）のなかには「東京都の出生率は二〇一三年で一・一三と際立って低い。東京都の次に低いのは京都府（一・二六）、最高は沖縄県（一・九四）。概して、大都市圏より地方圏のほうが出生率が高い」との記述があり、この部分だけをとらえると、東京都では子どもの数がどんどん減っていき、地方は東京都ほどには減らないものと思いがちだ。

しかし実態は友人の言ったことと違う。厚生労働省の資料によると、平成二五年の出生率は人口千人につき東京都は八・五で、全国計の八・二より多い。『地方消滅』で言う「出生率」は「合計特殊出生率」のことで、一人の女性が一生の間に産むであろう子どもの数である。東京都の人口千人当たりの出生率が高い理由は、人口移動が起こっており地方から多くの女性が転入しているからである。

都道府県別の一八歳人口を予測する

前章で大学入学を契機として地方から都市部へ大規模な人口移動が起きていると述べたが、大学入学を志願する一八歳人口は、地域ごとに今後どうなるのであろうか。

では、都道府県ごとの今後の一八歳人口を試算してみよう。文部科学省では、過去の全国一八歳人口を統計数値として公表しており、セミナーなどで参考資料として将来予測を公表することもあり、多くの大学関係者が目にしている。文部科学省が算出する一八歳人口は、住民基本台帳を基にしたものではない。文部科学省の基本的な考え方は「一八歳人口＝三年前の中学校卒業者＋中等教育学校前期課程修了者」であり、将来予測では海外への転出入者や死亡者などを加減しているようだ。

この考え方に沿って、将来の都道府県別の一八歳人口を予測してみよう。文部科学省は毎年度「学校基本調査」を実施している。調査項目のなかに、三月の中学校卒業者数・中等教育学校前期課程修了者数、さらに五月一日現在の小学校・中学校・中等教育学校の学年ごとの児童・生徒数があり、文部科学省のホームページで都道府県別数値を公表している。これを基に今後の一八歳人口を予測する。平成二七年三月の中学校卒業者および中等教育学校前期課程修了者が平成三〇年度の一八歳人口になる。また平成二七年五月現在の中学校一学年生と中等教育学校前期課程一学年生は平成三三年度の一八歳人口に、同時期の小学校一学年生は平成三九年度の一八歳人口として予測してみる。

文部科学省の将来予測は、都道府県別ではなく「全国合計」のみ、一万人単位での予測である。都道府県別に予測するには、中学校卒業後または中等教育学校前期課程修了後に起こる都道府県境を超えた移動を加減しなければならないが、予測できないので、ここでは中学校卒業または中等教育学校前期課程修了後に人口移動がないとの前提での予測になる。つまり、中学校卒業等後、その都道府県でそのまま一八歳に成長する前提である。また、今後、親の転勤等に伴い生徒の海外への転出や海外からの転入もあり、死亡する生徒もいるが、予測できなのでここでは入れていない。このため、文部科学省の将来予測とここでの都道府県別予測を合計した「全国合計」で一万人ほど違う年度が出てくる。全国の一八歳人口一一〇万人程度のなかでの一万人で、一%に満たない差異なので、地方ごとの趨勢を見るには許容範囲であると考えていただきたい。

もう一つ注意する点は、学校基本調査を基に公表される都道府県ごとの学年別児童・生徒数は、学校が所在する都道府県単位で集計している点だ。このため、居住地と学校所在地とで都道府県が異なる人についての数値がぶれる。例えば神奈川県に住む小学生が東京都の私立中学校に進学すると、小学生のときは神奈川県で、中学生になると東京都の生徒として集計される。このため、文部科学省の統計では、神奈川県単独の学年別生徒数は中学一年生より小学

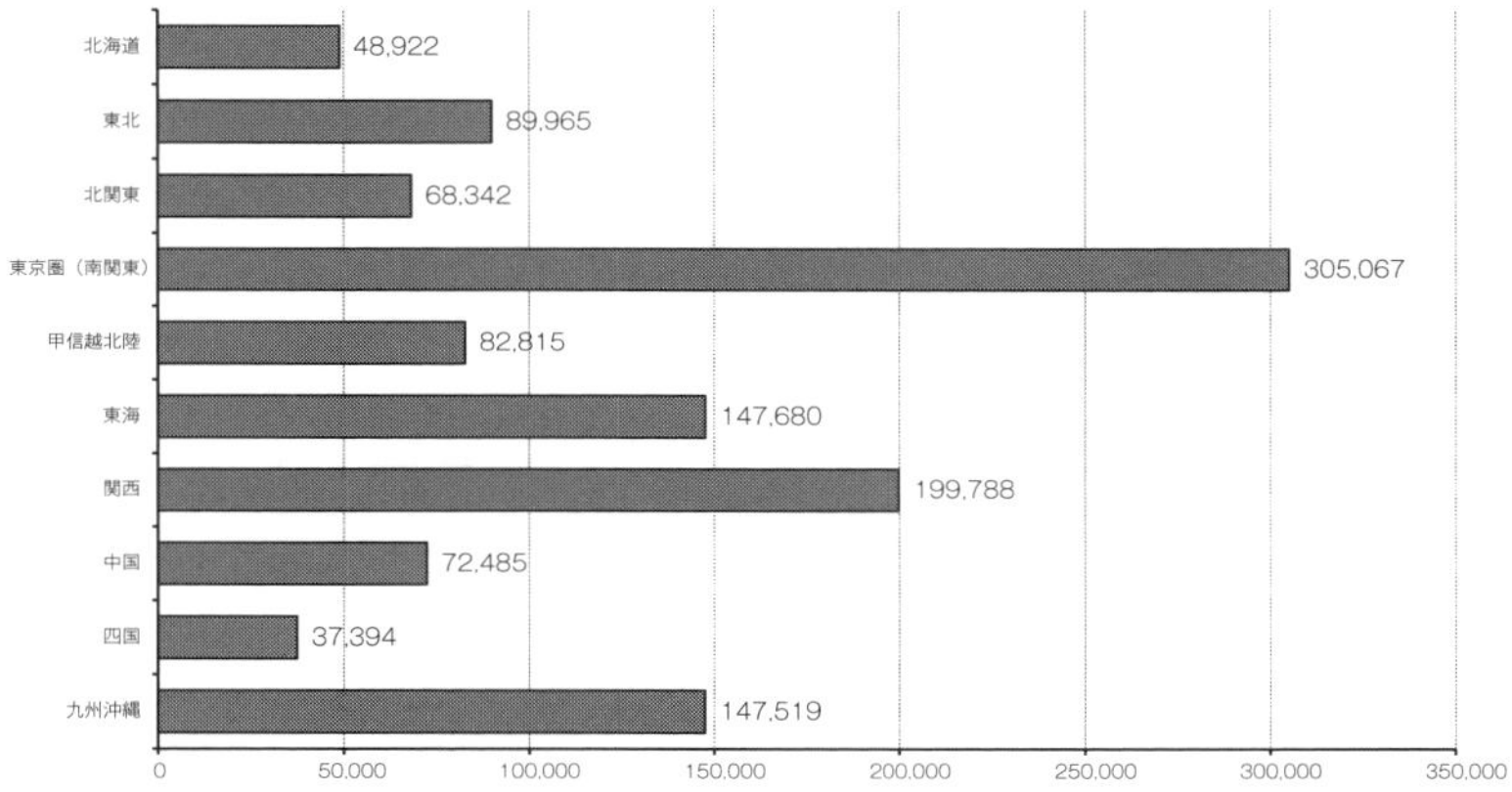

〈図 47〉平成 27 年度地域別 18 歳人口予想（単位：人）

（資料）文部科学省「学校基本調査」（平成 24 年度　中学校状況別卒業者数、中等教育学校前期課程状況別修了者数）より筆者が編集。

六年生のほうが多く、生徒が増加しているかのように見える年もある。また、大都市圏に近接した県で多いが、中学校卒業後、中学校所在地とは違う県の高等学校に進学する生徒がいる。直近で一番多いのは上の例にあげた神奈川県である。平成二七年三月に神奈川県の中学校を卒業し高等学校へ進学した生徒のうち、実に九・八％にあたる七六〇〇人超が他県の高等学校へ進学している。おそらくほとんどが東京都の高等学校へ進学したものと思われる。しかし、都道府県単位ではなく、いくつかの都道府県を合算した地域単位で集計していくと、県境を越えての中学進学や高校進学がほぼ捨象できることになる。

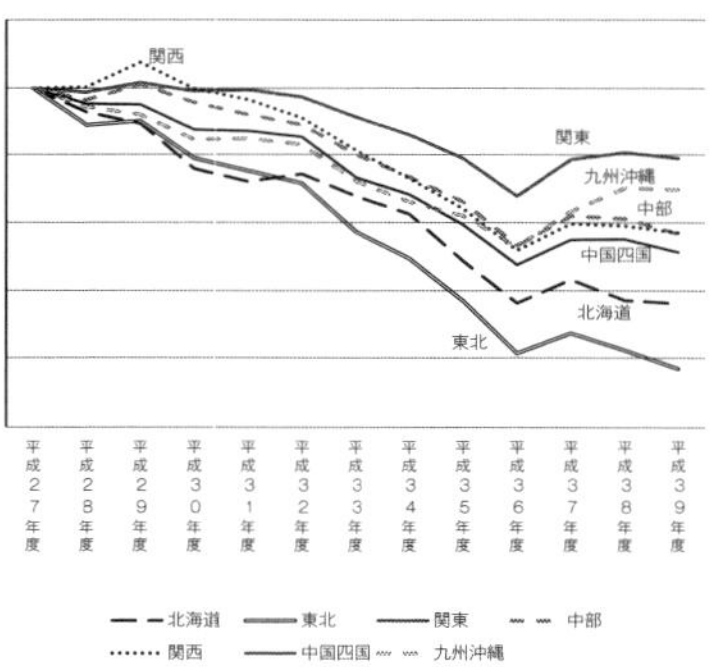

〈図 48-1〉地域別 18 歳人口推移予測（平成 27 年度＝ 100 とした指数）

（注）第３章で示した「地域」をすべて掲載すると図が分かり難くなるため、ここでは「関東」＝北関東＋南関東（東京圏）、「中部」＝甲信越北陸＋東海として集計している。

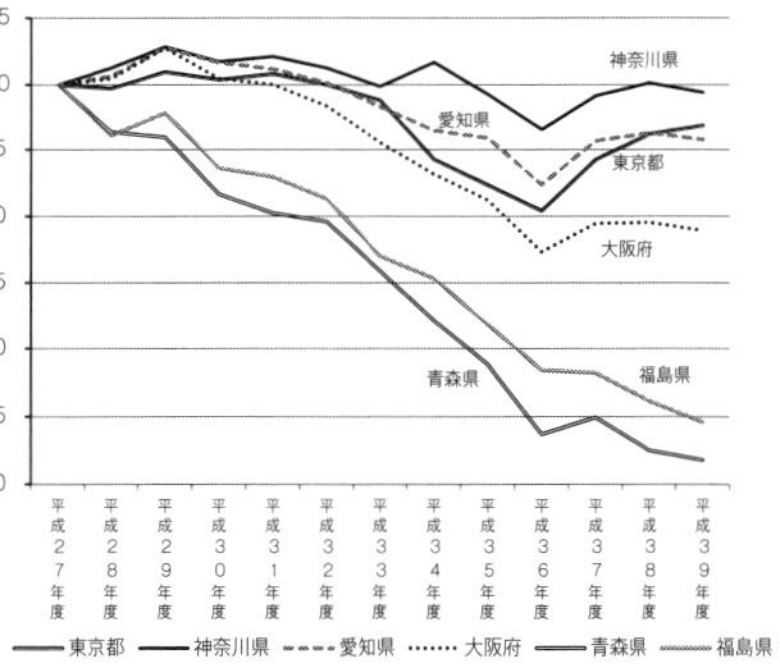

〈図 48-2〉主な都府県の 18 歳人口推移予測（平成 27 年度＝ 100 とした指数）

（資料）文部科学省「学校基本調査」（平成 24 ～ 27 年度　小学校学年別児童数、中学校学年別生徒数、中等教育学校前期課程学年別生徒数、中学校状況別卒業者数、中等教育学校前期課程状況別修了者数）より筆者が編集。

一八歳人口は地域によって減少率が大きく違う

上記のようにして都道府県別の今後の一八歳人口を予測してみると、興味深いことが分かる。一八歳人口は全国一律同じように減少するのではなく、概して都市部の減少幅は小さく、地方では大きく減少する。

それを、第３章で示した地域の定義に従って地域別に集約しグラフ化すると、右に示すようになる。まず、平成二七年度の一八歳人口（平成二四年三月中学校卒業者及び中等教育学校前期課程修了者）は地域別には一二一頁の〈図47〉のように、東京圏（東京都・神奈川県・埼玉県・千葉県）が三〇万五千人と断トツに多く、関西や東海・九州沖縄も多い。一方で、四国や北海道では五万人を切っており、地域によって人数が大きく異なっている。

次に「平成二七年度＝一〇〇」として将来の一八歳人口を地域ごとに指数化してみると、前頁の〈図48-1〉のようになり、平成三九年度の一八歳予測人口の減少幅が最も小さいのは東京圏を含む「関東」で九四・七、減少幅が最も大きいのが「東北」で七九・二、次いで「北海道」が八四・一になる。一八歳人口が減少すると言っても地域によって減少幅に大きな差異があることに注目いただきたい。

都道府県別では〈図48-2〉に主要な都府県について示しているが、減少幅の最も小さいのは神奈川県で九九・四と「ほとんど変わらない」と言っても良いほどの変化である。また、東京都九六・九、埼玉県九三・六、千葉県九五・三と東京圏は軒並み高い値である。また、愛知県・滋賀県・福岡県・沖縄県も九五を超える高い値になっている。一方、最も大幅に減少するのは青森県で七一・八になり、「東北」は、宮城県を除き、岩手県・秋田県・山形県・福島県がともに七〇台になる。また、山梨県、和歌山県も七〇台に減少する。

違う視点から見ると、ある地方では、一年生の児童数が六年生の児童数より大きく減っている小学校が多くあることになる。

先ほども言ったように、実際にはここに人口移動が加わる。小学生や中学生も一地域に在住し続けるのではなく、親の転勤などに伴い、かなりの数が地方から都市部へ移動する。将来の実際の一八歳人口は、地方では前の図より減少し、都市部では前の図ほどには減らない可能性が高い。

子どもが移動するということは、人口は「静的」に存在するのではなく、何かの要因があれば移動するので、魅力的な地域を作っていけば、現在人口が減少している地域でも、将来他地域からの人口流入が起こる可能性があることを示唆している。

五．低下している大学の教育研究力

(1)下落する大学の評価

日本の大学の国際競争力が低下

日本の大学は、国内での競争に目を奪われている間に、国際競争力をずいぶんと下げてしまった。

平成二七年（二〇一五年）一〇月一日の新聞に「東大　アジア首位転落、世界大学ランキング、英誌調査、日本勢振るわず」というショッキングな見出しの記事が掲載された。その記事には「英教育専門誌タイムズ・ハイヤー・エデュケーション（ＴＨＥ）が（二〇一五年一〇月）一日発表した今年の『世界大学ランキング』で、東京大は四三位（昨年二三位）と大きく順位を落とし、二六位のシンガポール国立大（同二五位）にアジア首位の座を明け渡した。四二位の北京大（同四八位）にも抜かれた。東京大がアジア首位から転落したのは二〇一〇年に香港大に抜かれて以来。日本勢は上位二〇〇校に入った数も昨年の五校から二校に減少し、同誌は『近隣のライバルに打ち勝つため、早急に研究投資を増やさなければならない』と指摘している。……」（『日本経済新聞』平成二七年一〇月一日（木）夕刊）

大学ランキングはいくつか存在し、評価方法の違いによって順位は変わるので上記の記事が大学のランクを示す絶対的なものではない。新聞の論説等を読むと、ＴＨＥ誌はグローバル化の推進と高い専門性を重く見て、伝統的で格式ある大学を高く評価する保守的な視点があるようだ。

この世界大学ランキングに対してマスコミでは識者の意見を紹介しているが、「ランキングの評価方法」や「論文の引用頻度のデータの取り方」に疑問を呈する意見があるほか、「日本の大学では人文科学・社会科学を中心に外国語の論文が少ない」、「論文一本当たり被引用数が少ない」と言った問題点を指摘する意見があり、「国立大学への運営費交付金削減が問題」と責任転嫁する意見もある。本論から少し外れるが、これらの意見から、英語で論文を書かない・書けない教員が多数いる実態や、研究費が削られ満足な研究ができない国立大学教員がいる姿が垣間見えてくる。

ランキングの評価方法に問題があったとしても、相対的に日本の大学の国際競争力は低下していることは確かなようだ。研究者は「グローバル化」を図り、国内だけでなく、世界に研究成果を発信できるようになっていかないと結果的に国力を低下させる。低いランキングでは、日本の大学が多くの留学生を獲得することは容易ではない。毎年日本の多数の大学が世界大学ランキングの上位に名前を連ねるよう大学の国際競争力を高めていくことが望ましいことは否定のしようがない。

上記の記事で気になる点は、ＴＨＥ誌の「近隣のライバルに打ち勝つため、早急に研究投資を増やさなければならない」との指摘である。研究への投資を増やしていかなければならないが、国の予算に制約があるなかで、どうやって増やすのか、知恵を出すことが求められている。

ニーズに合わない教育内容

「大学で教えることは社会に出て役に立たない」との批判がある。「もっと実践的な知識を教えて欲しい」との声である。総理府「まち・ひと・しごと創生会議」委員の㈱経営共創基盤代表取締役ＣＥＯの冨山和彦氏は、二〇一四年（平成二六年）一〇月の同会議に資料を提出し、次のように主張された。

日本には「Ｇの世界（グローバル経済圏）」と「Ｌの世界（ローカル経済圏）」という経済特性・産業構造が大きく異なる二つの経済圏が存続する。Ｇの世界は日本のごく一部に過ぎず、Ｌの世界は就業者が多いのに生産性が低い。日本にとってはＬの世界の生産性の持続的上昇が必須。生産性向上にはＬ型大学（専修・専門学校を含む）における「職業訓練の展開」が必要。

Ｌ型大学で学ぶべき内容は、文学・英文学部では「シェイクスピア、文学概論」ではなく「観光業で必要となる英語、地元の歴史・文化の名所説明力」、経済・経営学部では「マイケルポーター、戦略論」ではなく「簿記・会計、弥生会計ソフトの使い方」、法学部では「憲法、刑法」ではなく「道路交通法、大型第二種免許・大型特殊第二種免許の取得」、工学部では「機械力学、流体力学」ではなく「ＴＯＹＯＴＡで使われている最新鋭の工作機械の使い方」にある。そのうえで、社会全体の生産性・効率性をあげ、労働者、特に若年層の賃金と安定雇用が必要（二〇一四年九月一九日総理説明用資料「第一回まち・ひと・しごと創生会議説明資料」より抜粋）。

また平成二八年五月には、中央教育審議会が文部科学大臣に「専門職業大学」（実践的な職業教育を行う新しい高等教育機関）制度化の答申をした。このような主張や動きは何を意味しているのだろうか。少なからぬ大学は、今、存在意義が問われているのだ。学術研究の発展に寄与するという使命を持って、大学が長い間実施してきた教育研究活動が「実社会で十分な成果をあげていない、役に立たない」と言われているのだ。中堅以下の大学は、このままでは専門学校・専修学校やこれから制度化される専門職業大学にとって代わられるおそれがある。

将来、受験生は二極化する可能性がある。実力ある高校生は海外の有力大学や日本で一流と言われるトップクラスの大学への進学を目指し、そうでない高校生は手に職を付けるために専門職業大学や専門学校へ進むようになるかも知れない。そうなると、教員の質は低く授業内容がつまらない、資格取得者は少ない、就職率は低い、一生の友にしたいようなクラスメートは少ないような大学へ進学しても良いことはない。高い入学金・授業料を払って四年間もの時間を空費することになると考える受験生が増えてくる可能性がある。

⑵顕在化する大学経営上の課題

課題が顕在化してきた

日本の大学は経営上いつかの課題に直面している。しかし、今まで大学進学率が向上し入学者が確保され、私立大学の経営は極めて安泰であった。学生募集を停止した大学や学校法人同士の合併等もあったが、全体から見るとごく一部に過ぎず、大部分の私立大学は、安逸な経営を続けることができた。このため、将来に影響を及ぼす大きな課題が見えにくくなっている。

大学を巡る環境は変化してきており、今後は激変も予想されるなか、大学にとってプラスに働いていた流れが、大学関係者の望まない方向に動き出すおそれがある。そうなった場合、特に中小規模大学や地方大学では厳しい局面が予想される。今までと同じことを続けているだけでは撤退に追い込まれる大学が出てくる可能性も覚悟しておかなければならない。

大学経営にとって最大の課題は「需要」である一八歳人口が今後さらに減少することであり、将来の経営に大きな影響を及ぼす大問題だ。一八歳人口の減少に対して、大学関係者は大学進学率の向上による入学者増に大きな期待をしており、さらに留学生の増加、シルバー世代を中心にした生涯学習、社会人の学び直しなどで新たな需要を掘り起こし、取り込もうとしてきた。

また、大学関係者は文部科学省と協力して、日本社会に寄付文化を根付かせ、社会貢献を望む篤志家や母校を思う卒業生からの寄付金を増やすため、寄付者が税務上のメリットを享受できるよう寄付金税制の改正を実現させ、各大学から卒業生などへの働きかけを強めてきている。さらに国から私学への補助金増額を要求し続けてきた。

教育研究上の課題も多く存在し、今後の大学経営へ影響を及ぼす。大学進学率の高まりにより、多様な能力・要望を持った人材が入学してくるので、大学は教育の目的や方法を変えていかなければならない。国際競争力を低下させてしまった日本の大学は、他の産業と同様に、時代に合ったものに変革できなければ衰退は必至である。

留学生増・社会人増・寄付金増・補助金増対策には限界があり、うまくいったとしても目先の成果に目を奪われ問題の本質が見えなくなり、課題が先送りされ将来さらに大きな問題として顕在化するおそれがある。大学関係者はもっと根本的な点を議論し、長期的な視点で手を打っていかなければいずれ行き詰る。私学では経営に余裕のある今のうちから議論を始めないと、時期を失するおそれがある。

大学への信頼感・大学教育の必要性崩壊のおそれ

私が一番怖いのは、大学教育に時間とお金をかける価値がないと思う人が出てくることだ。一般の人から見ると大学は高度な学問研究を行う機関であり、大学教授は深い専門知識と高潔な人格を有する「偉い先生」である。学生とその親が高い入学金や授業料を払うのは、大学に入学し勉強することで、偉い先生からご指導いただき、専門的で幅広い知識が得られ、生涯の友に出合い、人間の幅が拡がると信じているからである。つまり「大学卒業」そのものに価値があると思っている人が多いからである。

その価値観があるから偏差値の低い大学でも学生が集まってくる。事実、今までのところ、大学卒業者の生涯賃金は高校卒業者を概ね上回っている。しかし、大学へ進学しても良い会社へ就職できないなどで大学卒の価値が薄れ、授業料等を投資するだけの価値がないと思う人が増えてくると、大学への進学者は確実に減る。

就職率が低い場合や良い会社へ就職できない場合、資格取得を目標にして学内講座を受けても合格者が少ない場合などに、学生やその親から大学の教職員へ善処を望む声が出てくることがある。今は、企業が将来の人手不足まで見越して新人を採用しており就職率が向上しているが、この傾向がいつまでも続くとは思えず、いずれ経済の成長に見合った数の採用者に落ち着き、就職率が下がってくる。

善処を望む声に大学側は反論したくなる。大学で教育を施す以前に問題があり、学力のない学生が多数入学してくるのだ。高校卒業までに大学教育を受けるにふさわしい学力を身に付けてこなかった学生が多く入学してくる。

大学は少しずつ対応し、中学・高校の学修内容を復習する大学もある。キャリア教育の拡充や外部講師を呼んでの資格取得講座開講などをしている。いずれも学部の学問体系の周辺での対応に過ぎず、学部教育の中心とも言える部分はなかなか変えられないのである。

終身雇用が当たり前であった何十年も前は、企業はじっくり時間をかけて、新入社員を会社への帰属意識が強く社風に合うように育てていたが、現在は企業にかつてのような時間的余裕はなく、新入社員にも一人前の戦力としての働きを期待する。社会に出て役に立つ知識を教えないと、学生は就職後対応できない。地頭が優れた人には一般教養的学問が役に立つが、そうでない人は具体的なことを教えないと理解できない。逆に具体的なことを教えると、思わぬ力を発揮する人がいる。組織の中堅になる人や下から支える人たちも多く、実践的な知識を教えたほうが良いのに、大学関係者は前からの価値観をなかなか変えることができないでいる。

そういう大学の教員は、自分のやりたい学問・研究をやり続けるのではなく、社会の要請に謙虚に耳を傾け、学生のためを思い、それぞれの大学の実力に合わせて、自らを変えていかなければ、大学そのものの存在意義が否定されてしまう。

実は、大学教員にとっては、通常、実践的なことを教えるより一般教養的な知識・学問を教えていたほうが楽なのである。典型的な大学教員は、学部卒業後、大学院へ進み海外へ留学し、実社会のことをあまり知らない、実践的なことが分からないのだ。改めて勉強しても、実社会の実態を把握することは難しい。それに何よりも実践的な勉強をすることは恰好が悪い、研究者として恥ずかしいことだと思っている人がいる。

もちろん、高度な研究を行う大学は必要だ。リベラルアーツを教える大学も必要だ。しかし今や大学はエリート養成、良家の子女教育だけの機関ではない。リベラルアーツにこだわっていては、社会で役立つ人材をなかなか育成できない。

大学も社会変化への対応が必要

価格は需要と供給の関係で決まることは経済学の基本である。日本の大学では、一八歳人口という「需要」が減少しているのに、入学定員という「供給」は減っていない。いずれ授業料という「価格」が下がり、多くの大学経営に影響が出ることは必至である。経済的に大学経営を維持できず、リストラ・身売り・募集停止・廃業に追い込まれる大学が出てくる可能性がある。

一八歳人口の減少は今に始まったことではなくすでに入学者確保に苦労している大学があるが、現在定員を満たしている大学も今後一八歳人口減の影響がボディーブローのように効いてくる。平成二六年に生まれた子どもの数は一〇二万人であった。出生後少数ながら死亡する人や海外へ転出する人などがおり、一八年後の一八歳人口は一〇〇万人前後になることは確実で、平成二七年度の一二〇万人に比べると一七％も減少し、その先はさらに減少が見込まれる。

今後の日本では、人口減少と超高齢化社会の到来は避けられず、さらに社会活力の低下、国家財政の危機などが重なる可能性すらある。一番の問題は生産年齢人口の減少である。働き手が減り、老人が増える。日本では移民の本格的受け入れは難しそうなので、国力を維持するには労働生産性を上げていく必要がある。農業分野では高く売れる作物を効率的に育て、メーカーでは製造ラインの改良や製造方法そのものを改善、介護分野では介護ロボットの開発など、あらゆる分野で少ない人間が効率的に仕事をし、付加価値を上げていくことが求められてくる。大学の使命の一つは、社会が直面する日本全体での効率化に寄与することである。人口減少社会での対処法を考え、広く社会に発信していくことである。

大学自身も環境変化に合わせて変身する必要があるが、痛みを伴うのでなかなか踏み出せないでいるのが現状である。社会の少子高齢化が進行し、大学が変身できないでいると、大学の活力は確実に減退する。

ＷＥＢ出願方式への変更は中小私大で影響甚大

受験生の入学志願方法が変わりつつあり、紙の入学願書に氏名等必要事項を記載し大学へ提出する出願方式から、パソコンやスマートフォンを使った「ＷＥＢ出願」に移行する大学が増えている。ＷＥＢ出願は関西ではかなりの大学が導入し、東京でも明治大学が平成二八年度入試から全面的に移行しているので、他大学へ波及することは必至である。

入学検定料の値引きも増えてきている。ＷＥＢ出願を導入している大学は受験生に対し「紙の使用が減り経費が削減されるので受験料を割り引く」などと説明しているが、競合他大学が受験料割引とセットでＷＥＢ出願を導入しているので、受験生獲得のためにやむなく追随している大学もある。近畿大学のように志願者数の多い大学では受験生増と紙使用減の効果が大きく、収入増と経費削減効果が大きいだろうが、中小規模大学がＷＥＢ出願を導入するにはシステム開発・改造費用がかさむうえに、受験生が思ったように増えず、割引によって一人当たりの受験料収入が減り、導入前より収支が悪化することがある。

さらに、同一大学の複数学部を受験することで受験料を割り引く制度や、いくつの学部を受験しても、いくつもある方式の入試を受験しても受験料が変わらない制度を導入している大学がある。受験生にとっては、一回の手続きで複数学部・複数方式の入試を安価に受験できる便利な制度である。全般的に大学入学のハードルが低くなっていることもあり、受験生は多数の大学を受験しないで、複数学部を擁する大規模大学に集中する傾向がある。これを単一学部あるいは少数学部しかない中小規模大学から見ると、受験生が集まりにくい厳しい状況になってきている。

これに対応するかのように、少数学部の大学のなかには、学部・学科のなかに細かく「専攻」を設け、受験生に多様な学びのコースがあること訴えている。学生の多様な要望を吸収することで、小規模大学がさらに細かく少人数教育に傾斜し、少人数対応教室の手当てや教員人件費の増に直面し、コストアップになっている。

このようにWEB出願の普及によって、大規模大学に受験生が集中しやすく、中小規模大学では受験生が集まりにくいうえにコストアップになり、大規模大学と中小規模大学とで新たな格差が生まれつつある。

崩れ始めた授業料体系

私が学生であった半世紀ほど前には経済的に苦しい家庭からの大学進学者は少なく、下宿のおばさんから、新聞配達をしながら大学へ進学し志を持ち勉強している「苦学生」の姿を美談として聞いたことがある。しかし、この数十年間の大学進学率の上昇によって東京などでは大学へ進学するのが当たり前のようになり、必然的に経済的に苦しい家庭からも多数大学へ入学してくるようになった。

このような背景もあって現在の大学生の多くはアルバイトをしている。日本私立大学協会・学生生活指導研究委員会が実施した「学生の意識および生活の実態に関する調査」（平成二五年度実施、一一三大学四九四六人から有効回答）によると、アルバイトをしている学生は全体の六三・七％を占め、アルバイト時間は最も多い回答が「週一〇～二〇時間」（アルバイトをしている学生の三一・〇％）、次いで「週五～一〇時間」（同二九・二％）、アルバイトの目的は「欲しいものを購入したり、旅行、レジャー資金を得るため」（同四一・四％）が最も多く、「生活費（家賃や食費など）を得るため」（同二四・七％）や「学費を払うため」（同九・七％）も大きな比率を占めている。この調査では「授業以外の一日の学習時間」も聞いており、「ほとんどしない」が三三・三％、「一時間未満」

が二三・五％などであった。

この調査の結果からは、大学以外では勉強をせずにアルバイトに励み、稼いだお金を生活費や学費にあてたり、ショッピングや旅行などを楽しむ学生の姿が浮かんでくる。

一方で奨学金を受ける学生は多く、前述の調査によると、奨学金受給者は給付・貸与を合わせて四九・四％と、なんと半数の学生が何らかの奨学金を受けている。このうち八六・〇％は日本学生支援機構からの返済義務のある「貸与型」奨学金である。大学独自の奨学金を受けている学生は一一・〇％に上り、そのほとんどは返済義務のない給付型奨学金と思われる。

（注）私立大学独自の奨学金は、給付（二二一九校／調査対象三六三校）・無利子貸与（一二六校／同）・有利子貸与（二七校／同）の順に整備されている（日本私立大学協会附置私学高等教育研究所・研究プロジェクト報告書「私立大学と学費・奨学金」二〇〇五年三月）。

また、大学でも、返済義務のない大学独自の給付型奨学金制度を創設・拡充し、入学試験成績上位者に奨学金を支給する「奨学金付き入試」を導入したり、成績上位学生への奨学金支給人数を増やす例が増えてきている。大学独自の奨学金制度を作りさらに制度を充実させるのは、学生を経済的に支援することで、入学する学生の勉強を支援し、入学後の学生にはアルバイト時間を勉強に回してもらおうという大学側の意図でもある。

しかし、大学関係者はいろいろなことを「静的」に考えてしまいがちで、制度が意味をなさなくなることがある。大学独自の奨学金もせっかく制度を作ったのに、同じ轍を踏むことになりがちだ。奨学金支給学生を当該年度の成績によって決めるものがあり、誰に支給するかの決定は年度終了間際になる。奨学金付き入試の合格者は入学年度の奨学金受給は約束されていても、翌年度以降は成績次第、成績が悪ければ受給できないことがある。学生にとっては奨学金が受給できるかどうかは年度終了間際にならないと分からず、まともな生活設計ができないので、アルバイトをやめるわけにはいかない。従って勉強に回す時間があまり取れず、勉強を奨励する意味がなくなるおそれがある。

授業料は年度初めあるいは年二回の分割で、親が払ってくれるか学生本人がアルバイトをしながらお金を貯めて支払う。成績が良ければ「奨学金」というお金が後からご褒美のように入ってくる。奨学金の金額は「授業料全額」や「納付金全額」に相当するものもあり、文系学部であっても百万円近い金額になることがある。学生にとっては大金で、「学問を奨励するお金」であるはずの奨学金を飲食やショッピング・旅行などに使ってしまいかねない。結果的に、制度設計が悪く、奨学金は学生の学修支援ではなく、受験生集めや学生の歓心を買うための手段になっている大学がある。

本来、授業料と奨学金とは別々に分けて考えなければならないが、奨学金を大学の財務面から見ると違う局面が見えてくる。大学独自の奨学金制度の充実・拡充は「授業料の値引き」と実質的に同じことになる。特定の学生に限定して奨学金を支給するとしても、授業料等の収入全体のなかから奨学金に回すお金が増えていき、大学独自の奨学金制度が拡充すればするほど、財務面ではマイナスになる。

別な言い方をすると、授業料体系・学納金制度が崩れ出していることになる。従来、日本の大部分の大学は「固定制」とも言える学納金制度をとっており、同じ学部あるいは学科・コースの学生は同じ入学金・授業料を払ってきた。大学から奨学金を受け取る学生が少数であったときは、実態面でも固定制の学納金制度が維持されていたと言えようが、奨学金受給者が増えるに伴い、今までの学納金制度が崩壊し始めた。制度は一度崩壊し始めると元に戻ることが難しく、ますます崩壊の度合いを強めていくと言われている。

考えてみると学生によって履修する単位数や図書館・パソコン等の施設利用状況が異なり、大学のかけるコストは一律同じはずがなく、固定制の授業料制度にはもともと無理がある。しかし、大部分の大学は、競合大学や近隣大学との比較で授業料を決めており、授業にかかる原価計算すらしていないので、固定制に代替する制度がない。

履修単位数に応じた「単位従量制」とも言うべき授業料体系があっても良いし、施設利用も加味した「個別的学納金体系」があっても良いと思うが、これらの制度を設計するには、大学が学生一人ひとりの履修単位や施設利用状況を把握し、異なる授業料を計算、間違いのないように請求し、個人ごとに異なる金額の入金を確認しなければならないので、事務コストがかかり過ぎて現実的ではない。仮に実現したとしても、コストを吸収するために学納金全体を上げることになれば学生全体ではメリットがない。

これらを解決するには、何種類かの授業料体系を設定しておき、入学させたい受験生や卒業後社会で活躍しそうな学生など、大学にとって好ましい学生の授業料を相対的に低く設定し、これらに合致しない支払い能力のある学生の授業料を高く設定する方法があるが、学年の始まる前に、学生をどう評価し授業料にどう反映させるのかの具体的な方策を持っている大学は少ない。

現在はそれに代わって奨学金支給で対応しているが、授業料についても奨学金についても本来のあるべき姿ではない。商売にたとえて言えば、全員に定価で販売し、後から何割かの客に値引きでお金を戻しているようなものだ。いずれ新しい学納金体系を確立し、奨学金制度を作らなければならなくなるであろう。

大学でも始まった実質的な値下げ競争

奨学金制度の拡充やWEB出願の普及によって、大学では実質的な「値下げ競争」が始まっている。一八歳人口という需要の減少と重なり、おおげさに言えば「需要減少下のダンピング」とも言える事態が起きているのだ。産業界では、過去には鉄鋼・非鉄金属・半導体など多くの業種で、需要減少下での値下げ競争を経験している。この傾向が進むと業績が元に回復するのに時間がかかり、リストラや企業同士の合併、身売りなどに発展する例をたくさん聞いている。

ただし、これらの産業では海外勢との競争が厳しかったが、日本の大学は競争が国内にほぼ限定されており、産業界で起こったことと同じことが起こるとは到底思えない。しかし、産業界では需要を海外に求め、輸出に活路を見出すことも可能だが、国内指向が強く、留学生確保にも苦労している日本の大学では、海外へ需要を求めることは難しい。

この授業料等の実質値下げ競争は時間をかけて大学の経営を圧迫することになる。

第5章 これからの大学の経営像

一．大学の役割と大学を巡る環境変化

少子高齢化と国家財政問題が大学を揺り動かす

先日、地方の私立大学の財務担当幹部と生ビールを飲みながら話をしたことがあったが、その大学幹部は「うちではダウンサイズを考えているが、基本金を取り崩せない。ダウンサイズするのに今の額の基本金を持っておくことはないよ」と言っており、私は驚いてしまった。未公表情報を簡単に話していただいたことに驚いたのではない。彼の話は「人口が減少しているので、これから私立大学は規模を縮小しないとやっていけないので、ウチの大学では定員減を計画している。規模を縮小しようとする学校にとって現在の基本金の額を維持する必要がないのに、今の会計制度ではそれができない」という趣旨だった。私が東京都心の大学に勤務してい

た当時は、自大学の規模縮小を考えたことはなく、その大学幹部の話から大学を巡る環境の厳しさに改めて気づかされ、地方の大学では東京都心の大学とは違う事態が進行していることを知らされた。それとともに、現在の学校法人の制度には環境変化に対応できない部分があることを教えられた。

この話は大学を巡る現状の一端を示すに過ぎないが、今は大学の在りようを考え、制度を見直す時期にきているのではないだろうか。

第二次世界大戦終了後約七〇年が経ち、アジアを中心として新興国の経済が成長、世界のパワーバランスが変化している。国内では少子高齢化が進行し、国家財政が厳しくなり、その影響が多方面で顕在化しつつある。大学進学率が五〇％を超え、自ずと大学の役割が変容しつつある。

戦後作られた教育に関する制度のなかに、時代の変化に合わない綻びが生じている。大学の役割は社会のリーダーや研究者を養成することが本筋である。しかし、新聞などのマスコミでときどき大学が育成すべき人材について、高い教養を身に付けた人材だ、国際性のある人材だ、いや専門性の高い人材だ、実務能力のある人材が求められているなどの議論が行われる。この問題を議論すること自体、大学の役割が不明確になっている証左である。

大学の研究に関して、ノーベル賞を受賞できるような高度な研究者を育てることは国家の繁栄にとって重要なことだとの主張がある。そのとおりだが、高度な研究をするには多額の費用がかかり、資金をどう確保するかが大きな問題となる。また、いわゆる「ポスドク」問題がいまだにあり、博士課程を終えた優秀な人材をどう処遇していくのか、このままでは超優秀な頭脳が活かされず、国力の低下を招くことも考えられる。

医師不足も大きな問題だ。地方大学の医学部を卒業しても、都市部とその周辺の病院へ研修医として流出してしまい、地元への定着率の低い地域があって、地方の医療をどう守るのか大きな問題となっている。

一方で、大学進学率が五〇％を超えると、学習習慣のない学生や、大学教育を受けるだけの学力の付いていない学生も入学してくる。これらの学生をどう教育するか、教育現場では大きな悩みである。

これらの問題を解決するにはまずは各大学が独自に努力することだが、各大学単独の取り組みだけでは解決の難しい課題が多く、多くの大学が知恵を出し、協力し、また国の予算を使っての対応も必要になってくる。

わが国では老齢化社会を迎え年金・医療・介護に多額の予算を必要とするが、仮に国家財政が一層厳しくなっても、高齢者を見殺しにするような社会保障費の大幅削減政策は取れないであろうから、結果的に教育関連予算にしわ寄せがくることは避けられない。

そんななかで、財務省は国立大学への国費投入額を毎年度削減しており、大学関係者は国の予算に頼るだけではなく、自らできる対策を考え実施し、各大学の財務基盤強化に取り組んでいく必要がある。

本章は大学関係者の「常識」から少し離れて、違う視点から大学問題を考えていく。

今のうちから将来への対応策を考えよう

「教育は国家百年の大計」と言う言葉がある。国が発展するには優秀な人材が必要だが、優秀な人材を育てるには長い時間がかかる、教育問題は長期的視点に立って取り組まなければならないという意味だと私は理解している。今の日本には多くの課題があって、短期間で解決しなければならないものもあるが、こと教育に関しては、短期間の取り組みでの成果だけを求めるのではなく、目標を明確にしたうえで長期的に取り組み、成果は次の世代に譲るような対策も必要である。

大学について将来の対応策を考える際のキーポイントは、「大学は全般的に教育力・研究力を高めていかなければならない」し、「特定の分野では世界トップレベルの研究力を維持しなければならない」が、「大学入学者総数はさらに減少する」、「大学教育への国費投入は抑えられる」との前提で、「大学は社会の役に立つ存在でなければならない」、「今のうちに打てる手を打っておく」というものである。

大学経営は一八歳人口の動向に強い影響を受けるので、大学関係者のなかに日本の人口減少問題へ高い関心を示す人がいるが、これから日本で起こることは単なる人口減少ではない。人口減少と同時に、年齢構成が著しく変化し、今とは違う社会に変わっていくので、何の手も打たなければ、次のような悲惨な状況も予想される。日本では子どもの数が減り、生産年齢人口が減り、高齢者が急激に増える。高度な医療技術はさらに発達していくので、高齢者はますます長生きになり、急増する高齢者向けの年金・医療・介護費が多額になり、国家財政を圧迫する。年齢構成の変化は社会保障システムの破綻にもつながりかねない。働かない高齢者が増える一方で、働く若い世代が減るので、社会の活力が失われ、経済面での停滞が起こり、高齢者が保有している個人金融資産の多くは生活のためや自己負担の医療・介護費用に使われてしまう。高度経済成長時に整備された道路や橋梁をはじめとした社会インフラは老朽化が進み、維持管理・補修に多額の予算が使われるようになり、仮に国際情勢の不安感が増せば防衛費を増額しなければならない。二〇二〇年の東京オリンピック・パラリンピックが終わるころ高齢者は今よりずっと多くなり、その五年後の二〇二五年には団塊の世代が全員七五歳以上の後期高齢者になる。介護施設は満杯になり、介護する若い世代が少なく、多数の高齢者が介護を必要としているのに受けられないこともあり得る。財政が厳しくなり、街に介護を待つ独居老人が多数いても、国や地方自治体は十分な介護予算を確保できない可能性もある。それから数十年後、団塊の世代はほとんど存命していないだろうが、現在一七〇〇兆円あると言われている個人金融資産の多くが食い潰され、国と地方自治体に多額の借金が残る事態も考えられる。

以上のように最悪のシナリオを考えるとおそろしい社会の出現が懸念されるが、今を生きる私たちはこれを少しでも緩和し、将来に希望の持てる社会に変えていくための知恵と対策、努力が求められており、大学も応分の働きをしなければならない。

考えてみると今までの日本はいろいろな面でうまくいき過ぎたが、これからはそう簡単にはいかないだろう。そのため、今までの延長線上で将来のことを考えることはできない。第二次世界大戦後の日本では国民の努力といくつかの幸運が重なり、経済と社会がうまく回っていた。大量に出生した「団塊の世代」が工業化を進めた日本の社会を支え、社会は豊かになり、多くの国民が中流意識と平等感を持つようになった。日本が戦争に巻き込まれなかったことも大きな幸いであった。

この間、高度経済成長、「国土の均衡ある発展」を目指した日本列島改造、バブル経済などを経験し、豊かで便利で安全な今の日本を作ってきた。

しかし、日本の経済成長を支えてきた要因が変容した。人口が減少し、少子高齢化が進展、所得格差が拡大、国と地方の財政問題は深刻化している。東日本大震災以降は安全・安心への意識が変化している。海外を見ると、世界的な人口増加、新興国の台頭、世界のパワーバランスの変化、地球温暖化、エネルギー供給面の変化など、日本を取り巻く様々な面が変わってきており、将来が見通しにくくなっている。アベノミクスによる経済成長に大いに期待したいが、今までどおりの対応ではいずれ日本の成長は限界にくるのではないだろうか。そのため、社会のリーダーは現在の制度で享受する利益を守るのではなく、今後起こることまで考えて、将来の日本社会の安定に力点を置いた発想に変えていかなければならない。

人口減少を次の発展につなげる知恵を

日本での人口減少は今だけ起こっているのではなく、過去にもあった。縄文後期、平安から鎌倉時代にかけて、江戸時代後半にも人口は減少したようだ。いずれも文明システムの成熟期で豊かな時代であった。人口減少の後、新しい文化を生み出し、社会に大きな変革を起こした。縄文後期の後には稲作が広まり、鎌倉時代には武士社会が出現し、江戸時代後期の後には明治維新が続き、それぞれ社会を大きく変え、文明を飛躍させ、日本を大きく成長させた（「週刊東洋経済」二〇一四年九月二日号「（特集）とことん考える人口減」〝歴史は教える　近視眼的政策が招く人口問題〟（鬼頭宏氏）を参考にした）。

そして今の日本。第二次世界大戦での敗戦後、焦土と化した国土の上で、国民は情熱を持って熱心に働き一応の豊かさを手に入れた。豊かになり社会が安定すると以前のような情熱が少しずつ冷め、将来に漠然とした不安を抱くようになり、出生率が下がり、人口が減少し、社会の活力が失われつつある状況になった。

現在直面している人口減少を日本の衰退に直結させてはならない。価値観の変革や一部既得権益の放棄などで一時的な社会混乱はあるだろうが、国民の不安感と社会の活力減を早期に収め、次の飛躍につなげていかなければならない。これからの時代に合った価値観の確立、技術革新、エコでクリーンなエネルギーの確保、新たな産業と雇用の創出、諸外国との連携などを通じて、新しい成長モデルを作っていかなければならない時期にきている。

もうすでに、次の時代を拓き、新たな活力と豊かさをもたらす萌芽があるのかも知れない。それを育て、次の成長を目指していく時期にきている。「ＡＩ（人工知能）」や「ＩｏＴ（モノのインターネット）」が、少ない労働力で利便性を増し経済成長をもたらす、日本だけではなく世界の次代を切り拓く芽なのかも知れない。

次の時代を切り拓く新たな成長モデルを作っていく役割は政府や民間企業だけが負うのではなく、大学もその一翼を担う責務がある。

教育の分野では、第二次世界大戦後、戦前の隘路《あいろ》のような複線型の教育体系を改め、六三三四制のすっきりとした教育体制が確立し、国民はその能力に応じ等しく教育を受けることができるようになり、大学進学者が大きく増えてきた。しかし、戦後七〇年が経過し、世界情勢が変わり、社会が多様化、国民の意識が変化し、すでに戦後作られた教育体制の一部が変わり始めており、大学教育についても見直す時期にきている。

現実を直視した対応を

大学はいつまでも安逸ではいられない。大学関係者は現実を直視し、今後の対応を考える時期にきている。夢を見ているわけにはいかない。

大学関係者のなかにはいまだに「大学進学率が七五%に上がれば、大量の留学生が確保できれば、国の教育関連予算が増えれば、私学補助金の補助率が経常経費の五〇%になれば、私立大学の経営は安泰になる」と主張する人がいる。しかも学校法人の理事長や大学の学長の立場にいる人が、ときどきこの趣旨の話をされることがあり、私は「本気でそう思っているのか」と耳を疑ってしまう。

耳を疑う理由は、まず大学進学率上昇はそう簡単ではないことだ。今までは女子の進学率上昇が大学進学率全体を引き上げてきた。女子の大学進学率が上昇したから、わが国で女性の社会進出が促進されてきた。現在では男子と女子とで短期大学を含めると大学進学率に大きな差異がなくなってきており、さらに進学率を上げるには、大学進学のメリットが高まることや大学で学ぶことに新たな価値観が出るなど、大学の役割に何らかの変化が必要になってくるが、いずれも簡単に達成できるものではない。

次に国の教育関連予算である。私学関係団体では、毎年全国から私学の理事長・学長等の参加を促し、私学への補助金増額を訴える〝決起集会〟を開いている。そこでの主な主張は「大学生の七割以上が私立大学に在籍しており日本の高等教育を支えているのは私立大学である。しかし、国から国立大学への運営費交付金は年間一兆円以上あるのに、私立大学への経常費補助金は三千億円程度に過ぎない。私学への補助金をもっと増やせ。日本の大学進学率は五〇数％と低い。大学進学率を高めるための政策を打ち立てろ」という趣旨である。

このような動きは私学関係団体だけではない。平成二七年一一月には、国立大学協会・公立大学協会・日本私立大学団体連合会の三団体の会長がそろって、文部科学大臣に対し「経費拡充」の要望書を手渡した（「日本経済新聞」平成二七年一一月一九日）。新聞記事に書かれてあった要旨は「国から国立、公立、私立大学に配分される交付金や補助金の割合は年々減少している。経費削減に伴う学費値上げや研究時間の減少がこれ以上進めば地域発展や国際社会への貢献が阻害される。経費削減は大学による改革を不可能にし、教育格差拡大や研究力低下を招く」というものである。記事は国立大学を中心に書かれているが、私立大学にとっては「補助金を増やして欲しい」という要望と解釈される。

いずれもっともなことである。要望することによって、教育関連予算が増えるかも知れない。しかし、これからの国家財政を考えれば、国立大学への経費拡充、私立大学への経常費補助金増額は簡単にはできないものと率直に思う。年々増加する年金・医療・介護関連予算は削減できない。防衛費や公共工事費、他の政策経費も簡単に削減できない。現在は好調な企業業績により国の税収は増加しているが、将来とも増えていくとは限らないし、多額の借金を返済しなければならない。消費税増税をしたとしてもどこまで対応できるか不安である。

私立大学について言えば、「私立大学への補助金削減は許さない」と主張する人がいるが、冷静に考えれば、いつまでもこのような主張が通るわけがないと気づくはずだ。国立大学法人が経費を毎年減らしているなかで私立大学を特別扱いして補助金を増やすことはできない。

大学への国費投入拡大を繰り返し主張していては、大学問題が第二の農業問題になってしまう。農業団体は「農家を守れ」、「コメを守れ」と主張し、国は多額の補助金を広くばら撒いた。その結果どうなったのか。日本農業の生産性は低く、国際競争力は上がらず、補助金頼みの農家を生み、一般国民は長い間高い農産物を購入せざるを得なかった。それだけではない。耕作放棄地が増え、守るはずだった田畑が荒れてしまった。今になってようやく、高品質の農産物を海外に輸出するなど新たな取り組みによって日本農業の新たな可能性への挑戦がマスコミでも取り上げられるようになったが、いまだに多くの農家は生産性が低く、補助金漬けになっている。

大学は同じようになってはならない。国の補助金を大学へ広く薄くばら撒くと、ほとんどの大学が一時的に潤うだろうが、改革は先送りにされ、日本の教育研究のレベルは上がらず、大学の国際競争力が一層低下し、地域への貢献度の低い地方大学を生み、国力そのものを低下させかねない。

現状の枠組みを守ることを考えるのではなく、現実を直視し、大学の将来を考えて思考し行動したほうがはるかに良い。幸いにも私立大学全体の財務はまだまだ余裕がある。今なら手遅れにはならない。体力のあるうちに将来を見据えた体制作りに、今から着手したほうが良い。

大学の使命は教育と研究だけではない

大学の使命は教育と研究にあり、国民の知的レベルを上げ、平和で豊かな社会を築き、維持・発展させていくリーダーや担い手となる人材を育成し、人類の幸福と進歩発展を図る研究をしていくことであるが、同時に日本および世界全体の課題への解決策を見出し実践していくことも大きな使命である。現在の日本には、労働力不足を補う技術革新、地方産業の高付加価値化、地方の特色を活かした産業の創造、人間の負担を減らす介護技術の進展、老人の多い社会に活力を与える新たな価値観の構築など社会的ニーズはいくらでもある。さらには、経済成長、エネルギー開発、医療や福祉の増進など人間が生きていくうえでの根源的な課題がいくつもある。世界全体にとっては地球温暖化対策や貧富の差解消、地域紛争解消など課題は山積している。大学は今以上にこれらの課題に向き合い、解決に向けた教育や研究をしていく使命がある。

これらのニーズに対して大学は、それぞれの分野の人材養成をはじめとして、研究開発や学生のボランティア派遣、大学広報誌を利用した社会への啓蒙活動など様々な分野で果たすべき役割は実に多い。大学単独の活動だけではなく、産業界や地方自治体と連携してでも取り組み、進める価値があるテーマが多い。

大学の教育研究活動にはお金がかかる。すでに保有している知識・技術・資産などを活用し、従来からの教育研究活動を実施していくだけでも多額の資金がかかるうえ、上記のような課題解決に向け、高度な研究力を一層高め、世界に貢献する研究成果をあげ、社会が求める人材を養成するにはさらに多額の資金が必要になる。これらの資金負担をすべて学生に求めても無理で現実的ではなく、そのため国の教育研究関連予算が増額されることが望ましいが、今後の国家財政を考えると、むしろ将来は国の教育関連予算の削減が現実のものとなる可能性がある。

教育力・研究力を今より一段と上げ、課題解決に向けた活動を効果的に進めるには、教育研究活動そのものを現状より効率的に実施していく工夫をしなければならない。それに併せて、予算を多くの大学、研究分野へ広く薄く配分するのではなく、特定の重要分野に重点的に配分することで効果をあげることができる。

そうすると一部の有力大学に補助金が集中し一部の大学だけが生き残る懸念が生じるが、同時に中小規模大学の教育理念も残るよう、大学関係者は知恵を出し合い、長期的視点で、日本の大学教育の未来図を描いていくことが求められる。

これからの私学は、教育研究力を高め、社会や学生のニーズに合った大学、補助金が削減されてもやっていける大学作りを目指していかなければならない。志願者減への対応策として、入試広報に多くの資金を使い、大学の良さを受験生にＰＲするなどテクニカルな面での対応で受験生が集まると思い込んでいるかのような大学も存在する。ＰＲすることで、ある程度の効果は出るだろうが、根本的な解決にはならない。問題の本質をよく見て、もっと大学での教育研究の質や内容、大学の在り方そのものを直視したほうが良い。

大学資源を社会に還元

大学は多くの知識・知恵の詰まった「宝箱」のような存在である。知識と教養ある人材を豊富に擁し、貴重な学術資料をたくさん保有しており、社会的な信用力が高い。また、第２章で述べたように、多くの私立大学は資産を増やし、財務基盤を強化してきており、財務的な体力のある大学が多い。

大学の持つ知識・知恵・人材・資産などは、長い時間と多くの人手をかけて、学生からの授業料や篤志家からの寄付金、国からの補助金等を使って、大学が蓄積してきたものだ。大学だけで、あるいはその大学の教職員や学生だけで使い切ってしまって良いものではなく、社会のために役立てていくことも大学の重要な使命である。

構内に資料館や展示室などを作り貴重資料を公開している大学が多くあり、公開講座を開き大学が培ってきた知識の一端を一般の人に提供している大学も多いが、さらにもう一歩進め、大学が持つ有形無形の財産を社会の役に立てる取り組みがこれからの大学には求められる。

また、大規模有名大学で多額に保有しているものと思われる資金を囲い込まずに、中小規模大学や地方大学における特色ある教育研究活動支援に使えないのだろうか。それが日本の高等教育の発展になり、大きく言えば「人類の進歩」につながる。

二．個々の大学での当面の対応策

⑴入学者の確保

社会に目を向けなくても大学は存在し拡大できた

大学は企業から「大学教育は役に立たない」、「もっと実社会で役に立つ知識を教えるべきだ」、「企業が学生に求める能力と大学が学生に必要と考える能力とにギャップがある」などと批判されることがある。多くの大学はこれらの意見に前向きに取り組んでいるが決定的な解決策が見出せず、できる改善を少しずつ図りながら真摯に対応策を模索している状況にある。

こんななかで、「大学教育は基礎学力をつけるもの」、「社会に出てすぐに役立つ知識はすぐに役立たなくなる」、「将来社会が激変し、子どもたちの多くは現在存在しない職業に就くので、現在の職業を前提とした教育は成り立たない」、「キャリア教育やインターシップを通して学生は社会の実態を学んでいるのだから、大学の授業は今のままで良い」、「大学教育は本来アカデミックなもので、社会に迎合する必要はない」などと、批判に応えるのではなく、自説を押し付けるかのように反論する大学関係者がいる。また、社会を見ずに大学内だけを見て内向きの発想をする人がいるのも事実である。

どうしてそうなるのだろうか。もともと大学での研究は一つの狭い専門分野を深く掘り下げていくことが主流であり、大学関係者はどうしても視野が狭くなりがちであるが、それだけではない。大学関係者は長い間、社会の動きを意識しなくても良い状況下にあったからである。

第1章で述べたことを思い出していただきたい。第二次世界大戦終了後の日本では、教育に対するニーズが高まり、経済成長の後押しもあって、大学進学者が増加していった。大学は数を増やし、規模を拡大し、雇用を増やしてきた。昭和三一年から平成二七年まで六〇年間の大学在籍者の推移を改めて次頁の〈図49〉のグラフに示すが、ほぼ右肩上がりで増え続けている。

企業的な発想で表現すると「〝需要〟が長期間安定的に増加し続けている状況にあり、〝供給〟側は大きな努力をしなくても売上高が増加し、供給側の論理で事業を続けることができた」と言えよう。〝需要〟は大学志願者ないし大学入学者、〝供給〟は大学である。

このような状況だったから、大学教育と社会のニーズとにズレがあっても気にしない、社会に出たことのない大学教員は社会で役立つ教育とは何かが分からないので避けていていても許されてきた。

平成三一年度（二〇一九年度）の開設を目指している「専門職業大学」（実践的な職業教育を行う新しい高等教育機関）で目的とする「質の高い職業人の育成」は、本来既存の大学が進出しておけば良かった分野である。固定観念で教育と研究にこだわるあまり、大学は社会の変化に目を向けず、社会のニーズに鈍感であった。

でも、いつまでもそうはいかないだろう。大学進学者数の伸びしろは少なくなってきている。これからは、大学在籍者がそれほど大きく伸びるとは思われない。その理由は一八歳人口の減少だけではない。

女子学生が大学在籍者数を押し上げてきた

今まで大学在籍者数はほぼ右肩上がりで増え続けてきたが、前のグラフを少し細かく見ると違う状況が見えてくる。

次頁の〈図50〉は昭和三一年から六〇年間の大学在籍者数の推移を男女別に分けたものである。学部学生（平成二七年＝二五五万六千人）だけでなく、大学院に在籍する学生（平成二七年＝二五万人）、科目等履修生などを含んでいる。棒グラフの各年度右側が男子学生、左側が女子学生

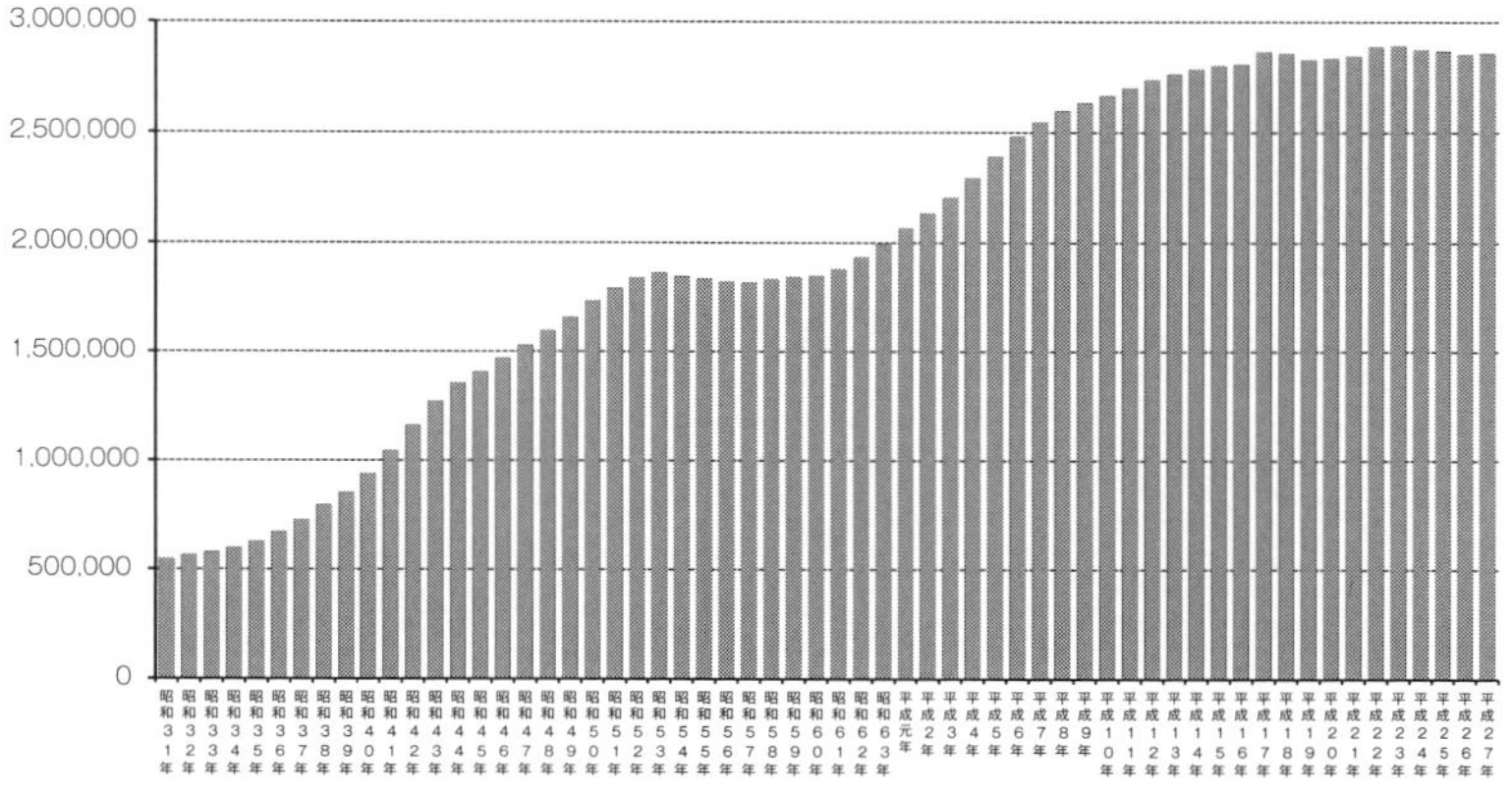

〈図 49〉大学在籍者数推移（国立・公立・私立合計）（単位：人）

（資料）文部科学省「学校基本調査」（年次統計）より筆者が編集。

を示している。

　女子学生に注目すると、グラフ左端の昭和三一年からどんどんと増え、大学在籍者全体を押し上げ、今では男子学生に近づく勢いである。現在では中学校から高等学校への進学率も、大学＋短期大学への進学率も、ともに男女差がなくなっている。平成二七年の高等学校進学率は男子が九八・三％、女子は九八・八％で差はなく、大学進学率は過年度卒業生を含めて男子五一・七％、女子四七・六％だが、大学と短期大学を合わせると男子五六・八％、女子五六・九％で、男女差はほとんどなくなっている。

　それでも、グラフ右端の平成二七年では男子学生が一六二万八千人、女子学生は一二三万二千人で、三九万六千人男子が多い。男女の在籍者数が違う要因の一つは、もともと人間は男性が女性より多く生まれることにある。ちなみに、平成二七年の全国小学校在籍児童数は男児が女児より四・七％多く、全国中学校生徒数は男子が女子より四・八％多い。また、卒業までに規程年数（四年が多いが医学部等は六年）を超えて在籍している

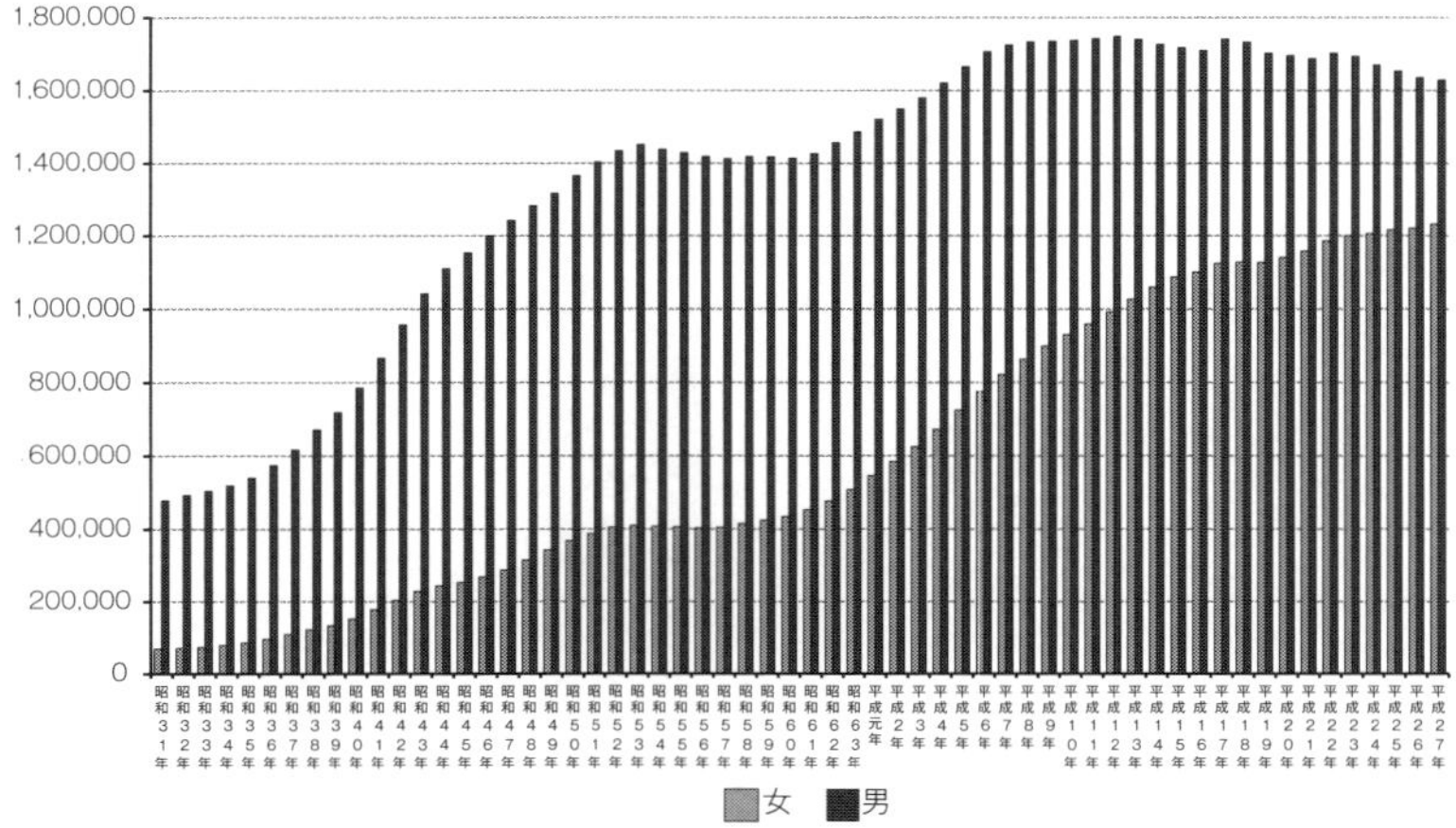

〈図 50〉男女別大学在籍者数推移（国立・公立・私立合計）（単位：人）
（資料）文部科学省「学校基本調査」（年次統計）より筆者が編集。

学生数は、男子が女子より多いことも要因の一つである。

しかし、男子と女子とで学生数に違いがある最も大きな要因は、短期大学へ進学する女子がたくさんいることだ。平成二七年時点で短期大学には男子一万五千人、女子一一万七千人が在籍している。ありえないだろうが、仮にこの女子短期大学生が全員大学に入学したとして、単純に短期大学二年・大学四年在籍として計算すると、二三万人大学在籍学生が増加することになる。

また、在籍者の数には学部学生だけでなく大学院生も入っている。大学院生の数は男子が女子より一〇万人ほど多く、多数の女子が大学院へ進学するようになると、その分だけ大学の在籍者数が増え、大学の経営は安定の方向に向かう。

大学（学部）・短期大学合計の進学率は今後飛躍的に伸びるとは思えないので、大学全体として在籍学生数を伸ばす余地ある最大のものは、短期大学への進学志望者を大学進学志望に変えていくことである。さらには、専修学校・各種学校への進学志望者を大学に向かわせることである。

また、女子に、学部の教育ののち、より高度で専門的な教育を受け研究を行えるよう大学院への進学を促していくことは、大学在籍者数を増やすことになってくる。女子により高度な教育を受けさせることは、女性の社会進出を一層促し、社会の中枢で活躍する女性を増やし、一億総活躍社会を作っていく原動力になるので、是非推進したいものだ。

個々の大学では入学者確保が最優先

個々の大学にとって、当面最優先すべき最大の課題は目先の入学者確保である。高邁な理想を言うのはそれからである。受験生確保に向けてＰＲに力を入れている大学があり、入試制度を変え「入試テクニック」で学生を集めようとしている大学がある。東京圏にはキャンパスの都心集約や校舎の新改築により「立地と施設」で学生を集めている大学があるが、それだけでは先がなくなる。

入学者確保が困難になるのは地方大学だけではない。地方で一八歳人口が減ることで、地方から東京圏の大学への進学者が減り、これからは東京圏でも特色のない大学や偏差値中下位大学では入学者確保が難しくなってくる。

では、入学者を確保するには、どうしたら良いのであろうか。それは従来の延長で考えないことである。例えば、東京圏大学のなかには地方から優秀な人材を集めようとして、毎年地方都市で大学説明会を開催、地方都市に入試会場を設けて「地方入試」をするところがある。入学試験なので大学から教職員を派遣するが、受験生の数よりも派遣された教職員の数のほうが多い。挙句の果てに優秀な人材は入学してこないという笑えない話を複数の大学から聞いたことがある。有名大学なら可能であろうが、そうでない大学が地方に入試会場を設けても簡単に入学者が集まらない状況になっている。二〇年前や三〇年前は今より東京圏の大学数が少なく、地方には一八歳人口が多かったので、地方入試で優秀な人材が確保できただろうが、現在は一八歳人口が激しく減っている地方から入学者を集めることは簡単ではない。大学によっては、慣例となっている地方入試をやめ、東京圏に的を絞った入学者確保策を考えたほうが良い。

また、すでに入学した学生にアンケートを取りデータを集め、どういう特性のある生徒が入学する可能性が高いのかを分析していけば、入学可能性の高い生徒に対して重点的な入試広報を展開することができる。同じ入試対策費用を使うなら、従来からの入試広報よりもターゲットを明確に絞った広報のほうがはるかに効果的である。

入学者確保には教育研究力の強化が一番

長い間大学進学率の上昇により、多くの大学が何とか入学者を確保できたが、これからは偏差値中下位大学は受験生から見放されるおそれがある。偏差値を上げる王道は教育研究のレベルを引き上げることであり、個々の大学にとって、教育研究力の引き上げは将来を左右しかねない重要な課題である。授業のレベルを上げ高い研究力を維持していくことが、就職率も上げ、結局は受験生から選ばれる大学になる道である。

考えていただきたいが、社会は日々便利に複雑に変化しており、あらゆる面で多岐にわたる高度な知識が必要になってきている。第1章でこの二〇年ほど短期大学の学生数が減り、逆に大学院生が増えていると述べた。そうなった大きな理由は、充実した人生を歩みたいために、より高度な教育を求める人が増えているからだ。短期大学での二年間の教育よりも、より高度な大学での四年間の教育を求め、大学院でさらに高度で専門的な教育研究が必要になっているからだ。特に大学院では理系専攻の大学院生が多く、学部四年間の教育ののち大学院での専門的な研究が必要になっている。

今の社会は高度な教育を必要としており、受験生は高い水準の大学を目指している。私立大学が生き残るためにも、教育レベルの向上は重要な課題となってくる。

これに関連し、第1章で述べたように、ここ数年大学院の在籍者は国立大学で顕著に増え、私立大学で伸びていない点が大変気になるところだ。私立大学では研究が主体となる大学院の学生獲得ができていないのだ。私立大学のある教授は私に「有名大学が大学院の〝枠〟（定員）を増やしているので、大学院へ進学する学生はそちらへ行ってしまう」と言っていたが、レベルを引き上げていけば進学者に振り向いてもらえる。

実践的教育で女子学生を増やす

男子に特化した大学は別として、そうでない大学では、今後とも女子学生の確保が重要になってくる。女子に目を向け、女子に入学してもらえるような対策を講じることが、学生募集上有効になってくる。一般的に女子学生が増えるとキャンパスは華やかになり、女子学生の多い大学に行くと校舎や校地が綺麗に整備されている。女子の入学志願者を増やそうとする場合、男性の感覚で対策を取ってしまうことがある。校舎を女子好みに改築し、花壇を整備し、キャンパス内におしゃれなカフェを併設し焼き立てパンを販売するなど、女子に好かれるキャンパスを作れば女子学生が多く入学してくると考えてしまう。

女子学生に好かれるキャンパス作りは良いとしても、それだけで女子の入学志願者が急増するほど甘くはない。効果的な対策を打つには、女子の本質を知り、授業を改革するほどの覚悟が必要になる。

一般的に女子は男子に比べ現実的で、将来の生活設計がしっかりしていて、大学入学の目的や大学で学ぶ目標が明確だ。

それを示すデータを学生の意識と生活実態を調査したアンケートのなかから示すことにする。〈図51-1〉は学生に「将来どんな生き方をしたいのか」との質問への回答結果である。一部の男性は「女子は将来結婚して家庭第一の生きかたを望んでいるはずだ」と思いがちだが、回答結果から分かるのは、そのイメージとは違う女子の意識だ。アンケート結果を見ると、五〇%以上の女子が「仕事と家庭の両立」、「仕事と趣味のバランスの取れた生き方」を望んでおり、「家庭第一」の回答は一一・一%と少ない。現実的で堅実な生き方を望む女子が多く、仕事をしたいが自己も失わない生き方を希求しているように見える。意外なことに、「家庭第一」を望む回答は、男子が三四・六%と女子の一一・一%よりも一二・五%も多くなっている。

一五八頁の〈図51-2〉は「学生生活の目的」を聞いた質問の回答結果である。女子は男子よりも目的意識がはっきりしている。「資格取得や将来の有利な就職・職業に就く」（七三・七％）こと、「専門的な知識・技術修得」（六〇・九％）といった大学で手に職をつけようとしている回答が多くあり、「豊かな教養・人格を高める」（四四・一％）、「学生生活を楽しむ」（四一・六％）を上回っている。明確な目的を持って大学に入学してきた女子が多数いると言えよう。

　一方、男子は「豊かな教養・人格を高める」との回答が四六・四％と女子よりやや多くあり、大学を人間形成の場、基礎学力涵養の場と考えている人が多いようだ。また、「学生生活を楽しむ」（四五・四％）、「大学卒の学歴が必要」（三六・二％）、「友人を作り人脈を拡げたい」（三四・一％）といった回答が女子よりも多く、大学生活の目的が漠然としている人が結構多い。

　女子が多数入学する大学に改革しようとするなら、女子の意識を理解したうえで、学ぶ目的が明確な教育、つまり実践的な教育にシフトしていく必要がある。それに並行して女子が過ごしやすい綺麗でお

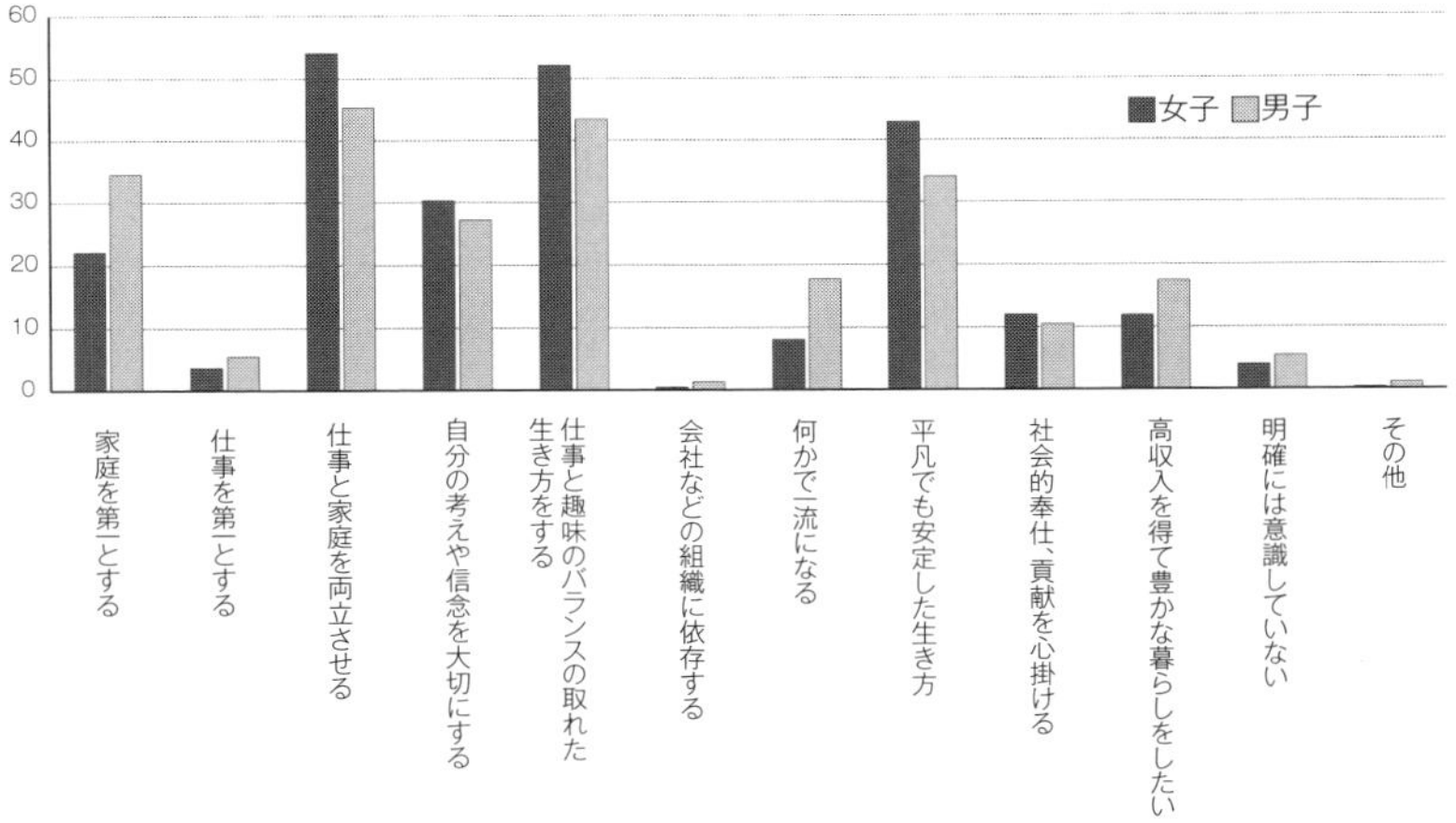

〈図 51-1〉学生の意識調査結果（1）
《質問》「あなたは将来、どんな生き方をしたいと思いますか（3 つ以内を選んで回答）」（単位：%）

（資料）日本私立大学協会学生生活指導研究委員会「学生の意識および生活の実態に関する調査」（平成 25 年度実施）から筆者が編集。（注）113 大学・4,946 人が回答。

しゃれな学園作りが求められる。

社会のニーズに合った教育を

長い間大学進学者がほぼ右肩あがりで拡大し続けてきたので、大学関係者は社会のニーズに鈍感でいられた。

前にも述べたように第二次世界大戦後、大学の数は増加してきたが、大学進学者数の増加があまりにも大きく、多くの大学は大した努力をしなくても入学者を確保できた。産業界では、通常、新規参入者が増えると競争が激化し、品質や価格等が劣るところは売上高が落ち、やがて撤退を余儀なくされることがあるが、今のところ大学間で品質や価格の目立った競争は起きていない。大学に進学し卒業しても、その価値が分かるのは卒業後何年も何十年も後のことであって、そのころには卒業生自身が社会での成功・不成功と大学教育との因果関係が分からなくなっているので、大学が直接批判を浴びることは少ない。このこともあって多くの大学は社会に目を向けるニーズに乏しく、意識が

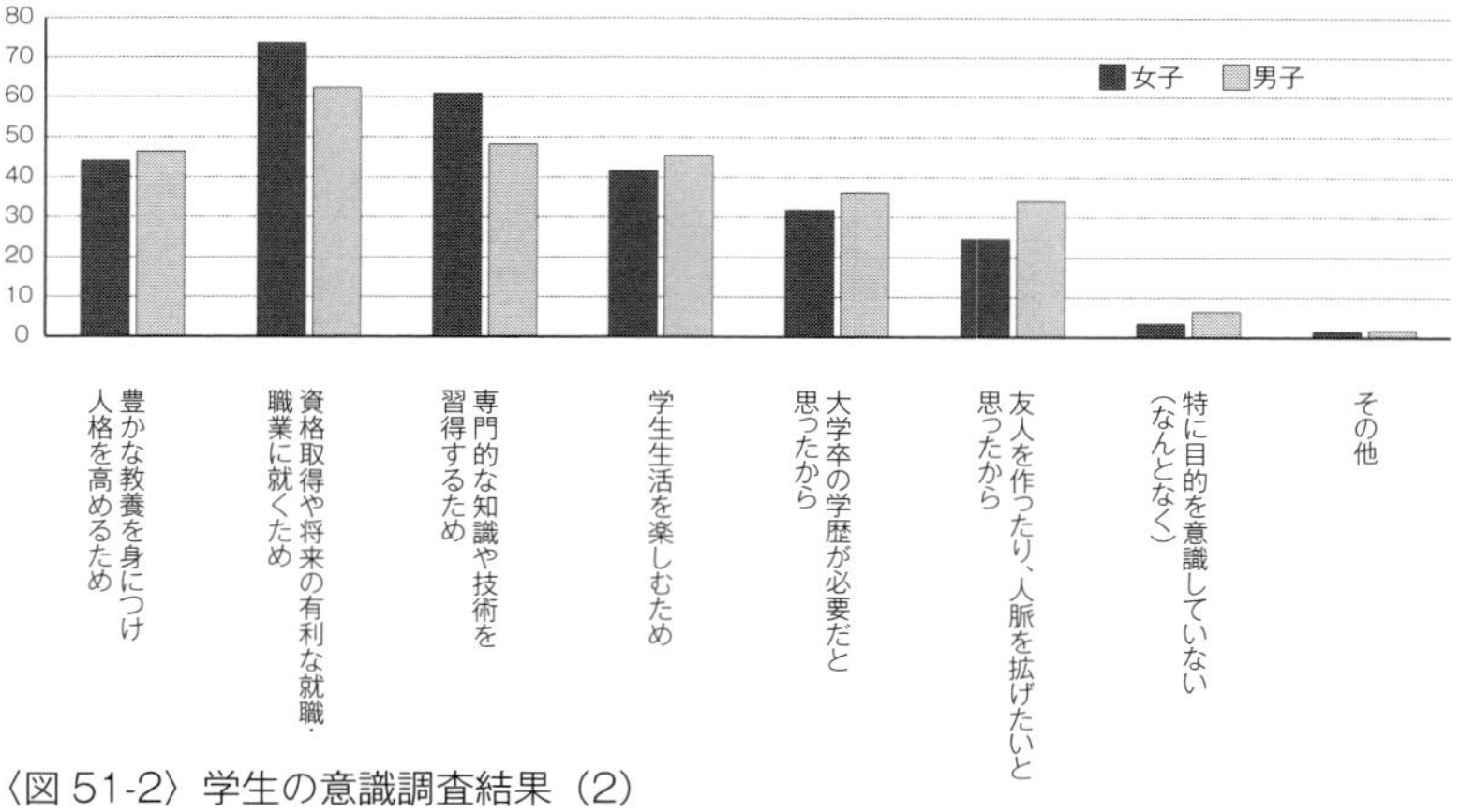

〈図 51-2〉学生の意識調査結果（2）

《質問》「あなたにとって学生生活の目的は何ですか（3 つ以内を選んで回答）」（単位：%）

（資料）日本私立大学協会学生生活指導研究委員会「学生の意識および生活の実態に関する調査」（平成 25 年度実施）から筆者が編集。（注）113 大学・4,946 人が回答。

薄く、教育の質向上へのインセンティブが働きにくい。

また、大学は増え続ける国内の〝需要〟だけを見ていれば良かったので、海外への関心が薄く、国内だけを見た教育研究をしていれば何とかなった。一方、一般の企業では、安い人件費を求めて海外に工場を建設し、現地でのトラブルを乗り越え苦労して操業し、国内需要が減るなか海外へ販路を求め、模索しながら海外事業に力を入れてきた会社が多くある。

現在、日本の社会全体で「グローバル化」が叫ばれており、学生がグローバル社会で活躍できる教育が急務で、大学でも少人数の語学教育などに力を入れているが、十分にはニーズに応えられていないようだ。それは多くの大学関係者が長いこと国内志向の考え方でいたため、本当のところの「グローバル化」の意味を、心にストーンと落ちるようには理解できていないからだ。

同じように、大学関係者の多くは、内向きの論理で教育をしてきたので、社会のニーズに鈍感で、表面的には「実社会で役に立つ教育」の意味を分っていても、心底からは理解できていない。大学といえども日本の社会で生きていくのだから、謙虚に、社会で役立つ教育を目指していかなければならない。

(2) 保有資産の有効活用、収入の多様化

大学は収入の多様化を

大学を巡る状況が変化し課題が多いなか、当面の間は各大学が個々に対応し、経営努力を積み重ねていくしかない。社会が求める教育研究を実施し、有為な人材を継続的に育てていくには、各大学が教育研究に対する明確なビジョンを持ち努力すると同時に、経営面では財務基盤の一層の強化が求められる。

財務力強化のためには、学生が納める授業料等と国・地方自治体からの補助金に大きく頼っていてはいられない。そうかと言って、人件費の抑制や経費削減など支出の圧縮には限界があり、コストダウンを強力に推進すると学内の活力が殺がれてしまう。収入の多様化を図り、余裕資金を有効に活用し、今後予想される変化に耐えられる強い財務構造を作っていく必要がある。

まずできることは、寄付金募集と収益事業の展開を検討し、収入の多様化を図ることだ。寄付金募集をためらう学校があると聞いたことがあるが、私学であっても公教育の担い手であり、遠慮することはない。まず、在学生の父母や卒業生、取引先から寄付を募ることから始め、徐々に依頼先を増やし、依頼方法に知恵を絞っていくと、たとえ初めは上手くいかなくても、少しずつやり方が分かってくる。周年記念事業や特別な行事を行う際に寄付金募集を開始すると、学校側も在学生の父母や取引先も抵抗感が少なくなる。収益事業についてもすでに手がけ成功している学校がたくさんあり、それらの事例を参考にして、自学校での展開を検討することから始める。とにかく一歩踏み出してみないと、財務体力の強化どころかジリ貧になってしまう。

大学は土地・資産を有効活用する余地あり

今までとは少し違う発想で、「持てる資産の有効活用」について考えてみたい。私は東京に住んでいるが、ＪＲが「エキナカ」と称して駅構内に店舗を置き多くの集客があるのを見て驚いている。また、ＪＲと私鉄や私鉄と地下鉄が「相互乗り入れ」をしており、利用者は途中駅での乗り換えなしに違う鉄道会社の路線へ移動でき、大変便利になっている。民営化以前の旧国鉄時代や、鉄道会社ごとに路線を運営していたときには考えられなかった姿である。

大学は「持てる資産の活用」という点では旧国鉄時代のような状況にある。いくつかの例をあげてみたい。

ある年の夏休みに、私は東京・文京区の東京大学構内に足を踏み入れた。塀の向こうの道路には車があふれ、民家や商店が密集しているのに、大学構内には広い土地が広がり、立派な校舎が建ち、勉学に適した静かな環境で、構内外のギャップに驚かされた。構内には見学に来た数人連れの高校生と観光客らしい人たちがいたが、大学生は少なかった。地価の高い東京できれいに整備された広い土地が広がっていた。

また、都内のある私立大学に行ってみると、校舎間の間隔は狭かったが、大学敷地内に立派な校舎が立ち並んでいた。

都市部、特に東京では、近隣にオフィスや住宅が密集していても、大学は広い敷地とあまり使われていない教室を持っている。大学の授業は年間三六週程度で、夏・年末年始・学年末に長い休みがであって、年間の六割から七割程度の期間しか教室が使用されていない。授業期間中であっても教室の稼働率は極めて低く五〇％程度の学校もある。教室が使われる期間は年間の六～七割程度、授業が行われる期間でも半分程度の教室しか使われていない。

地方の国立大学に行ったこともある。県庁所在地の郊外に広いキャンパスを構えていたが、キャンパス内には学生と教職員以外にほとんど人はおらず、しかも稀にしか学生や教職員に出会わなかった。教室のほかにも体育館や運動場、集会のできるスペース、食堂と思われる施設があったのに、多くの人が利用しているようには見えなかった。

この例のように、都市部でも地方でも、多くの大学は余裕のある施設の使い方をしている。いや余裕があるのではなく、十分に活かしきっていない。活かす必要もないのだ。校地や校舎は保有しているだけで維持管理費がかかる。都市部の大学では近隣に勤務や在住する人に向けた土地・建物の活用法があるはずで、国立大学では広い敷地をもっと有効に活用する余地がある。

しかも、私立であっても大学の教育研究活動には法人税等の税金がかからず、教育研究目的で使用している土地・建物には固定資産税が課税されない。税金のかからない土地・建物があまり使われないままになっている。大学関係者のなかには、教育研究活動以外に大学の施設が使われることを快く思わない人が多数いるが、大学の施設設備を活用した取り組みは、結果的に国から大学への税金投入額を減らすことになり、国民のためにはプラスに働く。

今後日本では人口が減少するが、全国一律同じように減少するのではない。東京などの大都市とその周辺では減少幅が小さく、東北などの地方では大幅に減少する。日本全国一律の論理で、政策を考えていては、政策そのものが破綻してしまう。大学への政策も、例えば都市部大学に対するものと地方大学に対するものとで違う対応を考えていかなければならない。

(3) 都市部大学での施設有効活用策

校地校舎を介護や保育などで利用も

では、都市部大学ではどんな施設有効活用策が考えられるであろうか。考えられる例をあげてみたい。

都市部の大学は、人口が密集した地域で地価の高い土地を利用している。固定資産税のかからない土地に校舎を建て、稼働率の低い教室等を設置している。もっと付加価値を生み出す利用方法がないのだろうか。

地方自治体のなかには同一建物内に幾つかの公共施設を併設するところがある。例えば、市民ホールや美術館と市立図書館を一つの建物内に設置し、さらに市立図書館内に民間の喫茶店が入ることがある。

大学の敷地内には学生が利用する学生食堂や売店などはあるものの、一般市民が利用する施設はほとんど入っていない。休日に大学の教室を模擬試験会場として予備校に貸し出すことはよくあるが、それにとどまらず、大学の土地・建物を教育研究目的以外に使用しても良いのではないか。学校という単一目的で利用する土地の上に、単一目的で建設した校舎内に教室等が設置されているが、それだけではなく、大学構内に保育所や福祉施設、市民向け図書館などを入れても良い。また、学生が使わないときには、体育館や運動場を市民が有効に活用できるよう知恵を出すべきだ。

都市部では地価が高くて介護施設や保育施設用の土地がなかなか確保できないと言われている。それを解消するために大学構内に特養やリハビリテーション施設、保育施設などを設置する手もある。幼児から老人までの市民が大学という「信用力」のある場所に集い、大学の敷地を有効に活かすことになる。学校の経営面では、土地・建物等の賃料収入が入り、収入の多様化の進展が期待できる。

商業施設や駅ビルの中に教室を

すでに一部の大学で実施例があるが、都市部大学では、街中の商業施設やオフィスビル、駅ビルの中に大学の教室を設置することが考えられる。大学院では一般賃貸ビル内に教室を設け授業を行う例をときどき聞くが、学部でも街中のビル内に設置した教室で一部の授業を行っても良い。そうすることで学生は日常的に社会人に接し、自然に就職に向けた教育ができる。ビルの利用者にとって学生が一緒ではうるさく迷惑なら、建物の出入口を分ける工夫をすれば良い。学校にとっては、都心部での土地購入や校舎建築に多額の費用をかけずに、教室を増やすことができる。

三．中小規模私立大学の生きる途

私立大学の多くは中小規模

日本には多くの私立大学があり、日本大学や早稲田大学などのように規模の大きな大学が存在する一方で、中小規模大学が多数存在している。

本書で今まで何度も「全国大学法人＋短期大学法人合計」の決算内容を述べてきたが、そこで集計対象にした大学法人のなかの「大学部門」を、学生数を基に規模別に分けて表示すると下の〈図52〉のようになる。グラフで示す期間、大学全体の数が増えてきたが、規模の大きな大学の数はあまり変わらず、規模の小さな大学が数を増やしている。例えば、学生数一万人以上の大学数はグラフで示す期間を通して四〇大学前後であるが、一千人未満の大学は平成一〇年度の一〇四大学から平成二六年度には二一八大学に二倍以上になり、

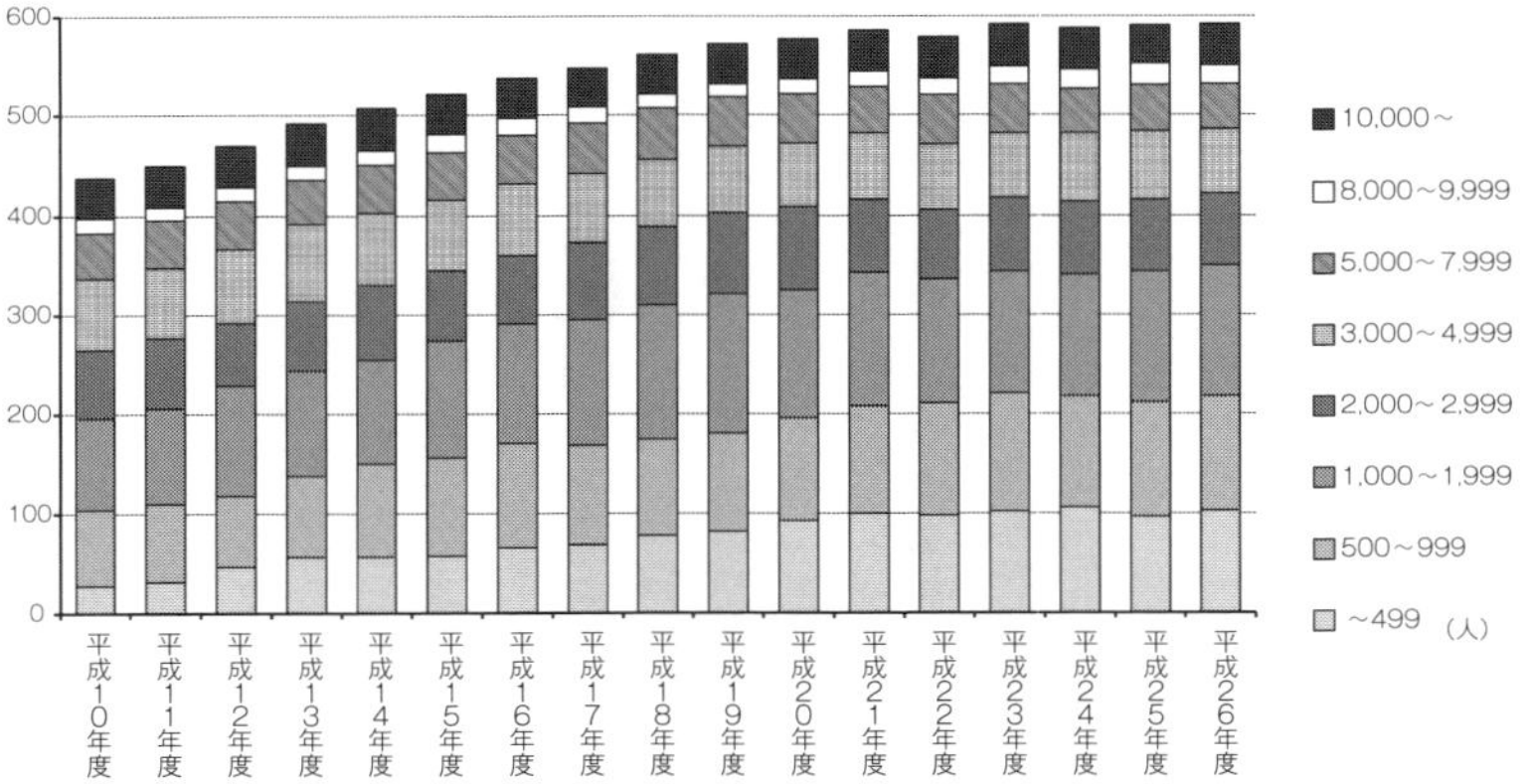

〈図 52〉学生等数規模別私立大学数推移（単位：大学）

（注）大学数は、本書記載の全国大学法人合計決算書の集計対象である大学法人内の「大学部門」の数を示す。

（資料）日本私立学校振興・共済事業団「平成 11 ～ 27 年度版　今日の私学財政　大学・短期大学編」（Ⅰ調査の概要）より筆者が編集。

そのなかでも五〇〇人未満の大学は二八大学から一〇三大学へ三・六倍にもなっている。

平成二六年度時点では、全国五九二私立大学のうち、学生数五千人以上の大学は全部合わせても一〇六大学（全体の一七・九％）に過ぎないが、学生数二千人未満の大学は全部で三五〇大学（同五九・一％）もある。数のうえでは規模の小さな大学が圧倒的に多いのである。

産業界では「大企業と中小企業とでは様々な面で差異や格差があって当然」と思っている人が多い。大企業と中小企業とでは経営力や財務力が違い、事業展開力が違っており、社員の気持ちの持ちようまでも違う。中小企業は、生き残るために、大企業の下請けになったり、技術力で他社に真似のできない独自性を持つなどしている。

不思議なことに、大学について多くの人は「大学は規模の大小にかかわらず同じ」と思いがちだ。そのため、多くの大学が同じように試験をして入学者を選抜し、あまり変わらない額の授業料を徴収し、教員は同じように教育と研究をし、職員は同じような業務を処理している。

しかし、前述の全国大学法人・短期大学法人の決算内容や本書であげたいくつかの資料を総合して勘案すると、大規模大学と中小規模大学とでは、経営状況が違い、財務体力が違うものと推測される。

一般的に大規模大学は財務体力が強く、社会的信用力がより高く、理事や教職員等の力量が優れ、将来への展開力で優位に立っている。中小規模大学が単独で大規模大学と競っても、多くの場合、勝ち目はない。中小規模大学が将来への生き残りを図るには、「今まで使ってこなかった知恵」を働かせなければならない。

大学機能の分化・機能の鮮明化

これからの大学の在りようを考えると、特に中小規模大学では機能を分化し、特徴を出し、社会のなかでの存在意義を明確にすべきだ。それが受験生獲得につながってくるし、これから述べる大学間連携においても有効に作用してくる。

現在はどの大学も同じように教育と研究をしているが、これでは中下位大学は大規模有名大学と勝負にならないだけでなく、大学の特徴が出ないし、存在意義すらなくなってしまう。機能を分けていくことで、個々の大学ごとに特色が出て個性が出てくる。大学の機能とは、例えば、高度な研究を行い高いレベルの研究者を輩出する大学、社会のリーダーとなる人材を育成する大学、海外で活躍する人材を養成する大学、社会の中堅となる人材を育成する大学、地域で活躍する人材を養成する大学等々である。また、特定の分野に強みを持つ人材を輩出していくことも大学の特徴になる。各大学はその機能・特徴を前面に打ち出し、対応できる教員を揃え、学内体制を整え、学生を募集していくべきだ。

今まで多くの大学が建学の精神や教育方法で特色を出そうとしてきたが、抽象的で教訓めいたものが多くて受験生の進路選択という面では訴える力が弱く、結局受験生や周囲の人が抱くイメージや予備校が作る偏差値で大学選びをする受験生が多くなってしまう。もっと違う形で受験生にアッピールする方法があるはずだ。

多くの大学は、建前上どの教員も等しく同じように教育も研究もすることになっているが、実際には研究をしない・できない、論文を書かない・書けない教員がいる。大学は教員間の〝平等〟を重視し、それらの教員にまで個人研究室を貸与し、個人研究費を払っている。

大学は機能を分け、それぞれの機能や特徴に応じた教育・研究に特化し、それに見合う教員組織を作っていけば良い。研究よりも教育を重視した大学があっても良い。そうなると、受験生はイメージや偏差値以外の基準で大学を選びやすくなるうえ、それぞれの大学経営は効率化される。

しかし、多くの大学関係者から異論が出るであろう。例えば、「大学の機能分化は大学の序列化を生む」、「研究を軽視している」等々の声が容易に想像できる。だが、すでに予備校の作る偏差値で大学の序列化が進んでおり、多くの大学はそれを甘受しているではないか。また、研究をしない・論文を書かない教員がいる現実を直視すべきだ。

大学間連携の強化

大規模有名私立大学や有名国立大学と中小規模私立大学とは様々な面で大きな違いがある。入学してくる学生の偏差値が違い、全般的に教員の質や授業内容が違い、学生の卒業後の人生が違ってくる。先に述べたように大学の財務力が違い、おそらく経営層や教職員の力量も違うので、大学の将来が大きく違ってくる。

これからは一八歳人口の減少がダイレクトに大学入学者数に影響してくるようになり、このままでは大規模有名大学は生き残るが、一部の中小規模大学は学生募集停止や解散に追い込まれる可能性がある。そうなると中小規模私立大学が持つ「建学の精神」や「教育の理念」までも絶えてしまう恐れがあり、日本の社会が持つ多様性の一部が欠けてしまう。

大学入学者が増えている間は、大規模大学も中小規模大学も各々単独で競争することによって、切磋琢磨し、互いに良い影響を及ぼし合ってきたが、これからは各大学が単独で事業展開をし、競争していくと、大規模有名大学に入学者が集中し、中小規模大学は厳しい状況に追い込まれる事態も予想される。

中小規模私立大学が存続し、教育機関として責任ある成果を発揮していくには、互いに連携し、連携を強化していくことが有効になる。

大学関係者が現在持っている〝常識〟を取り払うと、大学間連携で様々なことができる。例えば、単位互換協定を締結し、学生が他大学で授業を受け修得した単位を卒業要件として認定することにして、この制度を大胆に運営する。初年次教育、語学や基礎的教育、資格試験合格講座などを複数大学が共同で開講する。複数の連携先大学の留学生と日本人学生が交流する。学生寮や研修施設等を共同で運営するなど対応策は様々考えられる。これらによって、学生は連携先各大学の施設や教職員を有効に活用することができ、大規模大学と同じように多くの人たちとの交流ができる。大学は、連携大学トータルとして、施設の維持管理費の節減などでコスト削減になる。特に都市部の大学間では効果が大きいものと思われる。

単位互換については、すでに多くの大学が海外の大学と協定を結び、在学中に協定締結先大学へ留学する学生に対し、留学中に修得した単位を卒業要件として認定している。また、同一地域の複数大学が「コンソーシアム」を組み、「大学間単位互換協定」を締結し、協定締結大学の学生が他大学の授業を履修し、修得した単位を卒業要件として認定している。それを大規模・大胆に行うイメージになるが、これによって大学間のつながり、協力体制の強化が図られることになる。

複数大学で教室・施設の共同利用、共同授業

一つの校舎を複数の大学が共同で利用してはどうだろうか。特に、都市部の私立大学は校舎建設に適した土

地がなかなか探し出せず、仮に土地があっても価格が高くて取得しにくい。地方でも土地購入・校舎建設は簡単にできることではない。一つ一つの大学が、それぞれ土地を手に入れ、独自に校舎を建てていくと、全体として多額の費用がかかる。

複数大学による教室の共同利用に合わせて、前に述べたような大学間連携を強化し、基礎的教育の共同開講などができると、一層効率的な大学運営が期待できるうえ、学生にとっては利便性が増し、他大学の学生に刺激を受け勉強が進むことが考えられる。

都市部複数大学での共同事務処理

複数大学での共同事務処理まで進展すると、各大学ではコストダウンによる大きなメリットが期待できる。私立大学が最低限やらなければならない事務はどの大学でも同じであり、それぞれが同じような事務処理をしている。

地方自治体のなかには、複数の自治体が事務を共同して処理する機関を設けているところがある。例えば、複数の市町村が「一部事務組合」を設立し、水道事業や廃棄物処理、消防などを行っている。また、地方自治法には、複数の町村が全部の事務を共同で処理する「全部事務組合」の規程があり、複数町村が役場事務を共同で処理する「役場事務組合」の規程もある。

大学と地方自治体とを一律に論じることはできないが、複数大学が共同して特定の分野の事務処理を行ってはどうだろうか。特に都市部では、比較的狭い範囲内に多数の大学が所在しており、推進しやすい環境にある。

複数大学での共同入試

複数大学での共同事務処理をさらに進め、複数の大学が共同して入学試験を実施できないものだろうか。例えば、Ａ大学に経済学部と法学部があり、Ｂ大学に経営学部と商学部がある場合、Ａ・Ｂ両大学が共同で志願者を募集し、両大学を受験する受験生には受験料を割り引く制度を構築する。すでに、同一大学の複数学部を受験する受験生に受験料を割り引く制度を導入している大学があり、その制度を拡張するイメージになる。

最近の受験生は以前ほど多くの大学を受験しない傾向にあるので、学部数の少ない大学は受験生の選択肢が狭くなり敬遠される可能性が高い。Ａ・Ｂ大学単独ではそれぞれ二学部しかないが、Ａ・Ｂ両大学では四学部あるので、受験生にとってはＡ大学経済学部とＢ大学経営学部双方を格安で受験できるメリットがあり、試験の結果でいずれかの大学へ進学することが期待できる。大学にとってはＡ・Ｂ両大学で一定数の受験生を囲い込むことになり、志願者の増ないしは志願者減少に歯止めをかけることが期待できる。

地方大学と都市部大学との連携、単位互換の展開

一八歳人口は地方での減り方が激しく、大学進学率は概して地方では低い。地方の高校を卒業した人が大量に都市部大学へ進学してしまうのは地方大学にとっては死活問題であり、真摯な対応が求められている。しかし、一つ一つの大学では打てる手が限られてくる。たとえ地方自治体が多少の予算を付け、地元大学への進学者へ便宜を図ったとしても同じことである。

では地方の大学はどうしたら良いのか。地方大学で、学生を確保し生き残りを果たす最も良い策は、大学の立地する地域を魅力あるものにすることだ。その地域の若者が地元に留まりたいと思い、都会の若者が移住したいと思うような地域にすることである。地方創生は地方自治体の力が必要だが、地方大学が地方創生に積極的に関与し、魅力ある地域・街を作っていくことは、結果的に地方大学の生き残りにつながっていく。

しかし、魅力ある地域作りはそう簡単ではなく、個々の大学の対応だけでは限界があり、大きな効果を生むにはいくつかの大学が共同して対応しなければならない。そこで、地方の大学と都市部大学とが連携し、大規模大胆な単位互換協定を締結し、相互に交流することが考えられる。

すでに多くの大学が実施している海外大学や国内でのコンソーシアムによる大学間連携や単位互換を参考にして、都市部大学と地方大学との間での連携・単位互換を展開してみてはどうか。都市部大学では著名な教授が普遍的な授業を行い、地方の大学では地元をよく知る教授が地元密着型の授業を実施、都市部大学・地方大学それぞれの学生が受講する。都市部大学と地方大学との連携・単位互換が定着すれば、例えば地方大学へ入学した学生で希望すれば半年から二年程度東京圏に住み、東京圏大学で勉強し、卒業までに地方に戻り地方大学を卒業することができる。東京圏大学に入学した学生も、希望すれば一時期地方に住み、地方大学の授業を受けることができ、政府が提案してきた「二地域居住」になる。東京圏大学の学生が地方大学が立地する地域の魅力を発見し、地方に定着する可能性も出てくる。地方公共団体はＵターンやＩターンによる定住者増だけでなく、この制度実現も検討してはどうか。

なお、現行の「大学設置基準」（文部科学省令）では、他大学で修得した単位を卒業要件とすることを認めている。大学卒業の要件は「大学に四年以上在学し、一二四単位以上を修得すること」（大学設置基準第三二条）であるが、「他の大学又は短期大学において履修した授業科目について修得した単位を、六十単位を超えない範囲で当該大学における授業科目の履修により修得したものとみなすことができる」（同第二八条）とあり、運用面で少しの工夫をすれば、卒業までに修得しなければならない単位の半分近くを他大学で修得することができるので、都市部大学と地方大学との単位互換制度の展開は十分に検討に値する。

しかし、都市部有名大学はこの制度に消極的であろう。なぜなら、都市部有名大学にとっては今のままが一番良いからだ。何をしなくても地方の高校出身者の一定割合が入学してくる。面倒な制度を作らないほうが良い。地方大学からは「せっかく入学した学生が途中で都市部へ抜けてしまう」と反対する人が出るだろうが、地元高校の有能な卒業生が四年間ごっそりと都会の大学に行ってしまい都市部で就職してしまうよりははるかに良いはずだ。この制度では、地方大学にとっては、都市部のどの大学と提携するかが重要になってくる。この制度を実施するには、都市部大学と地方大学とを仲介する第三者機関の新設または既存第三者機関の機能を変える必要が生じるかも知れない。

四．将来に向けた大学の更なる対応策

(1)国立・私立の枠を超えた対応

計画的に段階的な対応が必要

一八歳人口が減るなかで日本の大学は「供給過剰」状態に入りつつあり、都市部でも定員を満たしていない大学がある。このまま成り行きに任せていては、〝強い〟大学はますます強くなり、〝弱い〟大学は極端に悪くなり、将来大量の「大学倒産」を招きかねない。教育研究分野だけではなく、日本社会の様々な分野に大きな混乱を与える事態は避けたいところであり、何らかの対応が必要になっている。

手遅れになる前に、そろそろ日本全体を俯瞰して大学の縮小策を検討し、可能なものから実施していく時期にきている。私立大学全体の財務が健全な今のうちから、国立・公立・私立の枠を超えて、縮小策を研究しておいたほうが良い。また、〝弱い〟大学は、たとえ他大学と連携してでも〝強く〟なる方策を検討したほうが良い。

多くの人が関与する課題を解決するには、計画を作り、周知し、関係者の意見を聞き、相反する意見を調整するのに長い時間がかかり、実行するのにも時間がかかる。教育問題には長期的な視点が必要なうえ、多くの人の利害が絡むのでなおさらだ。二〜三年間程度の短いスパンで考えるのではなく、長い期間、せめて一〇年以上先を見て対応策を考えなければならない。

また、現在、地方の大学を中心に地方創生への取り組みをしているが、地方の大学だけに任せてはおけない。地方大学が持つ知見だけではなく、都市部を含めた多くの大学が協力しなければ、真に効果的な地方創生はできない。大学間の連携、協力体制の確立がますます重要になってくる。

将来とも大学が日本と世界の発展に寄与していくには、いくつかのことを同時にやっていかなければならない。それは、大学全般の教育力・研究力の底上げを図り学生や社会のニーズに応えること、特定分野の研究力を格段に高めること、大学の持てる資源を社会の役に立てること、さらに大学経営の効率化を進めることだ。

教育関連予算増額が期待できそうにないなかで、大学全般の教育力・研究力の底上げを図るには、国の予算を有効に効率的に使うことが求められる。大学教育を効率化しコストを低減させ、教育研究に資金を回していく必要がある。しかし個々の大学でのコスト削減には限界があり、日本全体でコスト削減を図るには大学の数が多過ぎる。数が多いと全体のコストが下がりにくいだけではなく、一つ一つの大学に配分される予算が少なくなり、個々の大学で教育研究にかける資金が少なくなって成果を上げにくくなる。最終的には大学の数を減らさなければならない。本当に今の数の大学が必要なのだろうか。例えば、一部の国立大学を民営化（学校法人化）し、民営化した旧国立大学と既存の私立大学との合併や、都市部大学相互の協力体制強化と合併などを考えていっても良い。大学の数を減らし、少なくなった個々の大学が機能を鮮明にすることで経営の効率化、教育と研究にかけるコストを引き下げられる。

また、最先端分野の研究力を高めていくには、国の予算を広く薄くばら撒くのではなく、特定の研究分野、特定の大学・研究機関に集中的に投入することによって、世界をリードする研究を有効に行うことができ、結果的にノーベル賞を受賞する研究者を輩出する可能性も出てくる。

ただ急激な変化は別な問題を生むので、時間をかけてソフトランディングを図ることを考えておかなければならない。実際には多くの人の英知を結集しての計画作りが望まれるが、大学関係者の持つ常識にとらわれていては何もできず、「とんでもない」と言われそうな考え方も入れて、日本全体の大学の将来像を描く必要がある。賢く小さくなっていきたいものだ。

国立大学は抜本的対応で教育研究力強化と財政負担軽減を図る

では、日本全体で大学の数はどうやって縮小したら良いのであろうか。現実から目をそむけず、既成概念を取り払って知恵を出し考えていかなければならない。国立大学を含めた国全体の対応策を考えてみたい。

国立大学は平成一六年度に国の一機関から国立大学法人が運営する大学に移行した。平成二七年度時点で全国に八六の国立大学があり、学部学生四四万人、大学院生一四万九千人、その他合わせて在籍者は六〇万三千人を数え、本務教員六万五千人、兼務教員四万人、本務職員七万八千人の多くの教職員が支えている。

平成二六会計年度に使用した「学校経費」は、大学と付属病院・付属研究所を合わせて、人件費や経費などの「消費的支出」が二兆六千三百億円、建築費・設備備品費・図書購入費などの「資本的支出」が四千七百億円、合わせて三兆一千億円支出している。

一方収入は、授業料二千八百億円、入学金・検定料が五百億円、付属病院収入九千八百億円、寄付金収入・産学連携等研究収入など三千二百億円、その他を合わせて合計一兆七千四百万円であった。

ここに国からの一兆円を越す多額の運営費交付金等が加わり、国立大学が運営されている。私立大学へ投入される国費である経常費補助金約三千億円に比べはるかに巨額である。国立と私立とでは、大学設立時の本来の役割が違うのかも知れないが、国費投入については格差があり過ぎる。国立大学の持てる資産をもっと効果的に活用し、国立大学への国費投入を抑えられないのだろうか。

実は、国は国立大学への運営費交付金を毎年度一％ずつ減らしてきている。そのようななか、平成二六年に文部科学省は、国立大学に対して、文系学部の改組ないし廃止の通達を出したが、財界からも反対意見が出て、その後、通達の真意は非教員養成学部の改組にあるとした。この騒動から見えてきたのは、国は国立大学への国費投入を抑えたい意向であることと、特に地方国立大学の扱いに苦慮している姿である。

考えなければならないのは日本の高等教育をどうするかであって、国立大学をそっくり守ることではなく、国立・私立の枠組みを死守することでもない。国立大学は、国からミッションの再定義を求められたが、もっと突っ込んで本質的なことを考えなければならない。

国立大学の一部は私立化も検討すべし

国立大学については、例えば次のような考えができる。

①全国の国立大学のなかから一定規模以上で日本の教育研究にとって重要な大学を選び出す。当該大学は、現状と同様国立大学法人が運営する大学（国立大学）のままとし、国費を重点投入、高度な教育研究活動を推進し、世界的にも高いレベルの教育研究機関を目指す。

②医学部を持つ地方国立大学は、医学部と付属病院のみを国立大学のままとして、他の学部等を分離する。医学部と付属病院は地域の命を守る医療拠点として整備する。

③国立大学として存続しない大学と、医学部が分離されて他の学部等だけになった大学は、学校法人化、つまり私立大学に移行する。学校法人化した旧国立大学は、原則として既存の近隣私立大学との合併を図る。ただし、単独で教育研究活動が継続できる見込みがあればそのまま一つの私立大学とする。

これにより、絞り込んだ少数の国立大学へは教育研究関連予算を重点投入し、教育研究レベルの一段の向上を図る。地方においては、医学部のある国立大学を地域の医療拠点として明確に位置づけることになる。

学校法人化された旧国立大学は、合併する私立大学と経営統合し、効率的な学校運営を図ることができる。既存の私立大学にとっては、合併する旧国立大学が持つ土地・建物等や人材を有効に活用でき、教育研究基盤がより強化される。特に国立大学と私立大学とが並存する地域においては、その地域の大学過剰状態が解消され、両大学の経営資源を有効に活用することによって、教育研究力の引き上げが期待でき、二重投資など無駄な投資を省くことができる。

合併後の両大学キャンパスが距離的に離れている場合、すぐには合併の効果が発揮しにくいかも知れないが、学部配置の工夫によって問題を小さくでき、将来どちらかに集約をすることも考えられる。

これに対し、国立大学が学校法人（私立大学）に移行することで学費が上がり、若者の学修の機会を奪うとの批判も出よう。そもそも国立大学の持つ施設設備を利用できるのであれば、私立大学は国立大学よりもはるかに有効な施設活用をし、効率的な運営をする。仮に授業料が私立大学並みになったとしても、授業料の額に見合う充実した教育をすれば良いことであって、初めから全学生の授業料を低く抑えておく必要はない。払える人には払ってもらい、経済的に困窮している学生には別途奨学金支給を検討し、奨学金制度の充実を図れば良いことである。

以上を実施するには多方面からの調整が必要になり、関係者の意見を調整し、計画を取りまとめるための機関を設立する必要が生じるかも知れない。東京オリンピック・パラリンピックが終わり、団塊世代が一層老齢化するころ、国家財政の悪化が国の政策や将来に多大な影響を及ぼしそうで、そのころには手遅れになるかも知れない。そうなる前に一定の方向性を決めておいたほうが良い。

中小私立大学は経営統合し機能強化を

他の私立大学はどうしたら良いのか。経営状況が健全なうちに、いくつかの学校法人同士が合併し機能強化を図ったら良いと考える。

大学同士が連携し協力し合うことまでは比較的進めやすいが、実際に合併するとなると、大学間でレベルや教育方針が違い、建学の精神まで持ち出されると、推進は難しくなる。検討過程では、ある大学は高い研究レベルを維持したい、別な大学は実社会ですぐに役立つ知識を教えたいなど様々な考え方が出てくる可能性がある。そこで、大学を一つにするのではなく、まずは学校法人同士の合併から検討することが考えられる。

例えば、大学を擁する複数の学校法人が合併し、一つの学校法人のなかに、性格の異なる複数の大学があり、ある大学は世界トップレベルの研究を行う大学として、別な大学はグローバル人材養成大学として、さらに別な大学は地域経済を支える人材育成の大学として、それぞれミッションを明確にして学生を募集し教育研究活動を行う。これだと社会の抵抗感が少なく、独自の教育理念を持つ小規模大学でも多数生き残ることができる。財務体質が良く余裕資金の多い学校法人が核となって推進してはどうだろうか。

実例は少ないが、すでにいくつか学校法人が合併しており、大学そのものが一つになったケースもある。例をあげると、平成二〇年に学校法人慶応義塾と学校法人共立薬科大学が、平成二一年には学校法人関西学院と学校法人聖和大学が合併し、それぞれ大学は一つになり、平成二八年に学校法人上智学院と中学・高等学校を擁する学校法人栄光学園・学校法人六甲学院など四法人とが合併している。そのほかにも、大学法人と高等学校法人とで合併する例や、同じ宗教理念に基づいて設立された複数の学校法人の合併、単科大学間での合併などがあり、なかには実質上弱いところを救済するような例もある。

今後は、経営が厳しくなって救済的に合併するのではなく、健全なもの同士が合併して、経営資源の有効活用を図り、より強固な経営体質を築いていくことを目指してはどうか。学校法人が大きく一つになれば人材や資金を互いに融通・活用でき、経営が安定する。事務処理の合理化・効率化が図りやすくなって、大きなコストダウン効果が得られる。大学同士の合併は、学校法人の合併後に、必要に応じて検討し実施する。

第6章でも述べるが、学校法人はあくまでも公的な存在であって、創業家一族や現在の経営者の所有物ではない。公的な存在であるから税金を原資とする補助金が支給されている。学校法人の在り方を考える際には、個々の学校法人の都合ではなく、日本全体で何が最も良いかを中心に考えるべきである。

実は、学校法人の破産や清算は法律で予定されている。私立学校法に学校法人の解散について一節を設けているほどだ。仮に学校が破綻すると、マスコミから批判され、旧経営陣は責任を追及され、精神的に耐えられない経営者が出てくる可能性がある。そうなる前に対策を検討しておいてはどうか。

(2) 制度の見直し

大学設置基準の見直し

大学での教育研究の質を保証するために文部科学省令「大学設置基準」があり、「大学を設置するのに必要な最低の基準」（大学設置基準第一条）として、教育研究上の組織や教員の資格、収容定員、教育課程、卒業要件、校地・校舎等施設設備、事務組織等が定められている。

今後を考えると実態に合わない点がいくつかある。例をあげると、校地面積について大学設置基準では収容定員上の学生一人当たり一〇㎡に付属病院建築面積を加えたものとし、校舎面積については学部の種類・収容定員ごとに細かく基準面積が定められている。このため、各大学とも広い土地を有し、多くの校舎を有している。学生が学習する環境としては広い敷地、余裕のある校舎・図書館、学生の休憩スペースなど整った環境が必要であるが、この基準は、同じ種類の学部であれば都市部大学も地方大学も同じ扱い、全国一律で定められている。

しかし、地価の高い東京圏と地価の安い地方と同じ扱いで良いのだろうか。大学設置基準には「校舎の敷地には、学生が休息その他に利用するのに適当な空地を有するものとする」（同三四条）とあるが、都市部大学では近くのスタバやタリーズなどのコーヒー店が学生の休息の場になっている場合がある。地価の高い東京圏で、大学が必要以上に空地を有しておく必要があるのか疑問である。この基準のために、都心部に広いキャンパスを確保できない東京圏の大学では、使いたくない郊外型キャンパスを使用せざるを得ず、わずかばかりの時間数の授業を展開しているところがある。全国一律の基準を適用することが公平・平等との思想だろうが、この思想が別な問題を生んでいる。

また、大学設置基準では、大学は専任教員に個人研究室を与えなければならないことになっている。都市部の大学では、個人研究室はまるで高級ワンルームマンションのように高価になる。研究をしない、論文を書かない教員にまで〝高級ワンルームマンション〟を与えていては、特権意識を持つ教員によって私学経営の効率化が阻害されてしまう。

第三者評価の見直し

大学は、第三者によって教育研究活動状況や経営状況の評価を受ける制度があるが、将来の日本の大学の在りようを考えると制度の運用を改正する必要がある。

大学は第三者による評価が義務づけられており、原則として七年ごとに認証評価機関の評価を受けている。現行では大学は健全経営をしているとの前提で、認証評価機関は教育研究組織や教育方法、学生生活に力点を置いて評価しており、財務面での評価のウェイトは低い。大学を評価する委員には財務に関係のない人が任命されていることが多々あり、これでは財務面は表面的な評価しかできない。今後の学校法人は破綻に備える必要があり、財務を知らなければ経営破綻の前兆は分からない。評価委員には、名誉職的な扱いで他の大学幹部などを選任せずに、必ず財務の分かる人を加え、財務面での評価に力点を置くべきである。さらに、事前に破綻を防ぐ対策が講じられるよう、財務面で問題のある大学には、七年ごとではなくもっと短い期間、例えば一～二年ごとに立ち入って評価をするなど制度面の改正を図るべきである。

学校法人会計基準の再改正

第6章で述べるように学校法人会計の目的の一つは「永続性」の確保であるが、これからの日本ですべての学校法人が永続性を確保できるのであろうか。学校法人会計基準が作られたときの考え方は「消費収支計算で収支均衡を目指す」ものであったとしても、現実面では大きな収入超過（黒字）の学校法人もあれば、極端な支出超過（赤字）にあえぐ学校法人もあり、学校法人間で格差が拡大している。

平成二五年に学校法人会計基準が改正され、大学法人に平成二七年度決算から新しい会計基準が適用された。新しい基準で作成される計算書の名称や表示方法が変わり、表面的に表示される数値が一部変わり、一般の人に分かりやすくなったが、基本的な考え方は従来のままである。「学校法人の決算書は分かりにくい」との批判をかわすことに主眼が置かれ、会計の大原則にまで踏み込んでいない。会計基準の改正は日本の大学の在るべき姿を考える絶好の機会だったのに、計算書の名称や表示方法の変更にとどまったのは残念である。私は、学校法人の経営状況を正しく表すために、そう遠くない将来もう一度、学校法人会計基準を改正しなければならないのではないかと考えている。

学校法人会計基準が制定された昭和四六年には限られた数の大学しかなく、当時は人口が増加し、国民の所得が増えており、当然のことのように〝大学は永続する〟と考えたのだろうが、状況が大きく変わっている。学校法人がすべて将来とも存続できる保証はない。永続を前提にした制度はいずれ行き詰る。

仮に経営状況の悪い学校法人があり、別な学校法人が救済しようとしても、経営実態は公表資料では正しく把握できず、学校に立ち入り、帳簿等を精査、関係者へのヒアリングをしなければ分からない。実際問題として考えると、立入調査は事前に救済を約束しなければできるものではない。しかし、正しく実態を把握していなければ、救済の約束はできない。今の基準のままでは救済される可能性のある学校法人をみすみす破綻に追いやってしまう危険性がある。これを回避するには、いわゆる「解散価値」が把握できる決算書にしなければならない。それには、特に土地について取得価額で評価する今の会計基準の考え方を改め、時価評価の導入が不可欠になる。

土地の評価に絡んで、基本金制度も変えなければならない。仮に時価評価して土地の価額を減額すると、消費収支計算〔学校法人会計基準改正後の「活動区分収支計算書」〕に土地の評価損を計上し、同時に同額の基本金を取り崩す必要がある。また、本章の冒頭の話にあるように、定員削減や学部廃止を実行するまでには至っていないが、規模縮小を検討・計画中の学校法人にも現行の基本金の額を維持させる必要はない。基本金はもっと柔軟に取り崩せる制度にしなければ、学校法人の財務計算書類を読み間違ってしまう人が多くなる。例えば、貸借対照表の「基本金の部」が多額なのに、破綻しそうな学校法人が存在する事態が考えられる。消費収支差額の部のマイナス額が大きく基本金の部を上回れば、そういうことが容易に生じ得る。何のために基本金制度があるのか、本質を考えるべきだ。

五. 大学関係者の意識改革

(1) 大学経営への考え方を変える

大学経営に対する今までの感覚

私は、私学関係団体のパーティーで、ある有名私立大学の常務理事と話をしたことがあるが、その際その常務理事は「財務のことは財務部長に任せているので、私は一切知らないよ」と発言された。中規模大学で財務担当理事を勤めていた私はその発言に驚いてしまった。少々お酒が入っていて、隣にその大学の財務課長がいたこともあったからだろうが、その思い切った発言の言外には「私はこんなに部下を信頼している度量のある人間だよ」との自慢が滲んでいた。普通の上場企業では社長に次ぐ立場の人が、自社の売上高や経常利益の額に関心がないなど考えられないが、学校ではよくあることだ。

この話は極端な例ではなく、財務を知らなくても私立大学の経営はできてしまう。経営者は「人事」に関心を持ち、経営管理面では「入学者確保」と「経費削減」だけを言い、ときどき起こる「ハラスメント事案」にうまく対応できれば、何とか務まってしまう。学校法人には理事会や評議員会があり、学校法人側から予算や決算などについて説明をするが、学校法人の決算書の見方を知らない理事や評議員もいる。少し勉強をすれば分かりそうなのに、なぜかその努力をしない人がいる。これでは、せっかくの理事会や評議員会のチェック機能が正常に機能しないおそれがある。

そうなった理由は、別な章で述べたように、多くの大学は今までに財務力が強化されてきており、十分な財務体力があったからだ。また、社会的信用力のある大学法人の理事や評議員に就けたという満足感や優越感に浸っていられるだけの余裕があったからだ。しかし、今後どうなるかは分からない。学校の経営者は勉強をし、財務を知っておかなければ学校運営に支障をきたすおそれも考えられる。自分の大学法人の決算書を子細に見ていくと、普段気づかなかった点がいろいろと見えてくる。「入学者確保」を言う前に入学者が一割減ったら収支はどうなるのかを考え、「経費削減」を言う前に教育研究経費・管理経費の実額を知り自己資金の額を調べ、削減できる出費は何かを考えておく必要がある。

理事を名誉職から経営者に

極端に言うと、今までの多くの大学では経営者を必要としてこなかった。一八歳人口が増え、大学進学率が高くなっているうちは、あまり努力しなくても入学者が集まり、一度入学した学生は四年間（学部によっては六年間）在籍し、授業料等を長期間安定的に納めてくれる。そのうえ国や地方自治体からは毎年度一定程度の補助金がもらえる。経営は楽で、学校法人の理事は大した経営努力をしなくても良く、当然のように名誉職的存在となってしまう。

このため、学校の経営状況や財務状況を正しく把握できない理事がいる。学校の経営に多様な意見を取り入れるため卒業生や有識者を学外理事に任命している大学法人が多いが、学外理事が月に一度程度の理事会に出席するだけでは学校の実情は正しく把握できず、決算資料は読みこなせず、結局ときどき学校行事に参加するだけの存在になってしまい、経営機能の強化にならないことがある。

今までは、重要な課題や学内で意見が相反する課題には、学内会議を何度も開催し、意見の調整に手間と時間をかけ、理事会は実質的には学内会議の決定を追認する場であった学校法人もあった。学内会議で重要な課題が実質的に決まってしまうなら、会議に出席した教員や職員にとって不利な結論にはならない。教員にとって有利な、職員にとって楽な結論になりがちである。真に学校の将来を考えると、教員や職員の痛みを伴う結論を出さなければならないこともある。また、学校を巡る環境は大きく変化しつつあり、意思決定に悠長に時間をかけていては、時期を逸してしまうおそれがある。

これからは、理事会が実質的な意思決定機関として機能するよう、学内の意思決定の仕方を変えていかなければならない。理事の間で意見が相反しても、理事会での議論を避けてはならない。理事一人ひとりが、ヒト・モノ・カネに代表される学校の経営資源をどこにどういうタイミングでどう投入していくかを真剣に考え、将来性のない分野からは撤退を検討していかなければならない。それには、理事が今まで以上に努力し勉強し、学内事情に精通し、社会の動きも把握しておく必要がある。さらには理事選出の方法をも変えていく必要がある。

理事会機能の強化

今までは多くの大学は「平時」の状況であったが、これからは状況が違ってくる。放っておいたら入学者が集まらず、補助金は削減され、何ら有効な手を打てずに財政的に行き詰まる大学法人が出るおそれがある。それは、長い時間と多大な金額をかけて実施してきた日本の教育力・研究力が低下し、国力の衰微にもつながりかねないことである。

平成二七年四月に施行された改正後の学校教育法では、大学運営における学長のガバナンスが強化され、教授会の役割は「学長が意思決定を行うにあたり意見を述べる」ものになった。しかし、改正後の学校教育法では学長の選出方法について何も触れられておらず、従来と同様に教員による選挙で学長を選び、理事会が形式的に追認している大学法人がある。これではガバナンスに未熟な人が学長に選ばれる可能性がある。選ばれた学長によっては、政策の連続性が失われ、せっかく緒についた改革が止まる可能性すらある。学長の仕事は学校経営と密接不可分であり、学校経営に責任のある理事会が学長を選出するようにしなければ、大学の教育力・研究力が強化されず、学校運営で不都合が生じる可能性がある。

理事会が学長を選出するとして、では理事会の理事はどう選んだら良いのだろうか。すでに経営陣の意識が大きく変化している大学法人もあるが、経営に専念する人が必要であり、役職や年功で経営を担う理事を選ぶのではなく、教職員のなかから有能な人材を見つけて経営のプロに育て、適任者がいなければ外部から真摯に探し出して、理事に就任してもらう必要がある。理事に必要な資質はコミュニケーション能力だけではない。

物事の道理がよく分かり、柔軟な発想ができ、先を見通す力や実行力のある人を見つけ、育てていかなければならない。

また、大企業と同じように学外理事を複数名選任し、経営への監督機能を強化する必要がある。選任する学外理事は当該大学の卒業生に限らず、広く産業界などから人材を探し出したほうが良い。併せて理事会を「追認の場」から「議論の場」に変えて、経営課題や今後の経営戦略についてしっかりと議論する必要がある。学校法人の理事や大学の主要な役職者が「経営者」へ変わらなければ、これからの学校経営は困難な事態が予想される。

チェック機能の強化

一般の企業で、社長が、自分の地位を狙いそうな実力者を関係会社などに転出させてしまい、能力はなくても逆らわない人を取締役や執行役員として重用し、小粒の経営者ばかりになり会社の勢いを喪失させた例を聞いたことがある。また、トップの強い圧力で無理に利益を捻出し、事後に不適切会計処理が社会問題となり、信用力を大きく失墜させた会社がある。社会ではコンプライアンスにうるさく、社内には監査部門があり、監査役も公認会計士もついているのに、なぜトップの不条理な方針に意見を述べる人がいなかったのか不思議でならない。社長の方針に反対する人は中枢部から排除され、取締役会その他が正常に機能していなかったのではないかと疑ってしまう。また、その会社の多くの人は自社の経営は将来とも安泰で傾くことはないと慢心していたのではないか。

学校でも同じようなことが起こり得る。いや、学校には株主がいないので株主総会でのチェック機能が働かない。また、理事長が学長を兼務する場合があり、経営部門と教学部門との緊張関係がなくなり、企業よりひどくなる可能性がある。加えて、多くの学校は、規則で卒業生から何人かの評議員や理事を選出することになっているが、選出された人たちが名誉職だと思って引き受け、経営のチェック機能が働かないことがある。学校を良くするには、第三者による、理事や評議員に対する資格審査を義務づけるなどの措置が必要になるのではないか。

学校法人の経営者は、企業で起こったことを「他山の石」として、謙虚に、実力ある人材を登用し育成することを心掛けなければ将来が危ぶまれる。

監査機能の強化

教育の現場では信頼関係を築くことが大変重要である。先生と学生生徒との信頼関係がなければ学校の授業は成り立たない。学校の運営面でも信頼関係は重要で、学生生徒の父母が学校を信頼しなければ授業料その他の徴収が困難になる。また卒業生が母校を信頼しなければ、卒業生は寄付をしない。

経営においても信頼関係は重要であるが、対応が少し違ってくる。日本の多くの組織は「性善説」に立って運営し、同じ組織内の人は「仲間」として信頼し、「和」を大切にしており、それが日本的な組織の特徴の一つと言われてきた。学校でも教職員間の信頼関係があるから、たとえ意見の違う人がいても、一つの組織として機能しているのである。

しかし、信頼していることとすべてを任せ無批判でいることとは違う。学校で起こる不祥事の多くは、最初は性善説から出たものが多いのではないだろうか。他の教職員を信頼し、やっていることに口を差し挟まないことが良いことだとしてきたことのなかから小さな不具合が生じ、やがて不祥事になっていく。

大学によって取り組み姿勢が異なるが、内部監査を担当する組織を作り職員を配置、監事を常勤にする大学が増えてきている。同じ大学内であっても、チェック機能を働かせ、緊張関係を持つことが重要だ。

財務重視の姿勢

もう一つ重要なことは「財務重視」の姿勢だ。入学者を十分に確保できず、経営がぎりぎりまで行くと、私立学校の死命を制するのは財務力である。

大学法人経営者のなかには財務部門の意味や価値の分からない人がいる。財務部門は単に出納窓口や決算書類を作成する部署ではない。お金の動きを通して学校の活動のほとんどすべてを把握することができる部署である。また、その気になれば、比較的簡単に他大学法人の決算状況をつかみ、自分の大学法人の決算と比較・分析することができる。他大学法人と財務状況を比較することは、自分の大学法人を客観的に見ることになり、強みや弱みが分かり、経営資源をどこにどう注力したら良いかが何となく分かってくる。

財務部門を単なるお金の取り扱いと計算書作成部署にしておくのではなく、経営を分析させ、他との比較をさせ、経営への提案をさせることが、経営力の強化につながる。また、いくつかの大学では財務部門に性格的におとなしい人を配属している。黙々と仕事をするのが財務だと思っているからだろうが、財務は経営上重要な部門であることを認識し、学校の将来を担うような有能な人を配置する必要がある。

本筋から少し外れるが、教授などの教員のなかには、学問研究だけに没頭して「お金」にまつわることに関心のない人がいる。重要なポジションにいる職員でも、入学試験や入学式・卒業式、創立記念式典、学園祭、ホームカミングディといった年中行事を決められたとおりに滞りなくこなしていくことが最大の使命と考えている人が結構多い。こういう人が人事担当になると、具体的に目に見える事象を重視し、抽象的なものは理解できないので軽視することになり、入試対策や学生への対応を担当する部署に人を厚く配置し、財務部門が手薄になり、戦略を考える部署にはほとんど人がいないことになる。ずいぶん危ないことをしている。海図も羅針盤もなく経験だけに基づいて船を進めるようなものだ。こういう人が幹部に就いている学校は将来が心配になる。

(2) 人の改革・意識の改革

企業人を大学へ招聘する

このところ多くの大学が「キャリア教育」に力を入れ、学生に自分の強みと弱みを発見させ、職業の適正を見つけさせ、社会で働く際の心構えを自覚させている。また「インターンシップ」を導入し、学生は数日から数週間企業等で職業体験をしている。学生にとっては社会を知る絶好の機会であり、企業にとっては自社を知ってもらうとともに社員候補である学生への研修になっている。私が学生のときにはこのような制度はなかった。当時は「社会のことは社会に出て学べば良い」という考え方が支配的であった。

なぜ大学でキャリア教育をし、インターンシップ制度を導入して学生を企業等に行かせているのであろうか。大学や社会を巡る環境変化もあるが、社会のことをよく知らない大学教員が多いからである。典型的な大学教員は社会に出て働いた経験がないので、学生に実社会のことを適切に教えることができない。このため大学側が熱心にキャリア教育を実施しても企業のニーズに合わない、教員が会社選びで学生をミスリードすることが起こり得る。

キャリア教育だけではなく、他の授業でも学生に社会で実際に役立つ知識を教えようとするならば、社会を知らない教員よりも社会人のほうが効果的である。社会人のなかから大学で教える素養のある人を見つけ、大学教員に据えることで実践的な教育が定着する。

事務の効率化には意識改革も必要

大学にとって収入の多様化と並んで重要なことは、コスト削減である。

大学とは学問を教え研究をする場ではあるが、教育と研究を行うには多くの事務作業が必要となる。入学手続き、施設の営繕、教職員の就労管理、学生の学籍管理、補助金の申請、授業料等の入金管理、経費支払等々に多数の人手と多額の費用をかけて処理している。

多くの事務処理は各大学が個別に行っているが、事務処理のなかには外部へ委託したほうがはるかに効率的なものがあり、大学生のアルバイトでもできるものもある。担当する職員は、意思決定の必要がほとんどない、毎年繰り返される定型的な事務処理こそが大学の仕事であると信じて取り組んでいる人が多い。事務職員の給与体系は基本的には年功序列なので、同じ事務処理を毎年繰り返していても当然のように年々給与は増えていく。

コスト削減のために、正規職員に代わって有期限非正規職員に同じ事務室内で仕事をさせている大学法人がある。仕事の内容は正規職員とほとんど変わらない。そうすると正規職員と非正規職員とで身分格差が生じる。正規職員は、給与が比較的高く、毎年度基本給が上がり、定年まで身分が保証され、年次有給休暇日数が多い。非正規職員はその逆である。

もう少し効率的な事務処理ができないのだろうか。例えば、アウトソーシング（業務委託・外注）や、前に述べた複数大学での共同事務処理を手がけることが考えられる。

図書館業務を外部業者にアウトソーシングしている大学があるが、さらに委託する業務の拡大を検討してはどうか。業者がなかなか信頼できない場合には、大学が時間をかけて指導し、計画的に育成していくことも必要になってくる。

現状では各大学がそれぞれ同じような定型的な事務処理を行っているが、複数大学で共同事務処理を行うことができれば、さらに効率化され、コスト圧縮と処理のスピード化が図れる。複数大学が共同で「事務処理センター」的な組織を起ち上げ、大学から職員を派遣しセンターの職員を指導していけば、効果はさらに大きく、特に小規模大学でメリットが大きくなる。

アウトソーシングには学校法人にとって有意義となる別な側面もある。定型業務を外注化することで、職員の手が空く。手の空いた職員には、将来のために重要な仕事をしてもらう。例えば中長期経営計画の推進・進捗管理である。多くの大学では中長期経営計画を作成し学校の将来像を描いているが、「作成して終わり」という例をいくつか聞いている。なかには立派な小冊子に綺麗に取りまとめ、学校関係者に配布している例もあるが、作成だけで満足してしまっている。よく聞くと推進する人がいない。定型業務を外注化することで、中長期経営計画の推進や進捗管理に人を付けることができる。

これらを実行するには、大学の経営者だけではなく、職員の意識を「定型業務は学校運営上重要であるが、経営戦略の立案と推進は学校の将来にとって決定的に重要」と改革していく必要がある。

教員と職員の役割分担の見直し

大学関係者は「教職協働」という言葉をよく使うが、教職協働意識が大学をダメにしている。

大学には大きく分けて「教員」と「職員」の二種類の人間がいる。「教職協働」とは、教員と職員が役割分担しながら、同じ目標に向かって、学校を管理運営し、目的を達成しようという趣旨の言葉である。この言葉が使われる背景には、教員と職員の立場が同じではない現実がある。教員とは、教授、准教授、講師、助教などで、本来、研究をして学生を教育する立場の人間だ。職員とは、学校の諸々の事務を処理し、教員の教育研究活動を補佐する者だが、教員が上で職員が下という半ば暗黙の「身分制度」が確立している大学がある。

大学は基本的に教員優先だ。大学には「〇〇センター長」など教員の指定ポストがあるケースが多い。指定ポストに就いた教員は長い期間そのポストで仕事をするのではなく、数年ごとに別な教員に代わっていく。指定ポストに適任者が就任すれば良いが、ときどき問題のある教員や不向きな教員が就任する。当然、組織がうまく回らず、大学の活動は停滞する。それでも、教員は指定ポストを手放さない。なぜなのか。ある程度の年数教員を経験するとポストを欲しくなる人がいることと、重要ポストに就いておくと定年退職後に「名誉教授」に就任しやすくなるからだ。大学には、通常、名誉教授になるための要件があり、一定の年数以上その大学の教授などを務めなければならないが、大学の主要ポストを経験しておくと要件の適用が緩くなる。この制度があることで教員は満足感と名誉を得やすくなるが、教員の名誉を守ることよりも、大学運営を適正に行うことのほうが重要であるのに、なぜか手を付けられない大学がある。

また、ある大学では事務部門の「部長」には教員が就き、職員は「部長」の下の「事務部長」の地位までにしか昇進させていない。例えば、財務部長は教員が、財務部事務部長は職員が就任している。

基本的に教授等の教員は「一国一城の主」あるいは「一匹狼」で、職員は組織内で生きる「サラリーマン」だ。教員のなかには組織で生きることが下手で、手続きの進め方が雑な人がいる。せっかく良いアイディアを出しても、大学の政策にするには、関係会議に諮り了解を得るなどの手続きが必要なのに、それが理解できないで、自分のアイディアが実現しないことに不満を持つ人がいる。また、教授会等では大学全体の利益を大所高所から考えるのではなく、所属する学部・学科が他の学部・学科と比して相対的に不利にならないことや、教員個人の立場が不利にならないことを最優先にして、狭い視野で考える人がいる。

教職協働を原則として、教員と職員とが同じ立場の委員として会議を開くことがある。そういう場では教員が圧倒的に多く意見を述べ、自己主張をする。教員は「自分は立派な意見を持っているが、職員はあまり考えていない」と思うかもしれない。一方、職員は何とか会議をまとめあげよう、事案を前に進めようとするので、余り自己主張をせずに気配りし、上の人の意見や指示に従い、教員個人の意見や指示にまで従ってしまう。教員と職員のこの関係を改めないと学校の健全な発展は覚束ない。教員主導の大学運営ではなく、真の意味での教職協働、教員と職員が対等の立場で尊重し合い協力し合い、大学を運営していくようにしなければならない。

教員と職員の力関係を考えると、教員は教育と研究に専念し、学校の経営や運営は職員に任せるようにして、ちょうど教員と職員とが対等な関係になる。教員と職員の役割分担が重要になってくる。

肝心なのは職員力の強化

広い視野を持ち計画的な考えをする職員が中心となって学校運営をしていかなければ、これからの学校は衰退する。このため、職員には従来以上の高い能力が求められるので、職員は自覚して、自己研鑽に励み、専門知識を習得し、人間性を磨いていかなければならない

しかし、私の経験では職員は一様ではない。職員の意識や志向は大きく二つに分けられる。多くの職員は大学を卒業し即学校法人に就職し、それ以来ずっと年中行事や定型業務をこなしてきた。こういう職員のなかに、職員は「縁の下の力持ち」、職員の仕事は年中行事や定型業務を処理することだと思い込んでいる人が結構多くいる。こういう職員に経営的なことを任せるにはリスクがある。

職員のなかにも企画力があり、経営センスのある人がいるので、こういう人たちを学校運営の中心となる立場に据え、彼らが経営を補佐していくようにしていかないと学校の未来はない。また、今までは定型業務処理に心血を注いでいた人であっても、「心のつっかえ棒」を取り外してやると従来の価値観にとらわれない柔軟

な発想をする人が存外いるものである。学校の経営層は職員個々の本質を見抜き、適性のある人を選抜し育てていかなければならない。

また、大学関係者は自らあまり気づかないが、大学に長く勤務していると意思決定が遅くなり、知識や経験のない問題からは逃げようとする傾向が出てくる。学校行事を一年単位で回しているので、仕事の進行も一年単位で考えてしまう。特に夏は学校幹部が長い休みを取ってしまい、学校としての意思決定が長期間できないことがある。目の前で問題が生じても、「次年度までに解決すれば何とかなる」とか「次年度実施するときに問題を起こさなければ良い」と思い込んでしまいがちだ。この意思決定の遅さや問題からの回避を、意識して克服しなければならない。

これからの職員養成は従来とは違う視点から行う必要がある。通り一遍の研修で済ますことなく、職員の特性をつかみ、真に職員の能力を向上させる取り組みをしていかなければ、学校を強くしていくことはできない。

結局、良い大学を作るのは人である。大学が育てるのは学生だけではない。大学の構成員一人ひとりを育てていかなければならない。理事一人ひとりが自覚して理事会機能を強化させ、教員は教育力・研究力を磨き、職員は企画力・組織運営力・事務処理力を高めていくことが学校を強くすることになる。

第6章　私立大学の財務の仕組み

一．私立大学と経常費補助金

財務の視点を持つと大学の実態がよく見えてくる

私立大学の財務にかかわる人で「学校経営にとって財務は重要なのに、財務部門以外はほとんど関心を持っていない」と嘆く人がいる。先日もある私立大学の財務担当幹部職員から「前の理事会では、私が一時間半以上の時間をかけて丁寧に決算の説明をしたんですが、説明が終わると理事長から『で、どうなんだ。財務状況は良いのか？　悪いのか？』と質問されたんですよ。私は『何を聞いていたんですかぁ！』と叫びたかったんですが、グッとこらえて『先ほど説明しました○○の資料のとおり、本学の財務状況は良好です』と答えたんですよぉ」と語っていた。

その幹部職員の説明が細かすぎて、決算の全体像が理事長に伝わらなかったのではないかと推測するが、どうも人間は関心のないことを積極的に知ろうとしない、よく分からないことに首を深く突っ込もうとしないようだ。しかし、財務の視点から大学の経営状況を覗いていくと、大学の実態がよく見えてくる。大学の実態は「大学案内」等だけでは分からない。財務を知らないと、自分の所属する大学の状況さえ客観的に見ることはできない。是非財務に首を突っ込んでいただきたい。

すでに本書で触れた内容と重なる部分もあるが、この章では、今までの内容をよく理解していただけるように、私立大学や短期大学の財務計算書の内容について述べていく。専門用語がたくさん出てきて、一読すると面白くないかも知れないが、私立大学の決算資料を見ていくと意外とダイナミックな動きをしている大学の姿に気づき、大学の実態が隠しようもなく分かってくる。私学の財務を知ることは案外面白く興味深いことだと分かってくる。

学校法人と私立学校との関係

日本には平成二七年五月時点で七七九の大学があり二八六万人の学生が在籍しているが、大学を大きく分けると、「国立大学」、「公立大学」、「私立大学」に区分される。小泉内閣当時の規制緩和政策によって設置された「株式会社立大学」は例外的なので本書では言及しない（大学数・在学者数は文部科学省「学校基本調査」による。通信教育のみを行う学校は含めず、通信教育の学生は含まない）。

国立大学は「国立大学法人」が設置する大学であり、平成一六年四月に独立行政法人と同じ枠組みで国立大学法人制度が発足し、それまでの文部科学省の内部組織から、独立した組織へと転換した。国立大学法人が国から受け取る国費は、大学運営に当たっての基幹的な費用である「運営費交付金」である。一方、本書で主に記述している私立大学はあくまでも「補助金」を受け取っているに過ぎず、大きな違いがある。国立大学法人に適用される会計基準は「国立大学法人会計基準」で、私立大学等に適用される「学校法人会計基準」とはまったく異なる。国立大学は、法人化当初、国立大学法人の裁量によって各国立大学の経営や運営を行えるようになると言われていたが、マスコミ報道等によると実際には国の関与が濃厚のようである。文部科学省は平成二七年六月に通知を出し、国立大学に対し教員養成系学部や人文社会系学部・大学院について組織の廃止や社会的要請の高い分野への転換を求め、その後、産業界まで巻き込んだ「文系軽視」との非難が起り、結論的には文部科学省は教育研究の質向上のための組織再編努力を求めたと理解されたようである。

公立大学は、形態は公立大学法人が設置する大学、都道府県立大学、市立大学、複数の市町村で構成する一部事務組合設置の大学と様々であるが、実態は都道府県や市町村が設置し運営する大学である。首都大学東京のようにいくつかの都立学校を統合した大学がある一方で、学生が集まらず廃校を計画していた地方私立大学を、地域の活力を維持するため、地方自治体が面倒を見て、公立大学に転換させた例もある。

さて、私立大学に話を戻すことにする。私立大学の財務を理解するには、私立大学の制度を知っておく必要があるので、私立大学の制度について簡単に触れておきたい。

私立大学や私立高等学校、私立中学校、私立小学校などの私立学校は「学校法人」が設置し運営している。本書ではすでに何度も「大学を設置している学校法人」を「大学法人」と言い、「大学は設置していないが、短期大学を設置している学校法人」を「短期大学法人」と言ってきた。このように学校関係者は「大学法人」や「短期大学法人」という言葉を使う。同様に、大学や短期大学は設置していないが高等学校を設置している学校法人を「高等学校法人」と言っており、「中学校法人」、「小学校法人」と言うものもある。以下では今までと同様に「大学法人」・「短期大学法人」という言葉を使っていく。

大学法人は、大学だけではなく高等学校や中学校などの学校を設置し運営しているところが多い。学校法人と学校との関係を示すと〈図53〉のようになるが、学校法人の名称は例に示すような「学校法人◎◎学園」など大学の名称と異なるものだけではなく、例えば「学校法人早稲田大学」や「学校法人明治大学」のように大学名をそのまま学校法人の名称にしているところもあるので、「○○大学」と表示されていても、それが大学単体を指すのか、大学だけでなく高等学校・中学校などの設置学校を含めた学校法人全体を指すのか注意を要する場合もある。

下図では学校法人の下に大学や短期大学、高等学校、中学校がぶら下がっており、学校法人はあたかもホールディング・カンパニーのように見える。

しかし、学校法人は制度面や法的にはホールディング・カンパニーよりも強固な存在である。学校法人と学校との関係は、学校法人が設置する学校を管理し経費を負担、管理と財政に対して義務と責任を持っている。民法上の権利義務の主体となり契約を締結できるのは学校法人のみである。したがって、校地・校舎など学校の施設・設備等は学校法人が所有し、各学校が教育・研究の目的で使用している。私立大学の教授は大学と雇用契約を締結しているのではなく、学校法人と雇用契約を締結している。

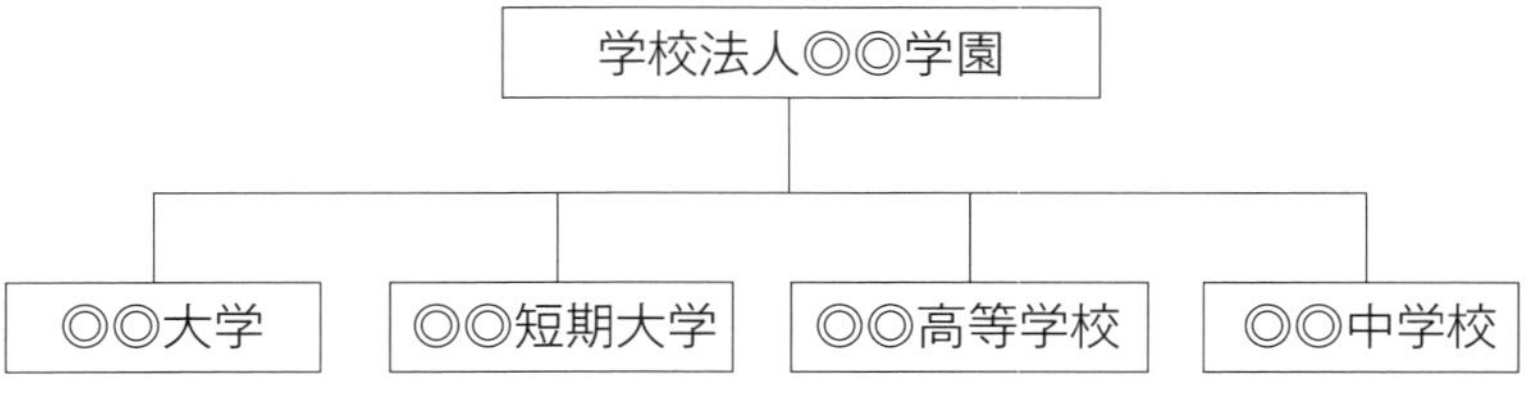

〈図 53〉学校法人と学校との関係図

各学校は、学校法人内の一教育機関に過ぎないが、学長や校長・教員等を置いて、教育と研究に責任を持っている。

学校法人には所有者がいない

学校法人の特徴の一つは、一般の会社などと違って、所有者も持分者もいないことだ。例えば、株式会社の所有者は「株主」であり、株主が持ち株に応じて所有している。利益を上げると、会社は「配当金」という形で利益の一部を株主に還元する。解散する際には、債務を返済した残りの財産は持ち株に応じて株主に配分する。

しかし、学校法人の場合、株主に相当する人がいないのだ。学校法人を創設した人はいるが、個人の財産を「寄付」して創設したので、寄付の結果できた学校法人は創設者が所有しているのではない。このため、学校法人が「利益」を上げても配当する相手がいない。仮に学校法人が解散する場合、債務を返済した残余財産は、別な学校法人が教育事業を引き継ぐならその学校法人に帰属し、引き継ぐ者がいないなら国庫に帰属する。つまり国の財産になってしまう。特定の個人が所有していないので、学校法人は公教育の担い手として国から補助金が支給されている。所有者がいないことが学校法人の大きな特徴であり、本書の説明で何度か出てくる学校法人独特の考え方を生んでいる。

これに関して一部の人に誤解があるのががいわゆる「創業家」である。学校法人を創設した人の子孫が代々理事長を務めている学校法人があり、そういう学校法人では、理事長一族が学校法人を所有していると思っている人がおり、学内の一部の人は理事長一族を「オーナー」と呼んでいる例を聞いたことがある。しかし、上記の理由で理事長一族はその学校法人の所有者ではない。まして卒業生や教職員が学校法人の所有者であることは絶対にない。この点は重要で、ここをしっかりと押さえておかないと、学校法人の性格や今後の在り方について間違った理解をしてしまうおそれがある。

学校法人の会計基準は補助金配布のために制定された

今では当たり前のように私立大学は国から補助金を受け取っており、関係者のなかには「国立大学に比べ額が少ない」と叫んでいる人もいるが、私立大学が受け取る「経常費補助金」の制度ができるまでには、多くの関係者の大変な努力と苦労があった。私学に関係している人は、先輩たちがつかみ取ったこの偉大な成果を忘れてはならない。

過去を簡単に振り返ってみよう。第二次世界大戦後の私学に対する公的機関からの助成や補助は、長い間、戦後復旧資金等の融資や特定の目的の補助金交付に限られていた。その大きな理由の一つは憲法にあった。戦後公布された日本国憲法は、第二三条で「学問の自由」を保障する一方で、第二〇条で「国による宗教活動を禁止」し、第八九条では「公金その他の公の財産は、宗教上の組織・団体又は公の支配に属しない慈善・教育若しくは博愛の事業に対し、これを支出し又はその利用に供してはならない」旨規制した。宗教活動だけではなく、公の支配に属していない教育や慈善・博愛事業にも、公金の支出や公の財産の供与を禁じたのである。私学は建学の精神を掲げるなどして独自の教育を行っており、宗教教育を実施している学校もある。自主的な運営をしている私学は公の支配に属しているのか、つまり公共性があるのか、私学への補助金交付は憲法に抵触しないのかの論議があった。

こういう背景もあって、私立大学への補助金を交付する条件を整えるかのように、私学には「自主性」があるが、その自主性を維持しつつ「公共性」を高めるため、法律を制定し規制をかけ制度を整備していった。

自主性と公共性とは矛盾する側面もあるが、昭和二二年に制定された教育基本法で「法律に定める学校は、公の性質を持つものであつて、国又は地方公共団体の外、法律に定める法人のみが、これを設置することができる」（第六条）と、私立学校といえども公の性質を持つことを明らかにして、学校の設置者を国・地方公共団体・法律に定める法人に限定した。法律に定める法人については、昭和二四年制定の私立学校法で学校法人に特定し、その設立・運営について規定した。また、学校の設置・廃止等について学校教育法および私立学校法で規制して、私立学校の公共性を高めた。

しかし、このように私学の公共性を高め公の支配に属していることを明らかにしても、今日のような私学への補助金制度ができるのは、そのずっと後のことであった。昭和四〇年代ごろまでは「私立学校は本来自主経営が建前であり、国または地方公共団体の公の機関からの援助は、応急、特殊なものに限る」との見解があり、特定の目的の補助金しか交付されなかった。

そうこうするうち、昭和四〇年頃から私学を巡る環境が大きく変わっていった。第二次世界大戦後、出生者が増加し、戦後復興により経済的に豊かになったこともあり、戦後生まれの人が大挙大学へ入学してくることが見込まれ、私立大学は大量の入学者を受け入れざるを得ない状況になり、校舎の建て増しなどで、私学の経営は圧迫されていった。

その状況下で私学振興策の一方策として公費助成の機運が高まり、昭和四二年に文部省（当時）の諮問機関が「私立大学が発展していくうえには、経理の合理化・適正化が重要であることはもちろんだが、さらに私立大学に対する助成の拡充を国民によく理解してもらうには、財務基準の制定、公認会計士による監査等、適切な措置を講じる必要がある」旨の答申を出した。

このようななか、複数の私学関係団体が、それぞれの立場で会計基準の研究を始め公表したため、その調整が必要となり、昭和四三年文部省内に研究会が設置され、昭和四五年に学校法人の会計基準をその内容とする報告を行った。また、昭和四五年に私立学校法の一部が改正され、経常費補助金を受ける学校法人は、文部大臣の定める基準に従い会計処理を行い、財務計算書類を作成しなければならないことになり、昭和四六年四月「文部省令第一八号」として「学校法人会計基準」が誕生した。

それ以前は各学校法人がまちまちの方法で会計処理をし、財務計算書類を作成していたようであるが、私学への補助金を各学校に公平に配分するには統一的な基準が必要とされた。

補助金を交付するための条件整備に多大な力が注がれたが、相前後して昭和四五年度に「私立学校経常費補助金」が創設され、私立大学等の教育研究経費・人件費に対し、補助金が支出されることになった。

その後、高等教育に対する「需要」が高まるなかで私学が大半の入学者を受け入れていたが、物価上昇や人件費高騰により私学の経営は圧迫されており、昭和五〇年に「私学振興助成法」が制定、翌年施行され、私立学校が国の財政援助についての法的保護の下に教育条件の維持向上などの努力をすることができるようになった。

このように、私学の公共性を高める法律が施行され、私学への補助金制度ができ、私学の会計の原則である学校法人会計基準が制定された。

なお、学校法人会計基準には、学校法人が会計処理を行う際に必要なあらゆる事項が記載されているのではない。「この省令に定めのない事項については、一般に公正妥当と認められる学校法人会計の原則に従い、会計処理を行い、計算書類を作成しなければならない」(学校法人会計基準第一条第二項)との規程があり、一般の会計原則が学校法人会計基準の足らない部分を補っている。

二．学校法人の決算書

決算書から学校法人の本質が見えてくる

私は一〇年以上学校法人の決算書を見てきたが、学校法人会計の仕組みは学校法人が永遠に続くとの前提で成り立ち、学校法人にとって最も重要な資産は「土地」と「校舎」であると語っているかのように感じる。学校法人には、永続性を担保するために「基本金《きほんきん》」の制度がある。基本金の説明は後ほどするが、基本金の大部分を占める第一号・第二号基本金の対象は土地・建物等の有形固定資産である。学校法人会計の原則の一つは、資産の評価は「取得原価」であり、土地は時価評価しない。これは「学校法人は永遠に続き土地を持ち続けるのだから時価で評価する必要がない」と言っているようなものだ。学校法人の貸借対照表「資産の部」は、「土地」から始まって「建物」、「構築物」等の「有形固定資産」が並び、次に「その他の固定資産」が、最後に「流動資産」が表記される。他に転用しにくい土地・建物等を敢えて始めに表記している。これは、学校法人の成り立ちや目的が、企業とはかなり異なるからである。

ちなみに企業の貸借対照表の「資産の部」は「現金預金」から並び始める。現金預金には流動性があり、設備投資資金にも、原材料購入費にも、人件費にも、その他何にでも使え、企業の活動資金になる。学校法人会計とは好対照である。

また、学校法人会計には「利益」という概念がない。教育研究活動は儲けを考えないで実施し、収支均衡つまり「消費収支差額ゼロ」(基本金組入後の「当年度収支差額ゼロ」)を目指すべきだ、消費収支差額がゼロであっても「基本金組入額」が残っていくので、永続性は確保されるとの考え方が根底にあるようだ。

企業と学校法人の成り立ちの違い

企業と学校法人の貸借対照表の違いを、私の知り合いの中小企業の社長に話をしたら、その社長から次のような意外な反応があった。「私が会社を起ち上げた当初は預金があっただけだ。その預金は株主になっていただいた親類などから振り込まれた資本金だ。預金を少しずつ引きおろし、事務所を借り、人件費を払い、備品を買い、営業活動をして、預金が少なくなって『どうしよう』と思っていた矢先に、やっと売上代金が入金し、会社は何とかなった。学校法人は、設立当初から土地と校舎があり施設が揃っているのだろう。学生を集めれば良いだけではないか。会社は株主に配当をしなければならず、そのために利益を上げなければならないが、学校は利益を上げても配当する相手がいないので楽ではないか」。

その社長の言うとおり、企業と学校法人とでは性格が違い、活動の目的が異なる。財務計算書類の表記が違っても当然である。

しかし学校法人の決算書は分かりにくいと言われており、それに対応する必要もあったからなのか、学校法人会計基準が大幅に改正になり、大学法人・短期大学法人などでは平成二七年度決算から改正後の会計基準が適用になった。

学校法人が作成する決算書類

学校法人が経常費補助金を受けるには、学校法人会計基準に従って会計処理を行い、財務計算書類（決算書）を作成、公認会計士または監査法人の監査報告書を添付し、収支予算書とともに所轄庁に届けなければならないので、ほぼすべての学校法人がこの会計基準に従って財務計算書類を作成している。

大学法人・短期大学法人が学校法人会計基準に従って作成する財務計算書類（決算書）は、平成二六年度決算までは「資金収支計算書」と「消費収支計算書」の二つの収支計算書と「貸借対照表」ならびにそれらの内訳表・明細表である。

また、私立学校法では、これらに加え、「財産目録」の作成、「事業報告書」の作成が求められている。

学校法人会計基準が大幅に改正された

学校法人会計基準は今まで何度か小規模な改正がなされたが、平成二五年に大幅に改訂され、大学法人・短期大学法人などには平成二七年度決算から適用され、一部の計算書の名称が変わり、新たな計算書が加わり、計算書の表記の一部が変わる。

平成二七年度決算からは、資金収支計算書は現行の計算書に新たに「活動区分資金収支計算書」が追加になり、消費収支計算書は「事業活動収支計算書」に名称が変わり表記が変更された。また、貸借対照表は表示の一部が変更になった。

本書では何度も学校法人の決算書に基づき多くの数値を紹介し説明しているが、本書の執筆時期の関係で使用する数値はすべて平成二六年度決算までのものであり、説明の際に参照する学校法人会計基準の内容や計算書の名称は改正前のものである。ただ、本書は平成二七年度以降に読まれることになり、改正後に作成される決算書を参考にしながら読んでいくと本書の説明がさっぱり分からなくなってしまう。そこで、本書では改正前の会計基準で数値等をもとに説明するが、改正後の計算書の名称や用語をできるだけ必要箇所に併記あるいは〔　〕をつけて表記している。

学校法人の決算書類の概要

次に学校法人が作成する財務計算書類（決算書）の要点を記すが、本書で説明する私立大学の財務を理解するうえで必要な事項を中心に記載することにしたい。

①資金収支計算書〔会計基準改正後は資金収支計算書に「活動区分資金収支計算書」が追加〕

二つある収支計算書のうちの「資金収支計算書」は、当該年度の諸活動に伴うすべての収入・支出の内容と、年度末における支払資金の収入・支出の顛末《てんまつ》を明らかにする計算書で、経常費補助金算定の基礎資料となる。注意すべきは、企業などの「キャッシュフロー計算書」とは違い、学校法人の持つすべての現金預金の収入、支出、残高を表すものではない点だ。実際には学校法人の「支払資金」の動きを表す計算書で、「〝支払資金〟収支計算書」とでも言うべきものである。支払資金とは現金およびいつでも引き出せる預金のことで、特定目的のための預金や支払手段として用いることを予定していない預金は、支払資金には含めない。この支払資金と後述する「特定資産」との間で勘定の付け替えがあると、学外からの収入や学外への支出がなくても、資金収支計算書の資金収入または資金支出として表示される。

資金収支計算書は当該年度の教育研究活動に対応する収入と支出を表すが、活動の時期と資金の動きとに時間差の生じることがある。例えば「学生生徒等納付金収入」の金額は、当該年度に実際に入金した金額ではないことがある。授業料等を前年度に前納する人もおり翌年度に納める人もいるが、前年度の入金も翌年度に予定される入金も含めて当該年度の活動に係る資金収入として計上している。「教育研究経費支出」なども前年度に前払いしたり翌年度に支払う場合もあるが、上と同様に当該年度の活動に伴う支出として計上している。つまり、資金収支計算書の各科目の金額は、当該年度の諸活動に伴う〝あるべき収入〟・〝あるべき支出〟である。そのように各科目の金額を計上したうえで、「資金収入の部」・「資金支出の部」にそれぞれ「調整勘定」を置き、前年度末と当年度末の「前受金」・「未収入金」を加減して、実際の支払資金残高に合わせている。

学校法人によっては、資金収支計算書を経営状況判断の重要な資料として扱っている。ある学校法人では「理事会で決算を説明する際に、主に資金収支計算書を基に説明しており、消費収支計算書にはあまり触れない」と聞いたことがある。しかし、資金収支計算書の結果だけを見て経営状況の判断をするにはリスクがある。資金収入には借入金収入や土地売却収入・有価証券売却収入等の、直接的な教育研究活動に伴うものではない特殊な収入が含まれているので、収入超過であるから経営状況が良いとは必ずしも言えない。次年度へ繰り越す支払資金の残高が前年度末比増加しても、特定資産との入り繰りの結果かも知れない。そのような理由もあって、本書では資金収支計算書にはあまり触れないで学校法人の財務状況を説明している。

なお、会計基準改正後はそれまでの資金収支計算書に「活動区分資金収支計算書」が追加された。同計算書では、学校法人の活動を「教育活動」・「施設整備等活動」・「その他の活動」に分け、活動区分ごとの資金の流れを表示している。

②消費収支計算書〔会計基準改正後は「事業活動収支計算書」に名称変更、表記変更〕

学校法人の決算書類には企業などが業績を表すために作成する「損益計算書」がないので経営状況を把握しにくいと言われているが、消費収支計算書〔事業活動収支計算書〕の考え方は企業の損益計算書に似ており、各学校法人の経営状況をよく表している。ただ、学校法人特有の考え方で、特殊な用語を使い、独特な表示の計算書になっているので、一般の人がちょっと見ただけでは内容が分かりにくい難点がある。

消費収支計算書では、学校法人に「帰属する」収入、つまり返済義務を負わない・負債にならない収入を「帰属収入」として、帰属収入から後述の「基本金組入額」を控除したものを「消費収入」としている。消費収入は「消費支出」に充てるべき収入であって、消費支出とは人件費や経費など学校の諸活動に伴って発生する支出である。

私は、学校法人に勤め始めたころ他大学の経理部長から親切にしていただき、「学校法人会計基準の基本的な考え方は、消費収入と消費支出との均衡を図ること、つまり消費収支差額ゼロを目指すことだよ」と聞かされ、学校法人の特異な性質を教えられた気がした。しかし、今になって思うには「学校法人にとって消費収支差額ゼロではまずい」ということである。その理由は後で述べる。

具体的な例をいくつかあげて消費収支計算での収支の計上について述べるが、銀行等からの「借入」は返済義務があるので帰属収入にはならない。これに対応して借入金元本の返済支出は消費支出には含めないが、利息の支払いは消費支出となる。また、土地や建物等の固定資産購入に伴う支出〔資本的支出〕は消費支出に含めず、何年にもわたって減価償却額を消費支出に計上していく。有価証券購入による支払いは消費支出に含めず、元

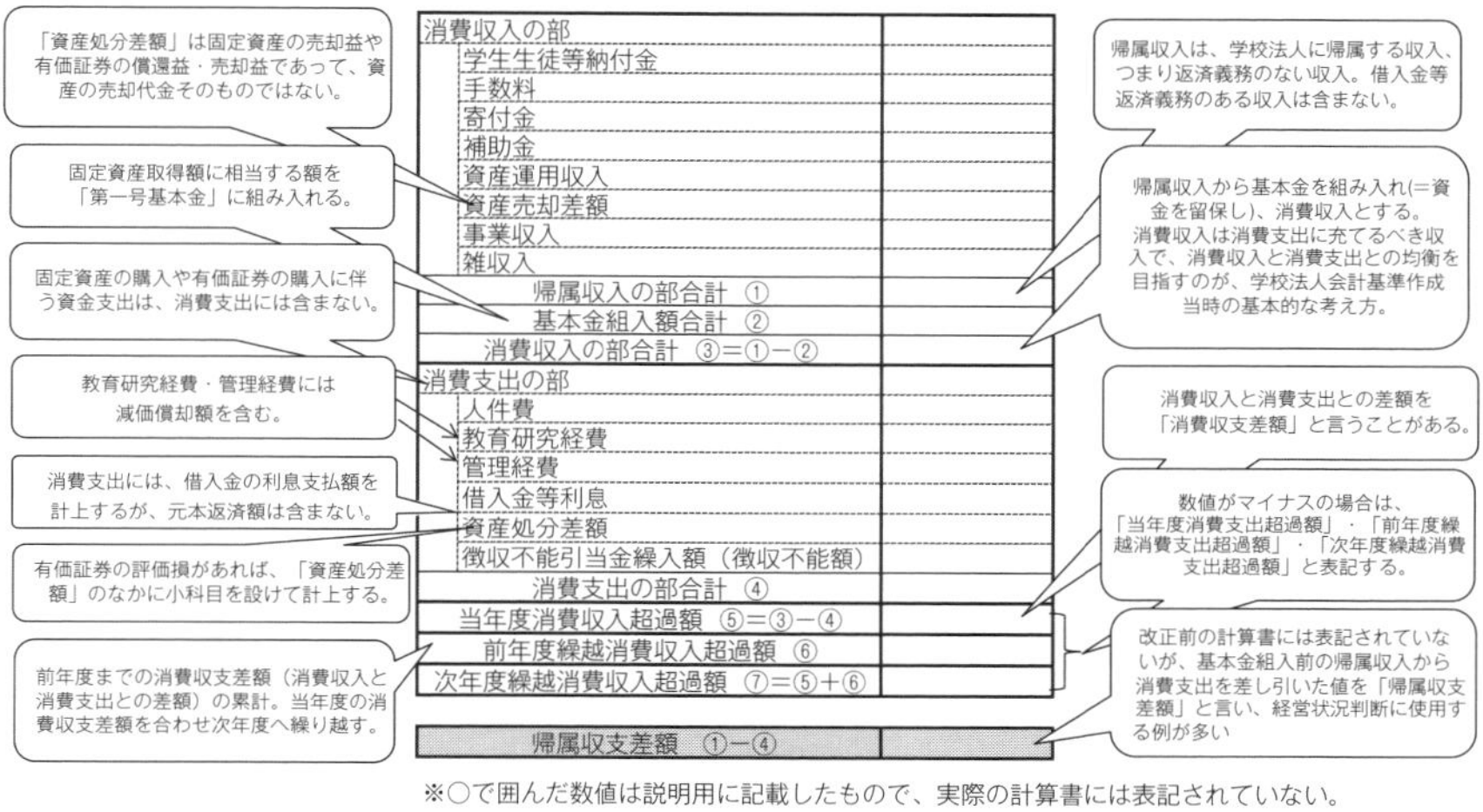

※○で囲んだ数値は説明用に記載したもので、実際の計算書には表記されていない。

〈図 54〉消費収支計算書の様式

（会計基準改正前、大学法人・短期大学法人には平成 26 年度決算まで適用）

（注）上の図は分かりやすく表示したもので、実際の財務計算書類には①②などの記号は記載されていない。

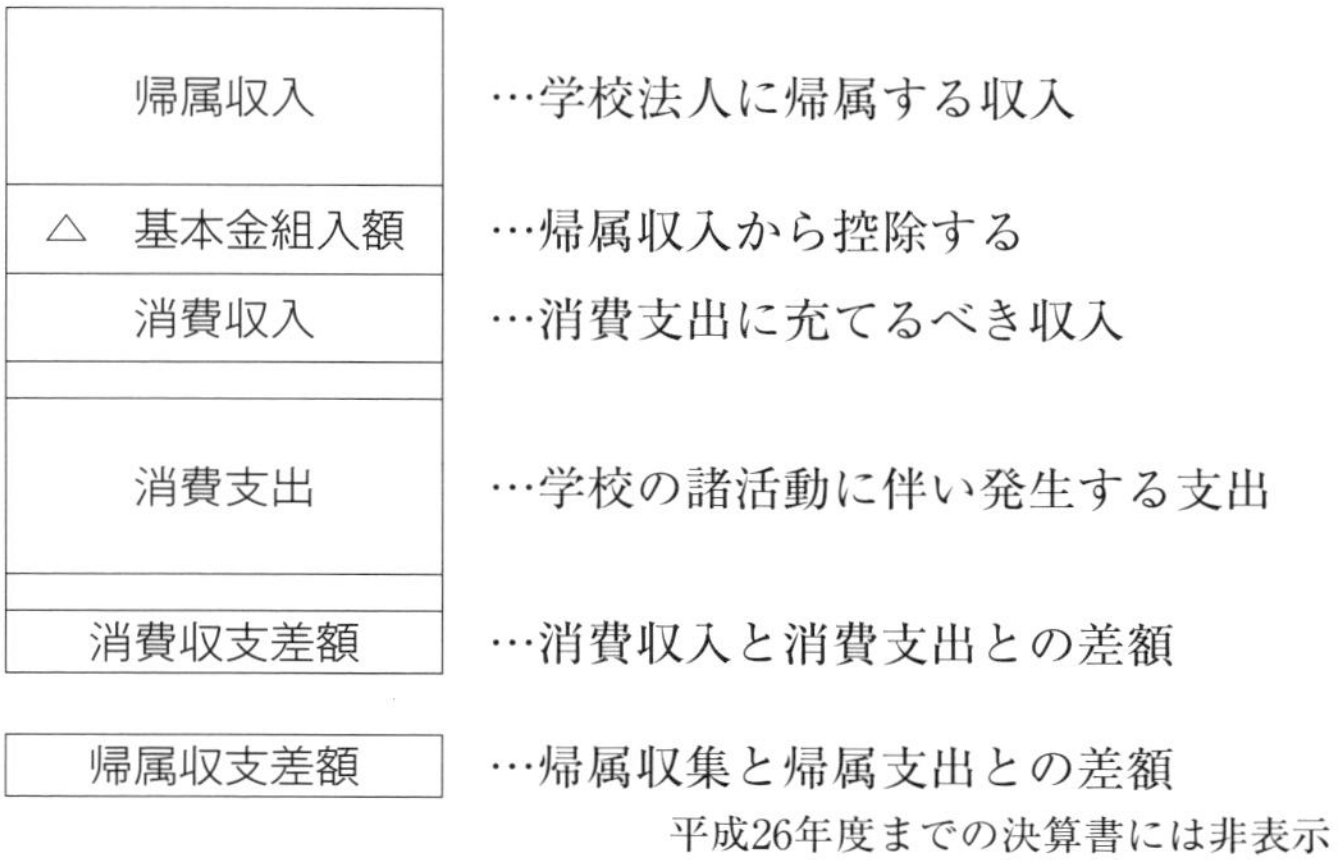

〈図 55〉消費収支計算書の概念図

本の一〇〇%で償還された有価証券の元本入金額は帰属収入に含めないが、有価証券の配当金収入は帰属収入になる。

会計基準改正前の消費収支計算書は前頁〈図54〉に示す形式で、企業会計の「損益計算書」と比較すると、「経常損益」と「特別損益」との区分がなく、教育研究活動による収支とそれ以外の収支を一緒に表示しており、大変分かりにくい。

消費収支計算書で学校法人の経営状況を把握するには「帰属収支差額」を見るのが一番良い。帰属収支差額とは、基本金組み入れ前の帰属収入から消費支出を差し引いたもので、企業会計の「経常利益」や「純利益」に近い概念だ。しかし、なんと！会計基準改正前の平成二六年度までの決算書には帰属収支差額が表示されていないのだ。経営判断する際の非常に重要な数値なのに、決算書を見ながら計算機を叩かなければ分からない形になっている。

前頁上の図は消費収支計算書の様式を表しているが分かりにくいので、前頁下に概念図を掲載する。

学校法人の経理財務関係者は、分かりやすいように、前頁下に示すような用語を使用することが多い。例えば、前頁上の「当年度消費収入超過額」を「消費収支差額」と言ってお

経常収支	教育活動収支	収入 ①		
		支出 ②		
		教育活動収支差額 ③＝①－②		
	教育活動外収支	収入 ④		
		支出 ⑤		
		教育活動外収支差額 ⑥＝④－⑤		
	経常収支差額 ⑦＝③＋⑥			
特別収支		収入 ⑧		
		支出 ⑨		
		特別収支差額 ⑩＝⑧－⑨		
基本金組入前当年度収支差額 ⑪＝⑦＋⑩				改正前の「帰属収支差額」に相当する。
基本金組入額合計 ⑫				
当年度収支差額 ⑬＝⑪－⑫				改正前の「当年度消費収入超過額」（消費収支差額）に相当する。
翌年度繰越消費収支差額				

※上図では収入・支出のなかの「科目」は省略して表記してある。

〈図 56〉事業活動収支計算書の様式（大学法人・短期大学法人には平成 27 年度決算から適用）

（注）実際の財務計算書類には①②などの記号は記載されていない。

り、本書では主にこの用語を使用する。

この概念図は本書で主に使用する用語を用いて消費収支計算の仕組みを再掲したものであり、これからの記述で分かりにくい部分があれば、この概念図に戻って確認していただきたい。

なお、会計基準改正により、大学法人や短期大学法人では平成二七年度決算から、消費収支計算書は「事業活動収支計算書」に名称が変わり、収支を一括りで表示するのではなく、まず「教育活動収支」と、配当金の受け取りや借入金利息の支払いなどの「教育活動外収支」とに分け、それぞれの収入、支出、収支差額を表示し、これらを合わせた「経常収支差額」を計上した後、資産売却や災害損失などの「特別収支」を表示する。その後、基本金組入前の当年度の収支差額（改正前の「帰属収支差額」に相当）を計上するので、平成二六年度までの決算書に比べるとずいぶんと理解しやすくなる。

③貸借対照表

貸借対照表は年度末時点における学校法人の財政状態を明らかにする計算書類である。つまり、学校法人が年度末にどのような資産・負債をどれだけ保有し、自己資金がどれだけあるかなどを表している。

資金収支計算書や消費収支計算書（事業活動収支計算書）が単年度の諸活動に伴う収支状況を表しているのに対し、貸借対照表は、学校法人創設以来その年度までの諸活動の結果を、「資産の部」・「負債の部」・「基本金の部」・「消費収支差額の部」という形で表している。

貸借対照表の「資産」は教育研究活動等に使用されている財産であり、負債・基本金・消費収支差額は財産の調達源泉、つまり学校法人の財産はどのような資金から調達されているのかを示している。例えば資産の総額を一〇〇とすると、一〇〇を調達するための資金は、借入金などの負債から二〇、帰属収入から組み入れてきた（＝控除してきた）基本金から七〇、繰り越されてきた消費収支差額（＝累積された消費収入超過額）から一〇が充てられていることなどが分かる。

負債は将来返済しなければならない資金であるが、基本金と繰越消費収支差額（消費収支差額の部）は返済の必要がないので「自己資金」と呼ばれ、「資産の部合計−負債の部合計」と同額であることから「正味財産」と呼ばれることもある。なお、収支の状況が良くない状況が続くと、繰越消費収支差額がマイナスになることがあるので注意が必要だ。

貸借対照表の様式は〈図57〉のようになっている。会計基準の改正により平成二七年度決算からこの様式は見直されている。しかし、大きな変化はなく、資産の部に「特定資産」を設けて「その他固定資産」から特定資産を分離して表記したことと、「基本金の部」と「消費収支差額の部」を合わせて「純資産の部」としたことが主な改正点である。

貸借対照表から学校法人の財政状況を判断する最も重要な指標は「自己資金比率」である。分子に「自己資金」を、分

資産の部		負債の部		
固定資産		固定負債		
有形固定資産		長期借入金		
土地		学校債		
建物		退職給与引当金		
構築物		・・・		
・・・		流動負債		
・・・		短期借入金		
・・・		学校債		
その他固定資産		未払金		
施設利用権		前受金		
有価証券		・・・		
退職給与引当特定資産		負債の部合計		
第2号基本金引当特定資産		基本金の部		
第3号基本金引当特定資産		第１号基本金		
・・・		第２号基本金		
・・・		第３号基本金		
・・・		第４号基本金		
流動資産		基本金の部合計		自己資金
現金預金		消費収支差額の部		
未収入金		翌年度繰越消費収入超過額		
・・・		（または翌年度繰越消費支出超過額）		
・・・		消費収支差額の部合計		
資産の部合計		負債の部・基本金の部及び消費収支差額の部合計		

〈図 57〉貸借対照表の様式（会計基準改正前、大学法人・短期大学法人には平成26 年度決算まで適用）

母に「資産の部合計」を置いて計算し、パーセンテージで示す。分母の「資産の部合計」は「負債の部合計＋自己資金〔純資産〕」と同額であり、この「自己資金比率」は資産の調達源泉のうち返済を要しない自己資金〔純資産〕がどれだけあるかを示している。自己資金比率が高いほど、また自己資金の額が多いほど、学校法人は財政的に安定している。第２章で示したように全国の大学法人合計の自己資金比率は極めて高く、財政面では安定した経営をしていることが分かる。

三．学校法人の決算書を見るときに気をつける点

学校法人の経営状況は消費収支計算書と貸借対照表で分かる

学校法人の経営状況を最もよく表している計算書類は、消費収支計算書〔事業活動収支計算書〕と貸借対照表であると私は考えている。このため、本書では、主にこの二つの計算書を分析することによって、私立大学の財務力を見ている。

基本金は学校の永続性維持のためにある

企業の「資本金」と混同されやすい用語だが、学校法人会計には「基本金《きほんきん》」という概念がある。基本金は企業の資本金とはまったく性格が異なり、学校法人会計で最も難解なものの一つと言われており、学校法人会計

を分かりにくくしている。私学関係団体が学校法人の経理財務担当者を対象とした研修会で基本金の講義をしたときに、基本金の詳しい解説を「上級者向け研修」に位置づけたことがあったほど、基本金は会計処理が面倒だ。「基本金」という用語は消費収支計算書にも貸借対照表にも出てくる。紛らわしいので、本書においてはできるだけ、消費収支計算書では「基本金組入額」と表記し、貸借対照表では「基本金の部」と表記してきた。

基本金の会計処理は面倒だが、考え方は至ってシンプルだ。基本金は学校法人の永続性を担保する仕組みである。基本金には第一号から第四号まであるが、金額が大きいものは第一号と第二号で固定資産の取得にかかわっており、これを中心に説明し、第三号・第四号は細かい説明を省略したい。

第一号基本金についての考え方はこうだ。学校法人が教育研究活動を継続していくには、現在の土地・建物等の固定資産を将来とも保持し、さらに充実しなければならず、必要な資金を保持し拡充していく必要がある。そのためには、最低限、現に保有している土地・建物等の「再調達資金」を安易に処分できない形で確保しておきたい。そのため、学校法人開設時には土地・建物等の額を第一号基本金とし、開設後は、土地・建物等を購入する都度、学校法人にとって返済義務のない帰属収入（事業活動収入）から基本金を組み入れ、土地・建物等の取得金額を留保しておく。基本金組み入れ後に残った収入（消費収入）を人件費や経費などの消費支出（事業活動支出）に充て、収支の均衡を図るという趣旨である。

第二号基本金は第一号基本金の応用版である。例えば、理事会で承認を受けた「将来の新校舎整備計画」とそれに関する「第二号基本金組入計画」がある場合、新校舎完成の数年前から計画的に第二号基本金として組み入れておき、新校舎が完成し引き渡しを受けた際に第二号基本金から第一号基本金に組み替える。第三号基本金は奨学金の支給にかかわるもので、第三号基本金の引当資金を運用した果実（利息や配当金等）を奨学金として給付する。第四号基本金は資金繰りに必要な資金を確保しておくものだ。

基本金を「組み入れる」という独特の言い方をしているが、「控除する」・「留保しておく」といったイメージである。

なお、会計基準改正後の事業活動収支計算書では、各区分の収支差額を合計した「基本金組入前当年度収支差額」（改正前の「帰属収支差額」に相当）を表示してから、基本金組入額を計上し、「当年度収支差額」（改正前の「消費収支差額」に相当）を表示するので、平成二六年度までの決算書とではずいぶんとイメージが変わり、決算書の解釈や理解が変わる可能性すらある。

基本金と消費収支計算の関係

学校法人を設立した当初は、教育研究用に取得した土地・建物等の固定資産に相当する額を第一号基本金とする。学校法人設立後に規模拡大や教育の質向上のために土地・建物等の固定資産を取得すると、取得した年度に、取得した固定資産に相当する額を第一号基本金に組み入れるのが原則だ。

会計処理上、まず消費収支計算書（事業活動収支計算書）で帰属収入から基本金を組み入れる（控除する）。つまり、組み入れた基本金の額だけ消費収入が少なくなる。貸借対照表の「資産の部」では、取得した土地・建物等の額の固定資産が増加し、「基本金の部」では組み入れた基本金の額が増加する。

ただし、借入金で取得した固定資産については、返済年度に返済額に相当する額を基本金に組み入れる。例えば一億円の固定資産を購入し、全額を期間一〇年の元本均等返済借入金で充てると、一〇年間にわたって毎年度一千万円ずつ第一号基本金を組み入れる。また、先ほども述べたように、あらかじめ固定資産取得計画を立て、何年度かにわたって計画的に第二号基本金を組み入れ、固定資産取得年度に第一号基本金に振り替えることもできる。結果的に、学校法人がある程度恣意的に基本金の組み入れ額を調整することが可能になる。基本金組入額を調整できるということは、消費収支差額もある程度コントロール可能である。このことは会計基準改正後の平成二七年度決算から事業活動収支計算書に「基本金組入前当年度収支差額」を置く所以《ゆえん》でもある。また、これが本書で消費収支差額〔当年度収支差額〕ではなく、帰属収支差額〔基本金組入前当年度収支差額〕を重要視している理由の一つでもある。

学校法人が有形固定資産を取得すると基本金を組み入れるが、同時に、時の経過に伴って価値が減っていくことのない土地などを除いて、取得した固定資産について減価償却を行う。つまり取得した有形固定資産に相当する額を、時期は違うものの、帰属収入から基本金組入額と減価償却額と二重に控除する。会計の専門家は基本金組入と減価償却とは機能、目的が違い、基本金組入と減価償却の双方を実施することで、当該資産の再取得に必要な資金が留保されると説明している。しかし、帰属収支差額〔基本金組入前収支差額〕がマイナス（いわゆる「赤字」）になると、基本金の部がいくら増加しても、基本金の部と消費収支差額の部を合せた自己資金〔純資産の部〕が減少してしまい、結果的に再調達資金は留保されない。学校法人が永続性を確保するには、「収支均衡」ではなく、少なくとも帰属収支差額〔基本金組入前当年度収支差額〕でプラス（いわゆる「黒字」）を確保しておかなければならない。

基本金の取り崩しは限定的

基本金は学校法人が恒常的に保有するもので、いったん組み入れた基本金は簡単には取り崩せない。取り崩しのできるのは量的規模縮小の場合などに限定されている。

例えば、第一号基本金の取り崩しは、設置する学校や学部・学科を廃止した場合や、複数のキャンパスを統合し一つのキャンパスが要らなくなった場合などに限られ、廃止した学校、学部・学科、閉鎖したキャンパスにかかわる基本金を取り崩すことができるだけである。第二号基本金を取り崩せるのは、計画していた施設拡張を取りやめた場合や計画規模縮小の場合で、固定資産取得に充てる資金が必要なくなったり、少なくなった場合であり、第三号基本金の取り崩しは奨学金事業の縮小または廃止の場合などに限られる。

仮に学校法人の経営が悪化しても、それを理由とした取り崩しはできない。また、第5章冒頭で紹介したエピソードのように、今後学校の規模縮小を計画していても、計画だけでは基本金の取り崩しはできない。組み入れる際には、計画段階で第二号基本金として組み入れることができるのに対し、取り崩す場合には、実際に規模縮小などに至らないと実施できない。このように基本金は、組み入れと取り崩しとでは異なる取り扱いをしている。

収支均衡ではジリ貧になる

企業会計に慣れた人にとって、学校法人の計算書類には聞きなれない用語が多く使用され、見ただけで嫌になりそうだが、学校法人会計の考え方は簡単だ。ここでは、消費収支計算書〔事業活動収支計算書〕の収支について私の考え方を述べる。

まず前にも触れた一般的な考え方だが、基本的に、消費収支計算書〔事業活動収支計算書〕では帰属収入から基本金組入額を控除した消費収入は消費支出に充当すべき収入で、消費収入と消費支出との均衡を図るべき、つまり消費収支差額ゼロ〔当年度収支差額ゼロ〕を目指すべきである。収支がプラスになることを目指していないので､消費収入のすべてを教育研究のための人件費や経費などに使うことができ､教育研究の充実が図れる。また、消費収入から基本金組入額を組み入れている〔控除している〕ので、組み入れた基本金が残り、校舎等建て替えに必要な資金が蓄積され、教育研究環境は維持され、学校の永続性は確保されるとの考え方である。

だが、現実的には、毎年度「消費収支差額ゼロ」〔当年度収支差額ゼロ〕を続けていては、教育研究の水準は維持できず、学校の施設はジリ貧になってしまう。組み入れてきた基本金で施設等の現状維持ができると思っていたとしても、実際には老朽化した校舎の建て替えはできない。例えば、古い校舎を建て替える場合、同じ機能・品質の校舎を建てることはまずない。耐震性の高い高機能の校舎に建て替えることにすると、新校舎の建築費は古い校舎の建築費より高くなり、組み入れてきた基本金の額では建築費が不足する。まして新学部の開設や新キャンパスの設置などの拡充には対応できない。消費収入と消費支出との均衡、つまり消費収支差額ゼロ〔当年度収支差額ゼロ〕を目指している学校は落ち目になってしまう。

では収支の管理において何を目標にしていけば良いのだろうか。それは、帰属収入から消費収入を差し引いた「帰属収支差額」〔基本金組入前当年度収支差額〕のプラスを毎年度続けることである。基本金の組入額は設備投資の多寡によって変動し、消費収支差額は年度によって振幅が大きくなるが、基本金組入額を控除しない帰属収支差額〔基本金組入前当年度収支差額〕なら年度ごとの振幅は小さく管理しやすい。いくらのプラスの額が妥当かは学校の規模や状況によって異なるが、毎年度プラスを続けていけば、たとえ消費収支差額〔当年度収支差額〕がマイナスになっても気にすることはない。

帰属収支差額〔基本金組入前当年度収支差額〕がプラスなら、たとえ消費収支差額〔当年度収支差額〕がマイナスであっても、設備投資によって貸借対照表では「資産の部」の有形固定資産の額が増えており、「消費収支差額の部」の額は減るが、基本金の組み入れによって「基本金の部」の金額が増え、「自己資金」である「消費収支差額の部」と「基本金の部」の合計額（純資産の部合計）は増えることになる。

このように学校法人における収支の管理は「帰属収支差額」を基準に行うと良いのに、平成二六年度決算では消費収支計算書には「帰属収支差額」が記載されてないので、「帰属収入合計」から「消費支出の部合計」を差し引いて数値を求めなければならなかった。

会計基準の改正はいわば今述べた考え方に沿ったようなもので、改正後の「事業活動収支計算書」には「基本金組入前当年度収支差額」（改正前の「帰属収支差額」）を表示してから、「基本金組入額」を控除した「当年度収支差額」（改正前の「消費収支差額」に相当）を表示するので、学校法人にとっては「基本金組入前当年度収支差額」がプラスになるよう収支管理をしていけば良いことになる。

それにしても、どうして学校法人会計ではこのようにややこしい用語を多用するのか不思議でならない。

特定資産の中身は有価証券や預金など

一般の人にとって学校法人会計を分かりにくくしている大きな要素は「基本金」だけではない。基本金と並んで「特定資産」が学校法人会計を分かりにくくし、学校経営の実態を知ろうとする人たちを混乱させている。

貸借対照表の資産の部にある「特定資産」とは文字どおり特定の目的のために保有する資産であり、例えば、将来の退職金支給に充てるための「退職給与引当特定資産」や、キャンパス整備計画に基づいて前もって計画的に基本金を組み入れた「第二号基本金引当特定資産」、配当金や利息などを奨学金として支給するための元本である「第三号基本金引当特定資産」などである。学校法人によっては、第二号基本金引当特定資産を貸借対照表のなかで「○○キャンパス整備特定資産」などと表記している例が多く、第三号基本金引当特定資産は「○

○奨学金引当特定資産」などと表記していることもある。なお、特定の目的のために保有している資産が預金だけの場合には「特定預金」と言うこともある。

特定資産の中身は特別なものではなく、ほとんどが有価証券や預金である。貸借対照表の資産の部には「有価証券」や「現金預金」があり、これとは別に「特定資産」がある。「有価証券」や「現金預金」と表示されたものは、特定資産に組み込まれていないものである。つまり、学校法人の持つ有価証券や現金預金は、貸借対照表上の「有価証券」や「現金預金」だけではなく、「特定資産」のなかにも含まれている。一般の人が学校法人の貸借対照表を見ると、「有価証券」と表示されたものが保有有価証券のすべてと思い込み、その学校法人の資産を過小評価しがちである。「現金預金」についても同様である。

特定資産のなかに何が組み込まれているかは「財産目録」を見なければ分からない。財産目録には学校法人の所有するすべての資産が記載されており、記載内容は学校法人によって異なるが、有価証券は債券の種類・銘柄・簿価等、預金は預金先銀行・預金種類・金額等である。しかし、そもそもホームページ上で財産目録を公開していない学校法人があり、公開していても特定資産の中身まで掲載していない場合があって、結局保有している有価証券や現金預金の総額や内容が分からない例が多い。

企業会計では、「負債の部」に「退職給付引当金」を計上しても、一般的に資産の部に「退職給付引当特定資産」を計上することはなく、「現金預金」や「有価証券」は、その企業が保有している現金預金や有価証券の総額を表しており、学校法人会計とは大きな違いがある。

土地は時価評価しないが、有価証券は時価評価することがある

学校法人会計の大原則の一つは、資産の評価は取得価額をもって行い、時の経過とともに価値を減じる資産は「定額法」による減価償却を行うことである。

このため、学校法人の土地は取得価額で貸借対照表に資産計上し、地価が大きく変動しても資産の額は変えない。校舎などの建物や構築物は時の経過によって価値を減じる資産なので、取得価額で資産に計上するが、その後毎年度定額で減価償却し、資産に計上した額を年々減少させていく。

一方、有価証券については上述の大原則である「取得価額での評価」とは違う扱いをしている。有価証券は取得価額で資産計上するが、「時価」が大きく下落し回復する見込みがないと判断される場合には、時価で評価し、評価損（時価と資産計上額との差）を消費収支計算書「消費支出の部」に計上し、評価損に相当する額だけ貸借対照表上の価額（簿価）を下げなければならない。

土地と有価証券とでこのように会計処理が違うのは、学校法人には「基本財産」と「運用財産」という考え方があるからだ。基本財産とは学校法人が永続的に保有し続ける校地や校舎などだ。土地は、永続的に存続する学校法人が永続的に保有する資産なので、取得価額で評価すれば良く、時価評価は必要ない。一方、有価証券はいずれ手放す「運用財産」であり、時価が大きく下落し回復する見込みがないと判断される場合には、時価へ評価替えをして貸借対照表の価額を減ずることにしている。

大学の資金繰りは楽

最後に大学の資金繰りについて考えてみたい。

一般の企業では先に支払って後で入金する場合が多いが、大学では先に入金して後で支払うことが多く、一般企業に比べて資金繰りは楽である。

製造業を考えてみると、一般的には、原材料を購入し、社員に人件費を払い製品を生産し、販売担当社員が製品を売り、代金を回収する。このように人件費や設備・原材料等の支払いをしてから、製品の売上代金が回収される。売上代金を手形で回収すると、現金化までさらに時間がかかる。このため会社を運営するには運転資金が必要になり、資本金や銀行からの借入金等を充てることが多くなる。

大学では、通常、学生は受験料を払い入学試験を受け、入学金・授業料・施設費などを払ってから入学してくる。二年次からは、年度初めに一括あるいは春と秋の年二回に分け授業料を払い、授業を受け、進級、卒業していく。このように、大学では授業開始前に資金が入金し、後から教職員への人件費や様々な経費の支払いなどが発生する。

また、学生生徒一人当たりの授業料は、一般的に、私立大学は高等学校などより高い。学生の在籍年数は、大学はほとんどが四年で短期大学の二年よりも長く、一度入学した学生からは安定的に収入が確保される。

大学では、入金が先で支出が後になるほか、学生一人当たりの授業料は高く長期間安定的に払ってくれるので、一定数の入学者を確保し中退者を抑制すれば、資金繰りは楽になり、経営は安定する。

第1章で述べたように第二次世界大戦終了後に私立大学の数が増えてきた背景には、短期大学から大学への改組や高等学校法人の大学設置もあったが、資金繰り上のメリットを享受する狙いで新規参入を図った例もあったのかも知れない。

いずれにしても大学の経営はそれほど難しいものではない。そうであるなら、大学関係者は、将来のために布石を打つことや、日本全体あるいは人類全体のために何ができるかを考えることに、経営にかけるエネルギーの一部を振り向けても良いのではないだろうか。

【著者略歴】

野田　恒雄（のだ　つねお）

1972年早稲田大学第一法学部卒業、㈱神戸製鋼所入社、企画部門・財務部門などを経験。2002年学校法人二松学舎就職、二松学舎大学経理部長・企画財務部長などに就任、2007年評議員、2009年理事、2011年常任理事（2015年8月まで）。2004年～2015年日本私立大学協会大学経理財務研究委員会委員、大学経理部課長相当者研修会講師・解説等。講演会講師・雑誌寄稿多数。2015年5月「文部科学省寄附フォーラム」パネラー。2015年9月二松学舎サービス㈱へ出向、専務取締役（現在に至る）。

日本の大学、崩壊か大再編か

財務の視点から見えてくる大学の実態と将来像

2016 年 10 月 31 日　初版第 1 刷発行

著　者　野　田　恒　雄
発行者　石　井　昭　男
発行所　株式会社明石書店

〒 101-0021　東京都千代田区外神田 6-9-5
電　話　03（5818）1171
F A X　03（5818）1174
振　替　00100-7-24505
http://www.akashi.co.jp
装丁　明石書店デザイン室
印刷／製本　モリモト印刷株式会社

（定価はカバーに表示してあります）　ISBN978-4-7503-4426-3

学習の本質 研究の活用から実践へ
OECD教育研究革新センター編著
立田慶裕、平沢安政監訳 佐藤智子ほか訳 ◉4600円

キー・コンピテンシー 国際標準の学力をめざして
ドミニク・S・ライチェン、ローラ・H・サルガニク編著 立田慶裕監訳 ◉3800円

21世紀型学習のリーダーシップ イノベーティブな学習環境をつくる
OECD教育研究革新センター編著 木下江美、布川あゆみ監訳
斎藤里美、本田伊克、大西公恵、三浦綾希子、藤波 海訳 ◉4500円

学びのイノベーション 21世紀型学習の創発モデル
OECD教育研究革新センター編著
有本昌弘監訳 多々納誠子、小熊利江訳 ◉4500円

21世紀のICT学習環境 生徒・コンピュータ・学習を結び付ける
経済協力開発機構(OECD)編著 国立教育政策研究所監訳 ◉3700円

経験資本と学習 首都圏大学生949人の大規模調査結果
岩崎久美子、下村英雄、柳澤文敬、伊藤素江、村田維沙、堀 一輝著 ◉3700円

欧州教育制度のチューニング ボローニャ・プロセスへの大学の貢献
フリア・ゴンサレス、ローベルト・ワーヘナール編著
深堀聰子、竹中亨訳 ◉3600円

諸外国の教育動向 2015年度版
文部科学省編著 ◉3600円

図表でみる教育 OECDインディケータ(2015年版)
経済協力開発機構(OECD)編著
徳永優子、稲田智子、西村美由起、矢倉美登里訳 ◉8600円

日本の大学改革 OECD高等教育政策レビュー:日本
OECD編著 森 利枝訳 米澤彰純解説 ◉3200円

大学教育と質保証 多様な視点から高等教育の未来を考える
斎藤里美、杉山憲司編著 ◉2500円

21世紀型スキルとは何か コンピテンシーに基づく教育改革の国際比較
松尾知明 ◉2800円

21世紀型スキルと諸外国の教育実践
求められる新しい能力育成 田中義隆 ◉3800円

英語で大学が亡びるとき 「英語力=グローバル人材」というイデオロギー
寺島隆吉 ◉2800円

社会科アクティブ・ラーニングへの挑戦
社会参画をめざす参加型学習 風巻 浩 ◉2800円

反転授業が変える教育の未来 生徒の主体性を引き出す授業への取り組み
反転授業研究会編 中西洋介、芝池宗克著 ◉2000円

〈価格は本体価格です〉